楚系簡帛字形合編系列五種

俞紹宏　主編

湘鄂所出楚系簡帛字形合編（二十五種）

劉　雲　袁　瑩　洪德榮　編著

上海古籍出版社

國家社科基金重大項目“楚系簡帛文字職用研究與字詞合編”
（20&ZD310，校編號 KW2023001）

集美大學科研啓動金項目“楚簡字形合編、引得與《古文字字形譜》編撰”
（C622154)

主編簡介

俞紹宏，安徽巢湖人，集美大學文法學院教授。

作者簡介

劉雲，山東省禹城市人。博士畢業于北京大學中文系，現任職于河南大學文學院，語言學教研室主任。研究方向爲古文字學、訓詁學。在《語言科學》《考古與文物》《簡帛》等刊物上發表論文多篇。

袁瑩，遼寧省朝陽市人。博士畢業于中國人民大學國學院，現任職于河南大學文學院。研究方向爲古文字學、訓詁學。在《考古與文物》《中國國家博物館館刊》《古文字研究》等刊物上發表論文多篇。著有《戰國文字形體混同現象研究》。

洪德榮，臺灣省基隆市人。博士畢業于臺灣東華大學中文系，現任職于海南師範大學文學院，講師，漢語言文字學專業碩士生導師。研究方向爲出土文獻與古文字、漢字學、古代兵學思想。著有《先秦符節搜集、整理與研究》等。

楚系簡帛字形合編系列五種
編寫説明

楚系簡帛材料具有很高的學術價值，爲了方便學者查檢、使用楚系簡帛資料，我們擬編撰叢書"楚系簡帛字形合編"。考慮到包山簡已經有了比較完善的《包山楚墓文字全編》，清華簡、安大簡正陸續刊佈，不僅所出各册自帶字表，其整理團隊還會編纂多種字形合編，我們選擇2022年以前公佈的上述三種之外的楚系簡帛材料，包括上海博物館藏楚簡、郭店楚簡、曾侯乙墓簡、新蔡葛陵簡、信陽長臺關簡，以及湘鄂兩省所出楚系簡帛，編成《楚系簡帛字形合編系列五種》。

曾侯乙墓竹簡國别屬於曾國，時代屬於戰國早期，相對於楚系其他簡牘，其字形具有一定的特殊性，故單獨編成《曾侯乙墓竹簡字形合編》。新蔡、信陽地處故楚國北界，現在又同屬河南省，故合編成《豫出楚簡字形合編》。湘鄂所出楚系簡帛二十五種多爲零散竹簡，每種字數不多，故合編成《湘鄂所出楚系簡帛字形合編（二十五種）》。郭店楚簡、上海博物館藏楚簡分别編成《郭店楚簡字形合編》與《上海博物館藏楚簡字形合編》。

儘管已刊的楚系簡帛文字材料大多數都有了字編，但或多或少地存在以下不足：或爲摹本而字形走樣，或爲選編而收録不全，或不附帶文例，或集成度不高，或因時代較早而誤釋較多，等等。我們力爭避免這些問題，力求窮盡地收録相關簡帛材料字形打造出字形全編，力求吸收文字考釋新成果、提高釋字準確率與可靠性，並附列出處與文例。

本叢書系列五種同已有的《包山楚墓文字全編》和清華簡、安大簡各册自帶字編一起，涵蓋了已刊的楚系簡帛材料字形。這些字形編在目前尚無收集材料比較齊全的楚系簡帛文字引得類工具書的情況下，擔當了"引得"的功能。在楚系簡帛成爲學術研究熱點的今天，這無疑會更加便利學者查檢、使用楚系簡帛材料。

由於我们學識所限，本叢書缺點與不當之處在所難免，真誠歡迎讀者朋友們批評指正。

主編　俞紹宏

2023年12月6日

凡　　例

一、字形來源

本書所收字形來源於望山簡、天星觀簡、九店簡、磚瓦廠簡、曹家崗簡、安崗簡、丁家咀簡、嚴倉簡、塌冢簡、高臺簡、望山橋簡、龍會河簡、唐維寺簡、熊家灣簡、棗紙簡、彭家灣簡、王家咀簡、五里牌簡、仰天湖簡、楊家灣簡、夕陽坡簡、慈利簡、港大簡、卉茅之外簡及楚帛書等 25 種文字資料。除天星觀簡、慈利簡、楚帛書外，以上文字資料的名稱去掉“簡”字後，即爲其在本書中的簡稱。天星觀簡、慈利簡、楚帛書的簡稱，詳下文。

以上 25 種文字資料的具體出處依次爲：

1. 武漢大學簡帛研究中心、湖北省文物考古研究所、黄岡市博物館：《楚地出土戰國簡册合集(四)：望山楚墓竹簡　曹家崗楚墓竹簡》，文物出版社，2019 年；湖北省文物考古研究所：《江陵望山沙冢楚墓》，文物出版社，1996 年。

2. 湖北省荆州地區博物館：《江陵天星觀 1 號楚墓》，《考古學報》1982 年第 1 期；黄錫全：《湖北出土商周文字輯證》，武漢大學出版社，1992 年；黄錫全：《湖北出土商周文字輯證(增訂本)》，武漢大學出版社，2019 年；滕壬生：《楚系簡帛文字編》，湖北教育出版社，1995 年；荆州博物館編著：《荆州重要考古發現》，文物出版社，2009 年；宋鎮豪主編：《中國法書全集・先秦秦漢》，文物出版社，2009 年。

3. 武漢大學簡帛研究中心、湖北省文物考古研究所編，李家浩、白於藍著：《楚地出土戰國簡册合集(五)：九店楚墓竹書》，文物出版社，2021 年；湖北省文物考古研究所編著：《江陵九店東周墓》，科學出版社，1995 年；湖北省文物考古研究所，北京大學中文系編：《九店楚簡》，中華書局，2000 年。

4. 滕壬生、黄錫全：《江陵磚瓦廠 M370 楚墓竹簡》，《簡帛研究二〇〇一》，廣西師範大學出版社，2001 年。

5. 武漢大學簡帛研究中心、湖北省文物考古研究所、黄岡市博物館：《楚地出土戰國簡册合集(四)：望山楚墓竹簡　曹家崗楚墓竹簡》，文物出版社，2019 年。

6. 王先福主編，襄陽市博物館、老河口市博物館編：《老河口安崗楚墓》，科學出版社，2018 年。

7. 武漢市文物考古研究所、武漢大學歷史學院簡帛研究中心：《湖北武漢丁家咀 M1、M2 出土戰國楚簡》,《文物》2015 年第 6 期。

8. 湖北省文物考古研究所、武漢大學簡帛研究中心：《湖北荆門嚴倉 1 號楚墓出土竹簡》,《文物》2020 年第 3 期；李天虹：《嚴倉一號楚墓遣册記載的家居用席》,《文物》2017 年第 9 期。

9. 湖北省文物局、湖北省南水北調管理局：《沙洋塌冢楚墓》,科學出版社,2017 年。

10. 蔣魯敬、劉建業：《湖北荆州高臺戰國古井群 J67 出土楚簡初探》,《簡帛》第 12 輯,上海古籍出版社,2016 年。

11. 荆州博物館：《湖北荆州望山橋一號楚墓發掘簡報》,《文物》2017 年第 2 期。

12. 徐秀麗：《國家文物局召開“考古中國”重要進展工作會》,國家文物局微信公衆號 2019 年 5 月 6 日；翟群：《荆州龍會河北岸墓地出土 324 枚戰國楚簡——爲西周初年重大史實提供佐證》,《中國文化報》2019 年 5 月 13 日；蔣魯敬：《試説戰國楚簡中的“戣”字》,《出土文獻》2022 年第 1 期。

13. 趙曉斌：《荆州棗林鋪楚墓出土卜筮祭禱簡》,《簡帛》第 19 輯,上海古籍出版社,2019 年。

14. 趙曉斌：《荆州棗林鋪楚墓出土卜筮祭禱簡》,《簡帛》第 19 輯,上海古籍出版社,2019 年。

15. 趙曉斌：《荆州出土竹簡中記載的“吴王闔廬”》,荆州博物館微信公衆號 2022 年 12 月 15 日。

16. 趙曉斌：《荆州棗林鋪彭家灣 183 號、264 號楚墓出土卜筮祭禱簡》,《出土文獻》2022 年第 1 期。

17. 戎　鈺：《湖北“六大”終評項目——荆州王家咀 798 號戰國楚墓》,江漢考古微信公衆號 2022 年 5 月 10 日；荆州博物館：《荆州王家咀楚墓出土竹簡——孔子“吐槽”》,荆州博物館微信公衆號 2022 年 6 月 11 日。

18. 商承祚：《戰國楚竹簡匯編》,齊魯書社,1995 年。

19. 湖南省博物館、湖南省文物考古研究所、長沙市博物館、長沙市文物考古研究所：《長沙楚墓》,文物出版社,2000 年；商承祚：《戰國楚竹簡匯編》,齊魯書社,1995 年。

20. 湖南省博物館、湖南省文物考古研究所、長沙市博物館、長沙市文物考古研究所：《長沙楚墓》,文物出版社,2000 年；商承祚：《戰國楚竹簡匯編》,齊魯書社,1995 年。

21. 湖南省常德市文物局、常德博物館、鼎城區文物管理處編著：《沅水下游楚墓》,文物出版社,2010 年。

22. 湖南省文物考古研究所、慈利縣文物保護管理研究所：《湖南慈利石板村 36 號戰國墓發掘簡報》,《文物》1990 年第 10 期；湖南省文物考古研究所、慈利縣文物保護管理研究所：《湖南慈利縣石板村戰國墓》,《考古學報》1995 年第 2 期；湖南省文物考古研究所編：《湖南考古漫步》,湖南美術出版社,1999 年;宋鎮豪主編:《中國法書全集・先秦秦漢》,文物出版社,2009 年;張春龍、宋少華、鄭曙斌主編:《湖湘簡牘書法選集》,湖南美術出版社,2012 年;宋少華、張春龍、鄭曙斌、黄樸華編著:《湖南出土簡牘選編》,嶽麓書社,2013 年。

23. 陳松長編著:《香港中文大學文物館藏簡牘》(甲、戰國楚簡),香港中文大學文物館,2001 年。

24. 曹錦炎:《上博竹書〈卉茅之外〉注釋》,《簡帛》第 18 輯,上海古籍出版社,2019 年。

25. 李　零:《子彈庫帛書》,文物出版社,2017 年。

本書所收字形的編號,除下文特别説明的,皆直接采用上揭著作中的編號。

二、部分文字資料情況説明

天星觀簡至今尚未正式公佈,只是在某些著作中有竹簡照片零星刊出,且無統一之編號,但其釋文已見於王明欽碩士學位論文《湖北江陵天星觀楚簡的初步研究》,該釋文中有竹簡編號。據該釋文可推知已刊竹簡在該釋文中對應的簡號。本書收録的天星觀簡字形的編號,即依該釋文中的編號。天星觀簡分爲卜筮祭禱簡和遣策,本書分别簡稱爲“天卜”“天策”。

下面是天星觀簡刊佈及編號的大體情況:《考古學報》1982 年第 1 期公佈了 1 支遣策及 1 支卜筮祭禱簡的照片,原編號分别爲“1”“2”,本書編號分别爲“天策 9”“天卜 13 - 1”;1992 年出版的《湖北出土商周文字輯證》(2019 年出版增訂本)公佈了一版 4 支簡的照片,其中中閒 2 支簡誤拼合爲 1 支簡,皆爲卜筮祭禱簡,原無編號,竹簡由左至右,本書編號依次爲“天卜 10”“天卜 9 - 2”“天卜 78”“天卜 40”;1995 年出版的《楚系簡帛文字編》公佈了 4 支簡,皆爲卜筮祭禱簡,該書將這 4 支簡編爲“一”至“四”號,本書編號依次爲“天卜 12 - 1”“天卜 13 - 3”“天卜 34”“天卜 15 - 1”;2009 年出版的《荆州重要考古發現》公佈了一版 8 支簡的局部照片,皆爲遣策,原無編號,竹簡由右至左,本書編號依次爲“天策 1”至“天策 8”;同樣是 2009 年出版的《中國法書全集・先秦秦漢》公佈了 26 段竹簡的照片(不計其中某些重複的放大照片),原無編號,可拼合爲 6 支簡,皆爲卜筮祭禱簡,本書編號分别爲“天卜 4 - 1”“天卜 4 - 2”“天卜 5 - 2”“天卜 27”“天卜 29”“天卜 43”,它們在該書中對應的竹簡段的次序號依次爲:26、11、16、21、25;5、10、15;2、7、12;3、8、13、18、23;1、6、24、17、22;4、9、14、19、20(該次序號是按照由右至左的順序,依次爲分佈於 5 頁的 26 段竹簡進行排序得出的)。另外,上揭《楚系簡帛文字編》(2008 年出版增訂本)中還散見有部分天星觀簡文字的摹寫字形,本書没有收録。

慈利簡亦尚未正式公佈,也是在某些著作中有竹簡照片零星刊出,如《文物》1990 年第 10 期刊佈了 26 支簡的照片,原無編號,本書編號是竹簡自上至下、自右至左的次序號,這部分文字資料本書簡稱爲“慈利文物”;《考古學報》1995 年第 2 期刊佈了 9 支簡的照片,其將兩殘簡拼合爲一簡,並自左至右依次編爲 1 至 8 號,本書編號是竹簡自上至下、自右至左的次序號,這部分文字資料本書簡稱爲“慈利學報”;1999 年出版的《湖南考古漫步》公佈了 6 支簡的照片,原無編號,本書編號是竹簡自右至左的次序號,這部分文字資料本書簡稱爲“慈利漫步”;2009 年出版的《中國法書全集・先秦秦漢》公佈了 8 支簡的照片,原無編號,本書編號是竹簡自右至左的次序號,這部分文字資料本書簡稱爲“慈利法書”;2012 年出版的《湖湘簡牘書法選集》公佈了 5 支簡的照片(其中有 1 支簡的照片被剪切成兩段),原無編號,本書編號是竹簡在書中的頁碼,這部分文字資料本書簡稱爲“慈利選集”;2013 年出版的《湖南出土簡牘選編》公佈了 7 支簡的照片(其中有 2 支簡的照片被剪切成兩段),本書編號是竹簡在該書中的編號,這部分文字資料本書簡稱爲“慈利選編”。

需要指出的是,上揭著作中的慈利簡有一部分是重複的,如“慈利文物 25”,與“慈利選編 9+7”“慈利選集 14”“慈利漫步 5”重複;“慈利學報 1、2、3、4、5、7、8、9”,分別與“慈利法書 1、8、2、3、4、5、6、7”重複;“慈利選集 6+4”,與“慈利選編 8+6”“慈利漫步 3”重複;“慈利選集 8、10、12”分別與“慈利選編 2、4、5”重複。對於這部分重複的竹簡,本書只收録了每組中相對清晰的一支,如第一組,本書選取了“慈利選編 9+7”;第二組,本書選取了“慈利學報 8”與“慈利法書 1、8、2、3、4、5、7”;第三組,本書選取了“慈利選集 6+4”;第四組,本書選取了“慈利選編 2、4、5”。

根據李零的《子彈庫帛書》,楚帛書可分爲甲篇、乙篇、丙篇、月名圖外圈的文字、月名圖内圈的文字、五行令、攻守占、其他殘片紅欄紅字類、其他殘片黑欄黑字類、其他殘片圖案類、其他殘片其他碎片、帛書塊、商承祚捐獻湖南省博物館的殘片、商承祚所藏照片上的殘片等十餘部分①,本書分別簡稱爲帛甲、帛乙、帛丙、帛月外、帛月内、帛五、帛攻、帛殘紅、帛殘黑、帛殘圖、帛殘碎、帛塊、帛商捐、帛商照。楚帛書的字形兼采自《子彈庫帛書》所附文字編和書中收録的圖版,以前者爲主,帛書編號爲該書中的編號。

望山簡的字形兼采自《楚地出土戰國簡册合集(四):望山楚墓竹簡 曹家崗楚墓竹簡》和《江陵望山沙冢楚墓》,以前者爲主,竹簡編號爲前者中的編號。九店簡的字形兼采自《楚地出土戰國簡册合集(五):九店楚墓竹書》和《江陵九店東周墓》《九店楚簡》,以前者爲主,竹簡編號爲前者中的編號。塌冢簡編號爲《沙洋塌冢楚墓》中公佈的塌冢簡的出土編號。仰天湖簡和楊家灣簡的字形皆兼采自《長沙楚墓》和《戰國楚竹簡匯編》,均以前者爲主。仰天湖簡編號爲

① 這十餘部分在《子彈庫帛書》中分屬四時令、五行令、攻守占、其他殘片、商承祚藏殘片等五大部分。爲方便指稱,姑且做如上分類。

《長沙楚墓》中的編號，楊家灣簡編號爲《戰國楚竹簡匯編》中的編號。

本書收録了上博簡《卉茅之外》及港大簡（戰國楚簡部分）的字形。港大簡，據學者研究，大都與上博簡爲同批竹簡。上博簡不是科學發掘的文字資料，其出土地點不能確知，但學界一般認爲上博簡出土於湖北，所以本書也收録了上揭文字資料中的字形。

三、編寫體例

1. 正文部分依《説文》體例分爲十四卷，另有"合文"一卷，"殘泐字、未識字"一卷。見於《説文》之字，按照《説文》順序排列；未見於《説文》之字，按其部首列於《説文》相應部首之後，並按筆畫順序排列。正文及"合文"部分，條目代表字皆用楷書字形。

2. 條目下若有異體字，則在條目代表字後括注異體字的隸定字形。如 A 爲某條目代表字，若該條目中有 A、B、C 三體，條目標注爲"A（A、B、C）"；若該條目中没有 A 體，僅有 B、C 二體，則標注爲"A（B、C）"。餘類推。同時，根據異體字將條目分爲若干部分，每部分上部標出相應異體字的隸定字形。

3. 不同文字資料字形排列原則：竹簡文字在前，帛書文字在後。竹簡文字按出土地域，即湖北、湖南，分爲兩大類，每類下再大體按出土時間先後排列。上博簡《卉茅之外》和港大簡，出土地點不能完全確定，所以附於竹簡文字的最後。詳參上文"字形來源"中所列文字資料的順序。

4. 所收字形後，附列該字形出處、文例。字形出處中的文字資料名稱用簡稱，簡稱後的部分爲該字形的編號。文例詞句可能跨簡、跨行，不更爲表示。文例中的條目字用"～"代表。該字若借用作别的字，則在其後括注其本字；若借用來表示某無本字的詞，且非該詞之常用假借字，則在其後括注常用的假借字；若後世有通行字形，則在其後括注其通行字形。文例中的其他文字皆用通行字，不嚴格隸定。文例中的合文、重文直接析書，不另加説明。文例中的殘泐字、未識字用"□"代替，缺文用"☐"代替，有明顯可以補出的缺文，則用"〔 〕"標出。

5. "合文"部分大體按照事類排列。

6. "殘泐字、未識字"部分，以所屬文字資料爲單位進行排列（排列原則同上文第 3 條），以文字資料的簡稱標目。

7. 書中涉及的文字釋讀問題，請參看書後所附參考文獻，正文不加説明。

8. 書後附有筆畫檢字表。

9. 原則上對所涉及文字資料中的所有字形皆加收録。但個别文字資料中的少數文字形體過於漫漶，無法準確剪切字形，這部分字形不予收録。

10. 收録資料截止時間爲 2022 年 12 月。

目　録

卷　一

一　部

一

望山一 28/佩玉～環
望山一 28/舉禱宫行～白犬
望山一 54/佩玉～環
望山一 54/佩玉～環
望山一 54/后土、司命各～小環
望山一 55/祆～牂
望山一 55/后土、司命各～羖
望山一 55/大水～環
望山一 56/舉禱於祆～環
望山一 109/佩玉～環
望山一 109/佩玉～環
望山一 109/賽禱宫地主～豭
望山一 114/～小環
望山一 121/各～牂
望山一 123/各～羖
望山一 125/舉禱北宗～環
望山一 125/舉禱逨～羖
望山一 130/佩玉～環
望山二 2/女乘～乘
望山二 4/□車～乘
望山二 5/田車～乘
望山二 12/～紫蓋
望山二 13/～秦縞之中干
望山二 15/～杭
望山二 45/～牛梡
望山二 45/～豕梡
望山二 45/～羊梡
望山二 45/～尊梡
望山二 45/～大房
望山二 45/～彫桯
望山二 45/～房几
望山二 45/～盉
望山二 47/～䑋
望山二 47/～大羽箑
望山二 47/～大竹箑
望山二 47/～小箑
望山二 47/～小彫羽箑
望山二 47/～几
望山二 47/～丹繡之茵
望山二 47/～霝光之裾
望山二 48/～大鑑
望山二 48/～�□晉
望山二 48/～耑戈
望山二 49/～緹帶
望山二 49/～大冠
望山二 49/～生絲之屨
望山二 49/～繡屨

望山二 49/～梡
望山二 49/～緗衣
望山二 49/其～瑟丹繡之阩絶
望山二 50/其～瑟霝光之阩絶
望山二 50/～革帶
望山二 50/佩～□□□
望山二 50/～韘
望山二 50/～耑環
望山二 50/～緄帶
望山二 50/～雙璜
望山二 50/～雙琥
望山二 50/～玉鉤
望山二 50/～環
望山二 50/～金鐅
望山二 51/～豕□
望山二 54/～辷缶
望山二 54/～湯鼎
望山二 55/～盤
望山二 55/～匜
望山二 56/～圩
望山二 57/～紅繡之伹屨
望山二 60/～宋霝光之紑
望山二 61/～小紡冠
天卜 9-2/舉禱道～☑
天卜 29/擇日冬夕賽禱宮地主～羖
天卜 78/舉禱祙～犆
天卜 78/司命、司〔禍各〕～犆
天策 1/～綏
天策 3/～方櫓
天策 9/～齒軸
九店五六 3/敔栦之十擔～擔
九店五六 3/方～
九店五六 3/麇～
九店五六 4/麇～
九店五六 4/方、赝首～
九店五六 5/赝首～
九店五六 7/粆三半～参
九店五六 8/粆三半～参
九店五六 9/麇～
九店五六 10/麇～
九店五六 11/☑又六□～☑
九店五六 81/～日
九店五六 109/～
磚瓦廠 1/仟門之里人～賫
曹家崗 1/～樬
曹家崗 2/～
曹家崗 2/～蔡□
安崗一 1/～乘翟車
安崗一 1/～乘甸車
安崗一 2/～乘耑轂
安崗一 2/～乘犮車
安崗一 3/～蓋
安崗一 3/～鐈
安崗一 3/～□
安崗一 3/～匜
安崗一 3/～葡□
安崗一 4/～革帶
安崗一 4/～緄帶
安崗一 4/～吴酒劍
安崗一 4/～索者劍
安崗一 4/～□鼠
安崗一 4/～貞□甲
安崗一 4/～□□□
安崗一 4/～几
安崗一 4/～坐遧

安崗一 4/～瑟
安崗一 5/～竽
安崗一 5/～獬冠
安崗一 5/～笠
安崗一 5/～鼠
安崗一 6/～曲弓
安崗一 6/～弩
安崗一 6/～□弓襄
安崗一 7/新矢十又～
安崗一 8/～曲弓
安崗一 8/～弩
安崗一 8/～□
安崗一 9/或～□
安崗一 10/或～
安崗一 11/脩～箕
安崗一 11/脯～箕
安崗一 11/炙雞～箕
安崗一 11/熬魚～箕
安崗一 11/熬□～□
安崗一 11/熬肉～□
安崗一 12/～縞禂
安崗一 12/～偶壺
安崗一 12/～□枳
安崗一 15/～吴㴐妻文
安崗一 15/～索緒䩦敍
安崗一 17/～雕管
安崗一 20/～
安崗二 1/～雜然之緄帶
安崗二 1/～朱帶
安崗二 1/～革帶
安崗二 1/～初王錦之□
安崗二 1/～筧枳
安崗二 1/～瑟
安崗二 2/～苦茉
安崗二 2/～笥盹肵
安崗二 2/～絨
安崗二 2/～會梧筨
安崗二 2/～革梧筨
安崗二 2/～縞紽
安崗二 2/～帛冠
安崗二 2/～縞冠
安崗二 2/～□緅帶
安崗二 2/～絲紙之王瑟之緼屨
安崗二 2/～絲紙紡緼屨
安崗二 4/～羊□初錦之繢郙
安崗二 4/～緄纅
安崗二 5/～鋻□
安崗二 5/～□晉
嚴倉記席 1/其～長十又一尺三寸
嚴倉記席 1/其一長十又～尺三寸
嚴倉記席 1/其～長十又一尺八寸
嚴倉記席 1/其一長十又～尺八寸
嚴倉記席 4/～筵席
嚴倉記席 5/其～長八尺六〔寸〕
嚴倉記席 5/其～長十尺
嚴倉記席 6/〔其〕～縱紋十又六
嚴倉記席 6/～□□之禂
嚴倉簽牌 2/堇君之衣～笥
丁家咀二 27 背/～豭
塌冢 1/用～豭豕與▨
高臺 1/▨有～婦人從鄢言▨
望山橋 6/□～
唐維寺 2/祑～牂
唐維寺 2/各～羖
唐維寺 2/北方丠玉～環
唐維寺 3/祑～牂

唐維寺 3/地主、司命各～羖
唐維寺 3/北方𠧪玉～環
唐維寺 5/將賽其～牂之禱
唐維寺 5/將賽其禱各～羖
唐維寺 6/將忻褈其～𠧪環
唐維寺 7/蔽佩玉～環
彭家灣一八三 11/賽禱太～牂
彭家灣一八三 11/后土、司命各～羖
彭家灣一八三 11/大水～牂
彭家灣一八三 12/舉禱於太～牂
彭家灣一八三 12/后土、司命各～羖
彭家灣一八三 12/舉禱於大水～牂
王家咀 843/公夏乘遺～橐錦
五里牌 3/～
五里牌 5/膚～
五里牌 8/𢆶～
五里牌 12/～
五里牌 14/匜～偶
五里牌 14/～
五里牌 15/□車～乘
五里牌 16/中藏～□
五里牌 17/革囩～
仰天湖 1/～紡衣
仰天湖 2/中君之～緹衣
仰天湖 4/～緹衣
仰天湖 5/～結衣
仰天湖 11/～衣
仰天湖 14/～組帶
仰天湖 15/～新鞮屨
仰天湖 15/～舊鞮屨
仰天湖 16/～坂韋之韓
仰天湖 18/～策柜
仰天湖 18/～楼柜
仰天湖 20/～紫錦之席
仰天湖 21/～純筵席
仰天湖 21/～𩍐席
仰天湖 22/～
仰天湖 23/～越鍺劍
仰天湖 24/～匜
仰天湖 26/～□矛
仰天湖 28/～鎬
仰天湖 30/～
仰天湖 31/羽膚～偶
仰天湖 32/㬎膚～偶
仰天湖 33/～鑑
仰天湖 34/～齒梳
仰天湖 35/～㬎□
仰天湖 36/～雕戕
仰天湖 37/皆藏於～匣之中
慈利文物 4/～鼓：前行□之，後行舉戟
慈利漫步 1/～鼓而□
慈利選編 9＋7/～曰攻天時▨
港大 1/▨民德～
帛五 3/利以～日從
帛五 3/□旬～日從
帛五 4/不〔出〕～日
帛五 12/不出～月
帛五 17/天～
帛五 17/利以入～歲
帛五 17/～旬
帛五 34/旬～日
帛五 37/～
帛攻 1：2/〔如〕～星流，入焉
帛攻 2：2/如星～流
帛攻 11/～星從北

帛殘黑/□～旬
帛塊二正/～可

元

龍會河 201/王其□思～弟

天

望山一 55/舉禱於二～〔子〕
九店六二一 10/使以緆□～張則▨ 
棗紙 14/～賜衷于吴 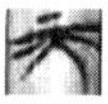
王家咀 483/夫～毀之也 
王家咀 852/～下之刑八 
慈利選編 9+7/一曰攻～時▨ 
慈利選編 3/女能然兼受～之福 
慈利選編 4/吾欲與之邀～之衷 
港大 2/其人～且劓 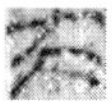
帛甲 2/～地作祥 
帛甲 2/～柱 
帛甲 3/～雨彭彭 
帛甲 8/以亂～常 
帛甲 10/唯～作福 
帛甲 10/唯～作妖 
帛甲 10/～像是則 
帛甲 10/誠唯～〔像〕 
帛乙 5/～旁動 
帛乙 6/炎帝乃命祝融以四神降，奠三～□ 
帛乙 6/彼九～則大傾 
帛乙 6/則毋敢叡～靈 
帛五 17/～一 
帛五 40/□～ 

上　部

上(上、㞢)

上

安崗二 2/～下綴
港大 4/～帝喜之 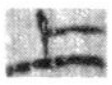
港大 9/重之以～下之約 
帛甲 6/ □□～妖 
帛五 42/□門～朔 
帛商照 13/□□自～□ 

㞢

夕陽坡 2/士尹昭王之～(上)

帝

九店五六 38 貳/～以命益齎禹之火
九店五六 40 貳/～之所以戮六擾之日

 九店五六 43/～謂尔無事

 九店五六 47/黄～□□庶民居之▨

 港大 4/上～喜之

 帛甲 9/～曰

 帛甲 11/～將由以亂

帛乙 6/炎～乃命祝融以四神降

帛乙 6/～允

旁

帛乙 5/天～動

下

 望山一 176/使攻解於～之人不壯死

 九店五六 45/北方高,三方～

 九店五六 46/西方高,三方～

 九店五六 46/北、南高,二方～

 九店五六 47/東、南高,二方～

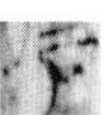 九店五六 47/東、北高,二方～

 安崗二 2/上～綴

 王家咀 852/天～之刑八

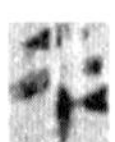 港大 9/重之以上～之約

帛甲 2/降于～方

帛甲 7/作其～凶

帛甲 10/～民之式

帛丙一 5/掫于～

帛丙六 2/至于其～□

示　部

示

天策 4/倜～

福

望山一 51/不得～

 九店五六 59/▨□之□□□之西,居之～

 九店六二一 2/自出～是從内自悲□□□□□▨

 九店六二一 23/▨生於多□～□▨

 嚴倉記席 6/廣合～(幅)

 彭家灣一八三 1/恒祈～

 仰天湖 39/▨□□～之□▨

 慈利選編 3/女能然兼受天之～

 帛甲 10/唯天作～

神

九店五六 26/□～饗之

唐維寺 4/告又大～食祙

唐維寺 5/告又大～有皇

帛甲 9/群～五正

帛甲 9/□～是享

帛甲 9/群～乃德

帛甲 10/～則格之

帛甲 10/～則惠之

帛甲 11/百～

帛乙 3/四～相代

帛乙 5/四～乃作

帛乙 6/炎帝乃命祝融以四～降

帛乙 7/□□～則閏四□

帛乙 7/百～

齋

望山一 106/己巳内～

望山一 132/庚申内～

望山一 137/甲戌、己巳内～

望山一 154/⧄日所可以～⧄

望山一 155/己巳、甲子之日内～

望山一 156/辛未之日野～

望山一 157/～

望山一 158/～

祭

望山一 86/⧄敓非～祀⧄

望山一 110/饋～之

望山一 110/速～公主

望山一 113/～

望山一 137/～龕

望山一 138/～馬

望山一 139/～竈

望山一 139/～

望山一 140/⧄祟～竈⧄

 九店五六 13 貳/～祀

 九店五六 15 貳/不利以～祀

 九店五六 16 貳/利以～祀

 九店五六 19 貳/如以～祀,必有三☐

 九店五六 25/以～,吝

 九店五六 27/以～門、行,饗之

 九店五六 28/利以～門、行,除疾

 九店五六 28/以～、大事、聚衆,必或亂之

 九店五六 29/利以爲室家,～

 九店五六 30/以～,小大吉

 九店五六 33/利以～

 九店五六 36/利以大～

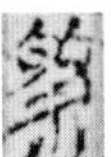 九店五六 41/利以～祀、禱祠

 九店五六 49/☐居～室之後

 帛甲 12/～☐則返

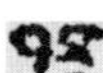 帛五 6/～

祀

 望山一 86/☐敓非祭～☐

 九店五六 13 貳/祭～

九店五六 15 貳/不利以祭～

 九店五六 16 貳/利以祭～

 九店五六 19 貳/如以祭～,必有三☐

 九店五六 41/利以祭～、禱祠

塌冢 3/式北進☐～薦以之酉父己

帛甲 11/民～不臧

帛丙五 6/不可以享～

祠(禂、䄡)

禂

 九店五六 26/以爲上下之禱～(祠)

䄡

 九店五六 41/凡吉日,利以祭祀、禱～(祠)

祝

 望山一 120/☐先老童、～〔融〕

 彭家灣一八三 3/齊客～窔問王於葳郢之歲

 彭家灣一八三 6/齊客～窔蹠楚之歲

 彭家灣一八三 8/齊客～窔問王於葳郢之歲

彭家灣一八三 10/齊客～窔蹠楚之歲

帛乙 6/炎帝乃命～融以四神降

禱(⿰礻⿱者曰、⿰礻⿱⿻己一曰、⿰礻⿱⿻己一曰、⿰礻⿱⿻己一曰)

⿰礻⿱者曰

望山一 10/爲悼固舉～(禱)簡大王、聲桓〔王〕

望山一 50/宜～(禱)

望山一 52/速因其禽～(禱)之

望山一 54/舉～(禱)太佩玉一環

望山一 82/賽～(禱)

望山一 88/賽～(禱)

望山一 89/賽～(禱)王孫巢

望山一 90/賽～(禱)先☐

望山一 108/賽～(禱)於簡大〔王〕

望山一 112/罷～(禱)先君東邻公

望山一 116/舉～(禱)北子

望山一 119/舉～(禱)大夫之私巫

望山一 119/舉～(禱)行白犬

望山一 119/罷～(禱)王孫喿冢豕

望山一 124/☐□埱既～(禱)

望山一 124/楚先既～(禱)

望山一 127/舉～(禱)於宮☐

望山一 135/既～(禱),未賽

望山一 148/～(禱)於☐

⿰礻⿱⿻己一曰

天卜 9-2/舉～(禱)道一☐

丁家咀二 15/以婁君之□之故,舉～(禱)☐

丁家咀二 27/或～(禱)於私巫

丁家咀二 27/以已未之日或～(禱)於□☐

唐維寺 3/因其禽而翟～(禱)焉

彭家灣一八三 11/賽～(禱)太一牂

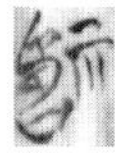
望山橋 2/舉～(禱)於簡王

⿰礻𠷎

望山一 28/舉～(禱)宮行一白犬

望山一 55/舉～(禱)於二天〔子〕

望山一 56/舉～(禱)於祩一環

望山一 109/賽～(禱)宮地主一豭

望山一 114/舉～(禱)於東邵〔公〕

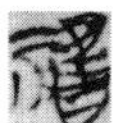
望山一 125/舉～(禱)北宗一環

望山一 125/舉～(禱)逨一羖

望山一 126/舉～(禱)北▨

望山一 149/～(禱)

天卜 4－2/速賽～(禱)惠公特豢，饋之

天卜 5－2/舉～(禱)巫豬豕、靈酒，棧鐘樂之

天卜 10/舉～(禱)丘特牛

天卜 13－3/～(禱)卓公順至惠公大牢，樂之，百之，贛

天卜 27/舉～(禱)卓公順至惠公大牢

天卜 29/擇日冬夕賽～(禱)宮地主一羖

天卜 43/舉～(禱)社特牛，樂之，蔽志

天卜 78/舉～(禱)祩一猜

九店五六 26/以爲上下之～(禱)祠

九店五六 41/凡吉日，利以祭祀、～(禱)祠

唐維寺 2/以其有前～(禱)

唐維寺 2/翟～(禱)

唐維寺 3/以其有前～(禱)

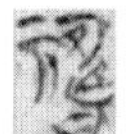
唐維寺 5/ 將賽其一牂之～(禱)

唐維寺 5/將賽其～(禱)各一羖

唐維寺 7/以其未可以～(禱)

彭家灣一八三 1/舉～(禱)集正君

彭家灣一八三 2/既舉～(禱)之

彭家灣一八三 9/賽～(禱)集正君、葴辻尹各特狚、酒食

彭家灣一八三 11/賽～(禱)集莊君特狚、酒食

望山橋 4/舉～(禱)於▨

望山橋 5/舉～(禱)

望山橋 5/舉～(禱)

 彭家灣一八三 5/以其故移其～(禱)

 彭家灣一八三 4/以其故翟～(禱)各特牛、酒食

 彭家灣一八三 6/～(禱)於其親父、親母肥殺、酒食

 彭家灣一八三 12/舉～(禱)於太一牂

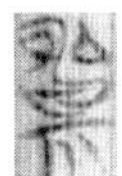 彭家灣一八三 12/舉～(禱)於大水一牂

禮

 嚴倉卜筮 2/恒舉～(禱)於☐

 望山橋 3/〔舉〕～(禱)

 彭家灣二六四/～(禱)三世王父

 望山橋 4/舉～(禱)於戠王

社

 望山一 115/册於東石公、～、北子、行

 望山一 125/～□其故禽

 天卜 29/擇日冬夕至嘗於～特牛，饋之

 天卜 43/舉禱～特牛，樂之，蔽志

九店五六 13 貳/立～稷

 丁家咀二 27 背/☐之～

 望山橋 5/舉禱於～

禍(祡)

祡

帛乙 2/參～(化)

祟(祟、祱、祭)

祟

彭家灣二六四/嬰齊之三世王父爲色～

祱

望山一 24/有祟，以其故～(說)之

天卜 43/少有閒慼，有～(祟)

天卜 43/以其故～(說)之

丁家咀二 29/又～(說)於大水

望山一 49/有見～(祟)

望山一 50/有見～(祟)

望山一 54/有～(祟)

望山一 61/有～(祟)

望山一 63/與魏豹之～(祟)

望山一 81/有～(祟)

 望山一 88/同～(祟)

彭家灣一八三 1/恒貞吉，無咎，有～(祟)

彭家灣一八三 3/有～(祟)見於三世王父

彭家灣一八三 1/以其故～(説)之

𥜽

天卜 4－2/有～(祟)

天卜 9－2/稍有慼於趾，有～(祟)，以其故説之

天卜 34/稍閒有惡，有祟，以其古故～(説)之

天卜 78/迻鹽丁之～(祟)

望山橋 2/有～(祟)

唐維寺 1/有～(祟)見

唐維寺 7/有～(祟)見

彭家灣一八三 5/有～(祟)見於親舅與親姑

彭家灣一八三 6/有～(祟)見於娥之親父、親母

彭家灣一八三 11/迻許糬之～(祟)

社

九店五六 23 貳/凡𦴰日，可以爲小～

塌冢 6/□厥～□

祏

帛甲 11/下民之～(式)

𡰥

望山一 6/〔荆〕～(夷)之月

望山一 7/荆～(夷)之月

望山一 32/荆～(夷)

望山一 33/荆～(夷)

九店五六 13 壹/〔荆〕～(夷)

九店五六 77/荆～(夷)

九店五六 77/夏～(夷)

九店五六 78/夏～(夷)

九店五六 78/荆～(夷)

九店五六 87/荆～(夷)

九店五六 88/荆～(夷)

九店五六 88/夏～(夷)

磚瓦廠 2/夏～(夷)之月

磚瓦廠 3/夏～(夷)之月

嚴倉卜筮 1/荆～(夷)□□□□之日

嚴倉卜筮 1/自宋客左師逩之歲荆～(夷)

嚴倉卜筮 1/以就來歲之荆～(夷)

 唐維寺 1/夏～(夷)之月

 彭家灣一八三 8/從遠夕之月以就夏～(夷)

 夕陽坡 1/荆～(夷)之月

 帛殘碎/荆～(夷)

祔

 望山一 55/～一牂

 望山一 56/舉禱於～一環

 望山一 79/☐～與☐

天卜 78/舉禱～一牂

唐維寺 2/～一牂

唐維寺 3/～一牂

 唐維寺 4/告又大神食～

祭

 天卜 4－1/夏～(夕)之月庚戌之日

 天卜 4－1/侍王，盡夏～(夕)之月，尚自利順

 天卜 12－1/冬～(夕)之月

 天卜 12－1/盡冬～(夕)之月，侍王，尚自利順

 天卜 15－1/夏～(夕)之月

天卜 29/擇日冬～(夕)賽禱宫地主一羖

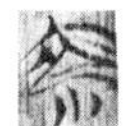 天卜 29/擇日冬～(夕)至嘗於社特牛，饋之

 九店五六 16 壹/〔夏〕～(夕)

 九店五六 23 壹/屈～(夕)

 九店五六 24 壹/遠～(夕)

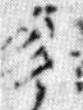 九店五六 77/屈～(夕)

 九店五六 77/遠～(夕)

 九店五六 77/夏～(夕)

 九店五六 77/冬～(夕)

 九店五六 81/夏～(夕)

 九店五六 84/冬～(夕)

 九店五六 85/屈～(夕)

 九店五六 85/遠～(夕)

 九店五六 91/〔冬〕～(夕)

 九店五六 91/屈～(夕)

 九店五六 91/遠～(夕)

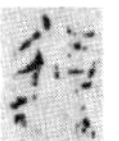 九店五六 101/☑□□□□～(夕)己壬

 安崗一 1/夏～(夕)之月

 唐維寺 3/遠～(夕)之月

 唐維寺 8/至冬～(夕)之月

 彭家灣一八三 6/遠～(夕)之月

 彭家灣一八三 8/遠～(夕)之月

 彭家灣一八三 8/從遠～(夕)之月以就夏夷

 彭家灣一八三 10/遠～(夕)之月

 帛月外/〔夏〕～(夕)

 帛月内/冬～(夕)

 帛五 16/屈～(夕)

髹

天卜 10/舉禱～(丘)特牛

㝁

 望山一 137/祭～

棠

 望山一 113/～巫

 望山一 140/☑～祭竈☑

天卜 29/擇日冬夕至～(嘗)於社特牛,饋之

 九店五六 20 貳/凡盍日,利以製衣～(裳)

 卉茅之外 2/幹～(常)其若茲

 帛甲 1/不得其～(常)

禕

帛乙 7/毋使百神、風雨、晨～亂作

禲

彭家灣一八三 6/有祟見於娥之親父、親母,與其丁～(厲)

彭家灣一八三 7/食～(厲)

襢

望山一 120/老～(童)、祝〔融〕

 望山一 122/老～(童)

祼(䙰)

䙰

 唐維寺 6/將忻～(祼)其一兆環

三部

三

望山二 46/卯盞～☐

望山二 49/～革帶

望山二 49/～盲童皆丹繡之衣

望山二 62/～

九店五六 1/舊～稅

九店五六 1/舊～☐

九店五六 4/〔舊十〕擔又～擔三赤二參

九店五六 4/〔舊十〕擔又三擔～赤二參

九店五六 5/～赤二參

九店五六 5/方～

九店五六 6/〔舊□〕擔～擔三赤二參

九店五六 6/〔舊□〕擔三擔～赤二參

九店五六 7/粆～半一參

九店五六 8/粆～半一參

九店五六 12/☐□～稅☐

九店五六 19 貳/如以祭祀，必有～□

九店五六 39 壹/凡秋～月，庚、辛、壬、癸不吉

九店五六 40 壹/凡冬～月，壬、癸、甲、乙不吉

九店五六 45/北方高，～方下

九店五六 46/西方高，～方下

九店五六 50/～增三沮不相志

九店五六 50/三增～沮不相志

九店五六 54/夏～月，啟於北得

九店五六 54/秋～月，作高居於西得

安崗一 2/～

安崗一 3/～盲童

安崗一 4/～关褎

安崗一 4/～戈

安崗一 6/～

安崗一 6/～

安崗一 10/～

安崗一 12/～簟

安崗二 4/組□□～

嚴倉記席 1/其一長十又一尺～寸

嚴倉記席 5/廣六尺～寸

唐維寺 2/～月

唐維寺 7/～月

彭家灣一八三 1/賈以大筮爲娥～月之貞

彭家灣一八三 3/有祟見於～世王父

彭家灣一八三 6/擇良日於春～月

彭家灣一八三 8/～月幾中尚毋有大咎

彭家灣一八三 10/～月幾中尚毋有大咎

彭家灣二六四/嬰齊之～世王父爲色祟

彭家灣二六四/禱～世王父

五里牌 11/～

五里牌 16/～箄

慈利文物 2/☐～,越王句踐將欲勿伐□乃□

慈利學報 8/～軍皆☐

慈利漫步 1/一鼓而□,□鼓而□,～而☐

港大 3/～年而劃於膺

帛甲 3/～月

帛甲 6/～時是行

帛甲 6/～時□□

帛甲 8/～恒

帛乙 4/～曰翏黄難

帛乙 6/炎帝乃命祝融以四神降,奠～天□

帛殘碎/～

帛塊二正/～

王　部

王

望山一 5/郙客困芻問～

望山一 6/〔郙客〕困〔芻〕問～

望山一 7/〔郙客困〕芻問～

望山一 8/〔郙客困芻〕問～

望山一 10/簡大～

望山一 14/出入侍～

望山一 22/走趣事～、大夫

望山一 28/簡大～

望山一 29/出入侍～

望山一 32/〔出〕入侍～

望山一 88/聲～

望山一 88/悼～

望山一 89/賽禱～孫巢

望山一 106/簡大～

望山一 109/聲桓～

望山一 109/悼～

望山一 110/聲～

望山一 110/悼～

望山一 111/聲～

望山一 111/悼～

望山一 112/哲～

望山一 117/～之北子

望山一 119/～孫臬

望山二 64/長～孫

天卜 4－1/齊客申獲問～於葳郢之歲

天卜 4－1/侍～，盡夏夕之月，尚自利順

天卜 10/齊客申獲問～於葳郢之歲

天卜 10/侍～，盡爨月，尚自利順

天卜 12－1/秦客公孫紻問～於葳郢之歲

天卜 12－1/盡冬夕之月，侍～，尚自利順

天卜 13－1/秦客公孫紻問～於葳郢之歲

天卜 13－1/鹽丁以長寶爲邸陽君番勝貞：侍～〼

九店五六 42/凡不吉日，利以見公～與貴人

安崗二 1/一初～錦之□

安崗二 2/一絲紙之～瑟之緄屨

安崗二 4/十素～錦之紳

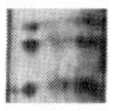

嚴倉卜筮 1/既走趣於邦，出入侍～

嚴倉卜筮 2/且有惡於～事

望山橋 1/秦客亮成問～於葳郢之歲

望山橋 2/舉禱於簡～

望山橋 3/〔舉〕禱於悼～

望山橋 4/舉禱於戠～

望山橋 5/舉禱於～子丙

龍會河 201/武～

龍會河 201/□～娛德

龍會河 201/～其□思元弟

龍會河 201/以扞～家

龍會河 269/莊～即位十又五〔歲〕

龍會河 272/成～即位五歲

唐維寺 1/燕客臧賓問～

唐維寺 3/燕客臧之賓問～於葳郢之歲

唐維寺 4/燕客臧之賓問～於葳郢之歲

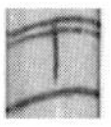

棗紙 15/右我先～

棗紙 15/我先～從之走

棗紙 15/我先～是以克入〔郢〕

彭家灣一八三 3/齊客祝窔問～於葳郢之歲

彭家灣一八三 3/有祟見於三世～父

彭家灣一八三 8/齊客祝窔問～於葳郢之歲

彭家灣二六四/嬰齊之三世～父爲色祟

彭家灣二六四/禱三世～父

夕陽坡 1/～居於葳郢之游宮

夕陽坡 1/士尹昭～之上

夕陽坡 2/悼哲～之愄

夕陽坡 2/以～命賜舒方御歲䈥

慈利文物 2/越～句踐

慈利文物 12/～乃出

慈利文物 21/☒□～不出檐

慈利文物 24/～曰:"可矣。"

慈利文物 24/～乃命有司大令於☒

慈利法書 5/越～句踐

慈利選集 6+4/～曰:"越邦之中病者,吾問☒"

慈利選編 2/☒馬茲與～士五☒

帛甲 5/害于其～

閏

帛甲 3/是失月～之勿行

帛乙 7/□□神則～四□

皇

望山二 45/四～俎

望山二 45/四～豆

唐維寺 5/告又大神有～

卉茅之外 2/～后有命

玉　部

玉

望山一 28/佩～一環

望山一 54/佩～一環

望山一 54/佩～一環

望山一 106/歸～簡大王

望山一 107/歸～於簡〔大王〕

望山一 109/佩～一環

望山一 109/佩～一環

望山一 130/佩～一環

望山二 50/一～鉤

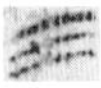

天卜 34/擇良日歸～玩

九店五六 24 貳/佩～

安崗一 15/～結刀□賅

安崗一 15/～結刀□賅

唐維寺 2/兆～

唐維寺 3/北方兆～一環

唐維寺 7/蔽佩～一環

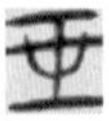

仰天湖 17/革帶,有～環

仰天湖 18/～頁

環

望山一 28/佩玉一～

望山一 54/佩玉一～

望山一 54/后土、司命各一小～

望山一 54/佩玉一～

望山一 55/大水一～

望山一 56/舉禱於袪一～

望山一 109/佩玉一～

望山一 109/佩玉一～

望山一 114/一小～

望山一 125/舉禱北宗一～

望山一 130/佩玉一～

唐維寺 2/北方丠玉一～

唐維寺 3/北方丠玉一～

唐維寺 7/蔽佩玉一～

璜

望山二 50/一雙～

琥

帛五 23/其維～

玩

天卜 34/擇良日歸玉～

戔(盞)

盞

望山二 46/卵～

望山二 54/二合～

玟

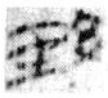

望山二 6/骨～

珊

嚴倉卜筮 1/觀～以長靈爲大司馬悼愲貞

瑺

九店五六 24 貳/～(佩)玉

气　部

气(槩)

槩

慈利法書 2/解其～(气)擊龍紑白徒以視之厲士

卉茅之外 2/血～(气)不通

帛乙 3/熱～(气)

帛乙 3/寒～(气)

帛攻 5/〔逆〕之曰生～(气)

帛攻 5/從〔之〕曰死～(气)

士 部

士

夕陽坡 1/～尹

慈利法書 2/解其氣擊龍紝白徒以視之厲～

慈利選編 2/☐馬茲與王～五☐

壯

望山一 176/使攻解於下之人不～死

塌冢 25/正發蜜太～悰同韋

丨 部

中(中、宔)

中

望山二 11/杊～

望山二 13/二霝光之～干

望山二 13/一秦縞之～干

天卜 29/少有慼於宮～

天卜 34/擇良日歸玉玩，繼車馬於悲～

九店五六 47/～坦，中□，又穿洝

九店五六 47/中坦，～□，又穿洝

九店五六 54/宮正方，非正～，不吉

望山橋 2/蒼峨懌以軒靈爲～廄尹貞

棗紙 14/天賜～(衷)于吴

彭家灣一八三 9/三月幾～尚毋有大咎

彭家灣一八三 9/毋出幾～

彭家灣一八三 10/三月幾～尚毋有大咎

彭家灣一八三 11/毋出幾～

五里牌 16/～藏一□

仰天湖 2/～君之一緹衣

仰天湖 35/骨交□於～

仰天湖 37/皆藏於一匣之～

慈利選編 4/吾欲與之邀天之～(衷)

帛五 25：3/二軍～

帛攻 1：2/～□軍

帛攻 1：3/以～務諸侯

宔

望山一 26/幾～(中)有喜於志☐

望山一 196/～(中)

天卜 13－3/占之：吉,集歲幾～(中)將有喜

天卜 40/占之：吉,夜～(中)有續

九店五六 41/利以入邦～(中)

九店五六 46/西方高,三方下,其～(中)不壽

嚴倉記席 4/☐宕～(中)

彭家灣一八三 2/苟使娥之疾速瘥,幾～(中)賽之

慈利文物 16/☐☐☐☐之～(中)者而☐

慈利選集 6+4/越邦之～(中)病者

串

九店五六 27/利以～(穿)户牖

中　部

屯

嚴倉記席 1/☐席,縱紋～二十又四

嚴倉記席 3/縱紋～十又七

嚴倉記席 3/～九尺二寸

嚴倉記席 3/～素加豹之純

嚴倉記席 3/～六寸

艸　部

艸(卉)

卉

卉茅之外 1/～(草)茅之外

帛甲 1/～(草)木無常

帛甲 5/～(草)木民人

蘁

九店五六 137/～

芋

望山二 9/反～之坓軑

望山二 30/☐～之結

苦

安崗二 2/一～茉

茅

卉茅之外 1/草～之外

蓍(⿱艹旨)

⿱艹旨

天卜 40/郘還以漆～(蓍)爲君貞

萩(穌)

穌

 九店五六 54/～(秋)三月，作高居於西得

英(英)

英

 天卜 15－1/應奮以大～(英)爲邸陽君勝貞

 天策 3/鞹、～(鞅)

芒

 九店五六 46/蓋西北之宇，～(亡)長子

 安崗一 15/鹽～之夫需

茲(丝、兹)

丝

 慈利選編 2/☐馬～(茲)與王士五☐

兹

 卉茅之外 2/斡常其若～(茲)

 卉茅之外 3/不智其若～(茲)

蒼

 望山橋 2/～峨懌以軒靈爲中廄尹貞

 帛五 11/其服～

 帛五 11/乘～□

 帛五 23/～軟

 帛五 23/～〔箐〕

苛

 望山一 2/～慶

 望山一 11/～愴

 望山一 171/～愴

 望山一 172/～愴

苑(菑)

菑

 九店五六 13 壹/～於寅

 九店五六 14 壹/～於卯

 九店五六 15 壹/～於辰

 九店五六 16 壹/～於巳

 九店五六 17 壹/～於午

九店五六 18 壹/～於未

九店五六 19 壹/～於申

九店五六 20 壹/～於酉

九店五六 21 壹/～於戌

九店五六 22 壹/～於亥

九店五六 23 壹/～於子

九店五六 23 貳/凡～日,可以爲小杠

九店五六 24 壹/～於丑

芳

九店五六 44/〔攝幣〕、～糧以譴讀某於武夷之所

九店五六 44/君饗受某之攝幣、～糧

若

弁茅之外 2/斡常其～茲

弁茅之外 3/不知其～茲

帛攻 5/～鬥起

苴(蘆)

蘆

仰天湖 15/皆有～(苴)疏屨

芻

望山一 5/郙客困～

望山一 7/〔郙客困〕～

茹(荌)

荌

帛乙 1/□～水□

折

望山一 112/□～(哲)王

九店五六 20 貳/凡盍日,利以～(製)衣裳

九店五六 20 貳/～(製)布褐

九店五六 36/～(製)衣裳

九店五六 95/壬申以～(製)

夕陽坡 2/悼～(哲)王之愄

帛丙十 2/可〔以〕□～

葦

望山二 48/二～圓

荼(荎)

荎

帛丙十二 3/～(荼)司冬

蒿

望山一 117/～之

春(萅、旾)

萅

彭家灣一八三 6/擇良日於～(春)三月

旾

龍會河 269/乃～(春)戮於蔑

龍會河 272/乃～(春)戮於焚桃

帛甲 1/～(春)夏秋冬

帛丙三 3/痡司～(春)

藏(寶、贘)

寶

九店五六 50/無～(藏)貨

贘

安崗一 1/列尹命執事人爲之～(藏)

仰天湖 37/皆～(藏)於一匣之中

仰天湖 41/～(藏)於五匣

莞(萖)

萖

望山二 48/二簣～(莞)

苿

安崗二 2/一苦～

芊

仰天湖 22/一～□

芏

仰天湖 19/五～巾

仰天湖 34/有～囊

芽

安崗一 9/～緍

萰

望山橋 2/舉禱於～(簡)王

菓(菒)

菒

天策 3/～(菓)絡

蔔

九店五六 34/生子,男不～(留)

葳(菽、蘵)

菽

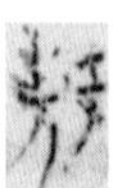

望山一 1/～(葳)郢

望山一 5/～(葳)〔郢〕

望山一 7/～(葳)郢

天卜 4－1/齊客申獲問王於～(葳)郢之歲

 天卜 10/齊客申獲問王於～郢之歲

 天卜 12－1/秦客公孫紻問王於～郢之歲

 天卜 13－1/秦客公孫紻問王於～(蔵)郢之歲

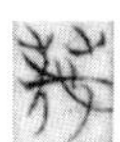 唐維寺 3/～(蔵)郢

 唐維寺 4/～(蔵)郢

 彭家灣一八三 2/順至親父～(蔵)辻尹

 彭家灣一八三 3/齊客祝窔問王於～(蔵)郢之歲

 彭家灣一八三 8/齊客祝窔問王於～(蔵)郢之歲

 彭家灣一八三 9/賽禱集正君、～(蔵)辻尹各特狃、酒食

 夕陽坡 1/王居於～(蔵)郢之游宮

蔵

 望山一 8/～(蔵)郢

 望山一 116/～(蔵)陵君

 望山橋 1/秦客亮成問王於～(蔵)郢之歲

蒼

 望山一 8/～(爨)月

藞

 唐維寺 7/～(擇)良日而賽之

虀

 安崗二 2/二～

茻　部

莫

 望山二 6/貍～(貘)之冢

 帛丙七 3/相～得

葬(㷅、𤵸)

㷅

曹家崗 1/～(葬)器

𤵸

安崗一 1/君～〈肭〉(葬)堅子

卷　二

小　部

少

望山一 9/鄧遣以～(小)籌爲悼固貞

望山一 18/許佗以～☑

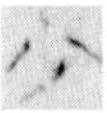

望山一 23/～有感

望山一 45/疾～遲瘥

望山一 54/后土、司命各一～(小)環

望山一 63/～遲瘥

望山一 68/乙、丙～☑

望山一 73/～有感

望山一 114/一～(小)環

望山二 47/一～(小)篗

望山二 47/一～(小)彤羽篗

望山二 61/一～(小)紡冠

天卜 4－1/～有感〔於〕躬身

天卜 5－2/無咎，～有續

天卜 9－2/～(稍)有感於趾，有祟，以其故說之

天卜 12－1/丁占之：～(稍)有〔感於躬身〕

天卜 27/將～有感於宮室

天卜 29/～有感於宮中

天卜 34/～(稍)閒有惡，有祟，以其故說之

天卜 43/～有閒感，有祟

九店五六 23 貳/凡蓄日，可以爲～(小)社

九店五六 26/～(小)夫四成

九店五六 30/以祭，～(小)大吉

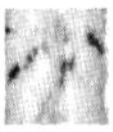

九店五六 55/□土～

九店五六 62/午～瘳，申大〔瘳〕

九店五六 66/以有疾，戌～瘳

九店五六 67/以有疾，子～瘳，卯大瘳

九店五六 71/以有疾，卯～瘳，巳大瘳

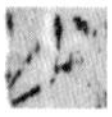

九店五六 97/凡亡日□辰～日必得

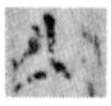

九店五六 97/日～辰□□

九店六二一 7/～

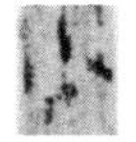九店六二一 15/☐～則□之新灼齊☐

嚴倉卜筮 1/～有慼於躳身

彭家灣一八三 10/～有續,遲瘥

彭家灣一八三 9/～遲瘥

王家咀 765/～(小)德出入可也

帛甲 12/民～有□

帛丙四 1/～昊其□

帛五 17/～文

帛五 17/其取～文

八　部

八

望山二 7/十又～

望山二 10/黄緟組之綴～

望山二 43/～

九店五六 2/敔秭之～擔

九店五六 81/～日

安崗一 7/～弩矢

安崗一 9/二十又～

嚴倉記席 1/其一長十又一尺～寸

嚴倉記席 2/長～〔尺〕

嚴倉記席 5/其一長～尺六〔寸〕

王家咀 852/天下之刑～

五里牌 1/鼎～

五里牌 7/金戈～

仰天湖 27/黄郙之矢～

帛五 29/～月

帛塊二背/～旬

分

天卜 40/夜過～(半)有閒

安崗一 9/□～(紛)之屋

塌冢 24/情作紳罣交～訓☐

帛丙三 2/～女

帛丙十一 4/辜～長

帛攻 9/～

帛殘紅/～

尔

九店五六 43/～(爾)居復山之基

九店五六 43/帝謂～(爾)無事,命爾司兵死者

九店五六 43/帝謂爾無事,命～(爾)司兵死者

曾

唐維寺 7/～臣産

尚

望山一 9/～毋爲大尤

望山一 22/～速得事

望山一 23/～速得事

望山一 37/～

望山一 39/～毋死

望山一 40/～毋以其故有大咎

望山一 41/～毋☐

望山一 46/～毋有咎

望山一 97/～速

天卜 4－1/侍王,盡夏夕之月,～自利順

天卜 5－2/～毋有咎

天卜 10/侍王,盡爨月,～自利順

天卜 12－1/盡冬夕之月,侍王,～自利順

天卜 15－1/既始居其新室,～宜安長居之

天卜 40/既背膺疾,以心悶,～毋以是故有大咎

嚴倉卜筮 1/～毋有咎

嚴倉卜筮 1/～自宜捴

唐維寺 1/～毋爲尤

唐維寺 3/～毋爲尤

彭家灣一八三 1/既以其有疾,～毋有咎

彭家灣一八三 3/以其癲且心悶,～毋死

彭家灣一八三 5/以其心悶、腹疾之故,～毋死

彭家灣一八三 6/以其腹心之疾,～毋死

彭家灣一八三 9/三月幾中～毋有大咎

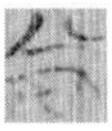

彭家灣一八三 10/三月幾中～毋有大咎

慈利漫步 2/子孫之不司戰～克黽

帛甲 1/有□～(常)

帛甲 2/草木無～(常)

帛甲 6/以□四踐之～(常)

帛甲 8/無有～(常)極

帛甲 8/以亂天～(常)

豕

望山二 49/皆赤□□□頸素～之毛丸

望山二 61/素～之純

塌冢 1/用一豭～與☐

詹(詹、㕣)

詹

王家咀 483/魯人～因辭曰

㕣

慈利文物 21/☐□王不出～(檐)

帛五 34/其皿～(甂)

介

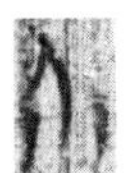安崗一 6/捭□與䡊矢二十～

公

望山一 109/東郤～

望山一 110/東郤～

望山一 110/速祭～主

望山一 112/罷禱先君東郤～

望山一 113/月饋東宅～

望山一 115/册於東石～、社、北子、行

望山一 135/～

望山一 129/▨～主既成

望山一 136/▨□～虩▨

望山二 63/奉陽～

天卜 4-2/速賽禱惠～特豢，饋之

天卜 12-1/秦客～孫紻問王於葳郢之歲

天卜 13-1/秦客～孫紻問王於葳郢之歲

天卜 13-3/禱卓～順至惠公大牢

天卜 13-3/禱卓公順至惠～大牢

天卜 27/舉禱卓～順至惠公大牢

天卜 27/舉禱卓公順至惠～大牢

九店五六 42/凡不吉日，利以見～王與貴人

安崗一 1/周客南～瘫

高臺 3/僕馳造告郯陵～、郢公▨

高臺 3/僕馳造告郯陵公、郢～▨

望山橋 6/滕～

唐維寺 3/巫～

王家咀 843/～夏乘遺一橐錦

仰天湖 1/許陽～

帛五 8/～子□

必(必、杙)

必

九店五六 19 貳/如以祭祀，～有三□

九店五六 25/如有弟，～死

九店五六 28/～或亂之

九店五六 30/生子，男吉，女～出其邦

九店五六 32/～無遇寇盜

九店五六 32/～兵

九店五六 35/生子，男～美於人

九店五六 37 貳/不成，～毀

九店五六 53/～肉食以食

九店五六 55/～有□□出□

九店五六 95/～以人▨

九店五六 97/凡亡日□辰少日～得

九店五六 99/～亡□又□

九店六二一 26/▨甬～以□爲▨

慈利選編 1/▨虛其民,～迻就▨

帛攻 1:2/庚〔午〕～入之

帛攻 8/～

帛攻 10/～入之

帛塊二正/□行～以□□左𧾬

朼

帛丙二 4/如～(必)武

余

帛丙四 1/曰:～

帛丙四 3/～娶女

釆 部

番

天卜 13－1/鹽丁以長寶爲邸陽君～勝貞

半 部

胖(剖)

剖

九店五六 7/粡三～(半)一參

九店五六 8/粡三～(半)一參

安崗二 5/二～□

安崗二 5/二～壺

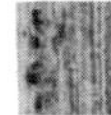
安崗二 5/四～□

牛 部

牛

望山一 110/各特～

望山一 112/各特～

望山一 112/特～

望山一 132/特～

望山二 45/一～棁

天卜 43/舉禱社特～,樂之,蔽志

望山橋 2/特～

望山橋 3/特～

望山橋 4/特～

港大 2/〔其〕～掣

犢(𤘻)

𤘻

九店五六 44/〔攝幣〕、芳糧以譴～(讀)某於武夷之所

牲

九店五六 39 貳/凡五亥,不可以畜六～擾

牢

天卜 13－3/禱卓公順至惠公大～，樂之，百之，贛

天卜 27/舉禱卓公順至惠公大～

犆

天卜 78/舉禱祓一～

天卜 78/舉禱祓一犆，司命、司〔禍各〕一～

犢

彭家灣一八三 2/～(特)狙

告　部

告

望山一 170/☑□～范獲〔志〕

九店五六 43/敢～□縌之子武夷

磚瓦廠 1/☑與仔門之里人一賫～僕

磚瓦廠 1/僕不敢～

磚瓦廠 3/今僕詧人李□敢～於視日

磚瓦廠 4/☑□□人李捭敢～於

高臺 2/造以～☑

高臺 3/僕馳造～郯陵公、鄍公☑

唐維寺 4/～又大神食祓

唐維寺 5/～又大神有皇

唐維寺 6/～又北方

唐維寺 7/曾臣産敢～北方

口　部

口

九店六二一 19/心～司□

嗌(萶)

萶

九店五六 39 貳/帝以命～(益)齎禹之火

味

帛五 11/其～鹹

帛五 23/〔其〕～辛

帛五 29/其～□

名

九店五六 34/～之曰死日

君

望山一 112/先～

望山一 116/葴陵～

望山一 132/☐～,特牛

望山一 133/先～

天卜 4－1/史丑以長靈爲～月貞

天卜 10/義懌以白靈爲～月貞

天卜 12－1/鹽〔丁〕以寶家爲～月貞

天卜 13－1/鹽丁以長寶爲邸陽～番勝貞

天卜 15－1/應奮以大英爲邸陽～勝貞

天卜 40/郘還以漆蓍爲～貞

九店五六 26/邦～得年

九店五六 29/以見邦～,不吉

九店五六 44/～饗受某之攝幣、芳糧

九店五六 50/西□～□

安崗一 1/～葬堅子

丁家咀二 15/以婁～之□之故,舉禱☐

嚴倉簽牌 2/堇～之衣一笥

唐維寺 4/有祟見於～之所

棗紙 14/吾先～闔盧所以克入郢

彭家灣一八三 1/舉禱集正～

彭家灣一八三 9/賽禱集正～、葴辶尹各特豝、酒食

彭家灣一八三 11/賽禱集莊～特豝、酒食

王家咀 738/～子易,此辱矣

仰天湖 2/中～之一緹衣

夕陽坡 1/越濩～贏

慈利漫步 2/～乃親命五官

慈利漫步 2/～命司徒爲☐

港大 7/此之謂～☐

帛殘紅/□□～

帛商照 9/～吉

命

望山一 54/司～

望山一 55/司～

天卜 34/鹽丁習之以新承～

天卜 78/舉禱袪一犆,司～、司〔禍各〕一犆

九店五六 38 貳/帝以～益齎禹之火

九店五六 43/帝謂尔無事,～尔司兵死者

安崗一 1/列尹～執事人爲之藏

塌冢 8/☐～命以☐

唐維寺 2/司～

唐維寺 3/司～

唐維寺 5/司～

唐維寺 8/將速賽其志～

彭家灣一八三 11/后土、司～各一羖

彭家灣一八三 12/后土、司～各一羖

夕陽坡 2/以王～賜舒方御歲𩞁

慈利文物 24/王乃～有司大令於☐

慈利文物 24/王乃命有司大～(令)於☐

慈利法書 5/越王句踐乃～者□☐

慈利漫步 2/君乃親～五官

慈利漫步 2/君～司徒爲☐

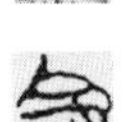
卉茅之外 2/皇后有～

帛乙 3/乃～山川四海

帛乙 6/炎帝乃～祝融以四神降

唯

港大 6/民～(雖)懼,不欲☐

和

九店五六 16 貳/～人民

哉

帛甲 9/敬之～

嘑

港大 3/生乃～(呼)曰☐

台(訇)

訇

望山一 70/☐～(始)間

王家咀 483/魯人詹因～(辭)曰

卉茅之外 2/豈敢荒～(怠)

帛攻 1：2/～(始)生城

啻

望山一 77/與～～見

望山二 48/七～劍

望山二 49/～幀二十二

九店五六 102/～□之

吉

望山一 22/占之,～

 望山一 23/占之,～

 望山一 26/占之,～

 望山一 39/占之,恒貞～

 望山一 45/占之,恒貞～

 望山一 49/恒貞～

 望山一 53/〔恒〕貞～

 望山一 54/～

 望山一 55/～

 望山一 57/～

 望山一 59/～,不死

 望山一 93/許佗占之曰:～

 望山一 94/魏豹占之曰:～

 望山一 95/獻占之曰:～

 望山一 96/占之曰:～

 望山一 97/占之曰:～

 望山一 98/占之曰:～

 望山一 101/占之曰:～

 望山一 102/占之曰:～

 望山一 103/〔占〕之曰:～

 望山一 104/～

 望山一 105/～

 天卜 4-1/占之:恒貞～

 天卜 4-2/占之:～

 天卜 5-2/占之:恒貞～

 天卜 5-2/鄭愴占之:～

 天卜 9-2/義懌占之:恒貞～

 天卜 10/占之:恒貞～

 天卜 13-3/占之:～,集歲幾中將有喜

天卜 27/占之:恒貞～

天卜 29/占之:恒貞～

天卜 29/獲〔志〕占〔之〕:～

天卜 34/占之:恒貞～

天卜 34/丁占之:～

天卜 40/占之:～

天卜 43/占之:恒貞～

 九店五六 13 貳/凡建日,大～

九店五六 18 貳/凡工日，不～

九店五六 21 貳/凡城日，大～

九店五六 22 貳/凡復日，不～

九店五六 27/行水事，～

九店五六 27/大～

九店五六 29/入貨，～

九店五六 29/以見邦君，不～

九店五六 30/以祭，小大～

九店五六 30/生子，男～

九店五六 31/〔蹠〕四方野外，～

九店五六 31/大～

九店五六 32/不～

九店五六 33/入貨，～

九店五六 33/以作卯事，不～

九店五六 35/入貨，～

九店五六 36/長者～

九店五六 36/幼子者不～

九店五六 36/帶劍，冠，～

九店五六 36/以生，～

九店五六 37 壹/甲、乙、丙、丁不～

九店五六 37 壹/壬、癸～

九店五六 38 壹/丙、丁、庚、辛不～

九店五六 38 壹/甲、乙～

九店五六 39 壹/庚、辛、壬、癸不～

九店五六 39 壹/丙、丁～

九店五六 40 壹/凡冬三月，壬、癸、甲、乙不～

九店五六 40 壹/庚、辛～

九店五六 41/凡～日，利以祭祀、禱祠

九店五六 41/凡不～日，利以見公王與貴人

九店五六 46/聚□見～

九店五六 53/堂～

九店五六 53/廪居西北，不～

九店五六 54/大～

九店五六 54/宮正方，非正中，不～

九店五六 62/北～，西亡行，南有得

 九店五六 63/北見疾,西～,南有得

 九店五六 67/〔未〕以東～,有得,北凶

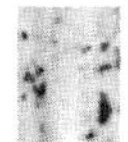 九店五六 67/以入,～

 九店五六 70/戌以東～

 九店五六 72/☐～,南有☐

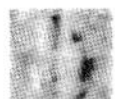 九店五六 74/☐□□□入,～

 九店五六 111/皆不～

 丁家咀二 29/☐貞之:～

 嚴倉卜筮 1/占之:恒貞～

 望山橋 5/義懌占之曰:～

 唐維寺 1/恒貞～

 唐維寺 2/大～

唐維寺 3/恒貞～

 彭家灣一八三 1/恒貞～,無咎,有祟

 彭家灣一八三 2/賈占之:甚～

彭家灣一八三 3/占之:～,不死

彭家灣一八三 4/占之:～

彭家灣一八三 5/占之:～

彭家灣一八三 5/占之:～

彭家灣一八三 6/占之:～

彭家灣一八三 7/墼居占之:～

彭家灣一八三 9/占之:恒貞～

彭家灣一八三 9/占之:～

彭家灣一八三 11/占之:～

慈利漫步 2/乃貞,信～

帛商照 9/君～

周

望山二 1/☐～之歲

天策 8/素～之□

 九店五六 43/不～之野

安崗一 1/～客南公瘫

安崗一 1/～(雕)軜

 安崗一 15/～(雕)膚于或

 安崗一 17/～(雕)□

 安崗一 17/一～(雕)箬

 嚴倉不明/～蔡、周役

 嚴倉不明/～蔡、周役

 仰天湖 36/一～(雕)戕

吁

帛丙九 2/～□□徙乃咎

吝

帛甲 4/西國有～

帛甲 5/東國有～

各

望山一 54/后土、司命～一小環

望山一 55/后土、司命～一羖

望山一 109/聲桓王、悼王，～佩玉一環

望山一 110/聲王、悼王、東郘公，～特牛

望山一 112/～特牛

望山一 117/王之北子，～冢豕酒食

望山一 121/～一牂

望山一 123/～一羖

唐維寺 2/地主、司命～一羖

唐維寺 3/地主、司命～一羖

唐維寺 5/將賽其禱～一羖

彭家灣一八三 2/舉禱集正君，順至親父葳辶尹，～特豠、酒食

彭家灣一八三 4/以其故罷禱～特牛、酒食

彭家灣一八三 9/賽禱集正君、葳辶尹～特豠、酒食

彭家灣一八三 11/后土、司命～一羖

彭家灣一八三 12/后土、司命～一羖

帛甲 10/神則～(格)之

帛乙 5/□是襄而踐是～(格)

唬

天卜 15－1/左師～聘於楚之歲

彭家灣一八三 1/宋客左師～

王家咀 843/不得，汝死～(乎)

帛乙 2/～(號)咷

告

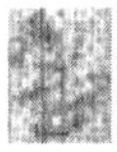

高臺 2/～(造)以告☐

高臺 3/僕駝～(造)告郯陵公、鄀公☐

嗙

天卜 15－1/左師唬～(聘)於楚之歲

慈利文物 11/☐出～(屏)，□盍左□

慈利文物 1/☐□□疋～(甹)☐

吅　部

嚴

安崗一 17/～絚之弁、結

帛乙 2/□是～，而踐是格

帛乙 2/以司土～(壤)

單(罝)

罝

帛乙 4/二曰朱四～(單)

走　部

走

望山一 22/～趣事王、大夫

嚴倉卜筮 1/既～趣於邦，出入侍王

棗紙 15/荆師～

棗紙 15/我先王從之～，遠民用殘離

趣(趣、遫)

趣

望山一 22/走～事王、大夫

遫

嚴倉卜筮 1/既走～(趣)於邦，出入侍王

起(记)

记

帛五 34/□大～(起)

帛攻 5/若門～(起)

帛殘紅/焉□～(起)

趄(逗)

逗

望山一 109/聲～(桓)王

王家咀 484/而～(桓)、僖如毁者也而不毁

止　部

止

天卜 9－2/稍有慼於～(趾)，有祟，以其故説之

歬

唐維寺 2/以其有～(前)禱

唐維寺 3/以其有～(前)禱

慈利文物 4/一鼓：～(前)行□之，後行舉戟

歸(歸、逿)

歸

天卜 34/擇良日～玉玩

天卜 34/八月～佩玉於巫

逿

望山一 28/享～(歸)佩玉一環簡大王

望山一 106/～(歸)玉簡大王

望山一 107/～(歸)玉於簡〔大王〕

九店五六 44/使某來～(歸)食故

九店五六 87/～(歸),死

塌冢 1/乃～(歸)其俑

夕陽坡 1/越湧君贏將其衆以～(歸)楚之歲

䢜

安崗一 9/□紛之～

安崗一 10/朱韋之～

韓

仰天湖 16/一坂韋之～

𩏩

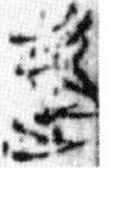

九店五六 20 貳/校～(礿)

址　部

登

望山一 9/～(鄧)造

癹

望山二 19/紫～

望山二 34/～

塌冢 25/正～(發)蜜太壯惊同韋

慈利法書 4/弟相愛也,則親戚不～(廢)

帛甲 2/山陵其～(廢)

帛甲 8/～(廢)四興鼠

帛塊二正/利以～(發)□以出

步　部

歲(㦽、戢)

㦽

望山一 1/齊客張果問〔王〕於葳郢之～(歲)

望山一 7/〔郙客困〕芻問王於葳郢之～(歲)

望山一 30/以就集～(歲)之荆〔夷〕

望山一 34/集～(歲)

天卜 10/齊客申獲問王於葳郢之～(歲)

 天卜 12－1/秦客公孫紻問王於蔵郢之～(歲)

 天卜 13－3/占之：吉，集～(歲)幾中將有喜

 天卜 15－1/左師虎聘於楚之～(歲)

 九店五六 77/〔太〕～(歲)

 九店五六 97/～(歲)之後□□其□不死☑

 丁家咀二 1/秦客虢戎蹠楚之～(歲)

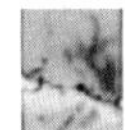 嚴倉卜筮 1/以就來～(歲)之荆夷

 望山橋 1/秦客亮成問王於蔵郢之～(歲)

 龍會河 272/成王即位五～(歲)

 唐維寺 1/燕客臧賓問王於蔵郢之～(歲)

 唐維寺 4/燕客臧之賓問王於蔵郢之～(歲)

 熊家灣 1/□客□□□□□之～(歲)

 彭家灣一八三 1/宋客左師呼蹠楚之～(歲)

 彭家灣一八三 3/齊客祝窔問王於蔵郢之～(歲)

 彭家灣一八三 6/齊客祝窔蹠楚之～(歲)

 彭家灣一八三 8/齊客祝窔問王於蔵郢之～(歲)

 彭家灣一八三 10/齊客祝窔蹠楚之～(歲)

 夕陽坡 1/越濩君矞將其衆以歸楚之～(歲)

夕陽坡 2/以王命賜舒方御～(歲)飤

帛甲 2/是謂李～(歲)

帛甲 4/亡尿望□～(歲)

帛甲 5/凡～(歲)悳匿

帛甲 6/唯悳匿之～(歲)

帛甲 7/～(歲)季乃□

帛甲 12/～(歲)則無絠

帛乙 4/乃止以爲～(歲)

帛乙 4/千又百～(歲)

帛五 9/二～(歲)

帛五 17/利以入一～(歲)

帛五 39/二～(歲)

戠

 望山二 1/☑周之～(歲)

此　部

此

王家咀 738/君子易，～辱矣

 慈利文物 7/□□□□～□吾□□□

 慈利文物 12/吾見子於～止矣

 慈利選編 9+7/凡～九者,政之因

 港大 7/～之謂君☐

正　部

正

 九店五六 30/出～(征)

 九店五六 54/宫～方,非正中,不吉

 九店五六 54/宫正方,非～中,不吉

 九店五六 57/☐水居之□,婦人～

 塌冢 25/～發蜜太壯悰同韋

 彭家灣一八三 1/舉禱集～君

 彭家灣一八三 9/賽禱集～君、葴让尹各特犯、酒食

 帛甲 6/曆爲之～

 帛甲 9/群神五～

 帛甲 9/五～(政)乃明

是　部

是

 天卜 40/既背膺疾,以心悶,尚毋以～故有大咎

 九店五六 18 貳/～謂無□

 九店五六 25/～謂結日

 九店五六 26/～謂陽日

 九店五六 27/～謂交日

 九店五六 28/～謂□日

 九店五六 29/～謂陰日

 九店五六 30/～謂達日

 九店五六 31/～謂外陽日

 九店五六 32/～謂外害日

 九店五六 32/～故謂不利於行作

 九店五六 33/～謂陰日

 九店五六 33/～故不利以行□

 九店五六 34/～謂絶日

 九店五六 35/～謂□日

 九店五六 36/～謂采日

 九店五六 46/北、南高,二方下,不可居,～謂□土

 九店五六 47/東、南高,二方下,～謂虚井

 九店五六 48/凡□不可以蓋□之牆,～謂□☐

 九店五六 53/居～室☐

 九店六二一 2/自出福～從内自悲□□□□□☐

九店六二一 13/～爲□□□□☐

龍會河 201/武王～□

龍會河 201/～□休

棗紙 15/我先王～以克入〔郢〕

慈利文物 12/☒～子

慈利文物 12/外有辱,～我

慈利文物 23/☒□～□□□視堇□以☒

帛甲 2/～謂李歲

帛甲 3/～失月閏之勿行

帛甲 3/～〔謂〕失終

帛甲 4/～謂亂紀

帛甲 6/三時～行

帛甲 6/～月以婁

帛甲 9/□神～享

帛甲 9/～謂悳匿

帛甲 10/天像～則

帛甲 12/～則鼠至

帛乙 1/風雨～於

帛乙 2/～生子四

帛乙 2/□～斅,而踐是格

帛乙 2/□是斅,而踐～格

帛乙 4/～唯四時

帛五 36/～謂□

帛殘紅/～

帛商照 1/東伐～

帛商照 12/～謂

辵　部

徒

九店五六 30/利以行師～

王家咀 771/由也弗吾～也已

慈利法書 2/解其氣擊龍紖白～以視之厲士

慈利漫步 2/君命司～爲☒

延(征)

征

帛丙一 3/北～

述

望山一 150/～瘥

望山一 151/～瘥

過(𨑥)

𨑥

天卜 40/夜𨑥(過)半有閒

進(進、隹)

進

塌冢 3/弌北～□祀薦以之西父己

帛甲 8/時雨～退

隹

慈利文物 4/鼓□武～(進)▨

逾

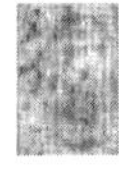
高臺 2/▨謂:"鄢既～也。"

王家咀 765/大德毋～閑

遣

望山一 9/鄧～

速(遫)

遫

望山一 22/尚～(速)得事

望山一 23/尚～(速)得事

望山一 44/～(速)瘥

望山一 52/～(速)因其禽禱之

望山一 52/～(速)瘥

望山一 97/尚～(速)□□

望山一 110/～(速)祭公主

望山一 116/～(速)瘥

望山一 150/～(速)賽之

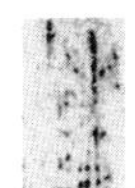
望山一 150/～(速)瘥

天卜 4－2/～(速)賽禱惠公特豢,饋之

唐維寺 2/疾～(速)瘥

唐維寺 3/苟使産～(速)瘥

唐維寺 8/將～(速)賽其志命

彭家灣一八三 2/苟使娥之疾～(速)瘥,幾中賽之

彭家灣二六四/～(速)瘥

彭家灣二六四/將～(速)賽之

逆

丁家咀一 1/～

帛乙 7/乃～日月

遇(遇、愚)

遇

九店五六 45/蓋西南之～(宇)

九店五六 45/蓋東南之～(宇)

九店五六 46/蓋西北之～(宇),亡長子

 九店五六 48/～(宇)

 九店五六 55/蓋東南之～(宇)

 九店五六 56/東北之～(宇),西南之▨

畳

 安崗一 12/～(偶)鼎

 安崗一 12/一～(偶)壺

 安崗一 17/～(偶)橛

通

 九店五六 47/東、南高,二方下,是謂虚井,攻～,安

徙(遲、遅)

遲

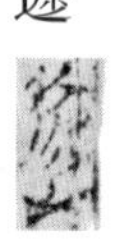 九店五六 90/秋不可以西～(徙)

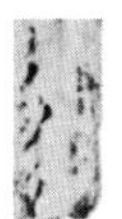 九店五六 91/不可以北～(徙)

遅

 九店五六 15 貳/～(徙)家

 帛乙 2/乃娶䖒～(徙)□子之子

 帛丙九 2/吁□□～(徙)乃咎

迻(迻、遙、遷)

迻

 慈利選編 1/▨虐其民,必～就▨

遙

 天卜 78/～(移)鹽丁之祟

 彭家灣一八三 11/～(移)許糟之祟

遷

 彭家灣一八三 5/以其故～(移)其禱

遷(罨)

罨

 望山一 13/不可以復使～(遷)身鞁

返

 慈利漫步 6/▨□攴木□□□□～之□□□▨

帛甲 12/祭□則～

還

天卜 40/郚～以漆蓍爲君貞

遲(迟、屖)

迟

 望山一 45/疾少～(遲)瘥

望山一 62/～(遲)瘥

望山一 64/～(遲)瘥

屖

望山一 63/少～(遲)瘥

望山一 61/疾～(遲)瘥

達

九店五六 30/是謂～日

帛乙 2/咎而之～

逯

夕陽坡 2/造让尹部～

迵

卉茅之外 2/血氣不～(通)

遺(遐)

遐

天策 2/首～(遺)

王家咀 843/公夏乘～(遺)一櫜錦

王家咀 843/～(遺),曰:“守也久不得見矣！請宿。”

逃

九店五六 30/～人不得

九店五六 30/利於寇～(盜)

九店五六 31/～人不得

九店五六 32/必無遇寇～(盜)

九店五六 34/～人不得

九店五六 66/〔凡五〕午,朝～(盜)得,夕不得

九店五六 71/凡五亥,朝～(盜)得

九店六二一 27/夫鄴～▨

帛乙 2/號～(咷)

遱(𨘢)

𨘢

安崗一 14/□□魚之豉～(屨)

遠

九店五六 24 壹/～夕

九店五六 33/以～行,久

九店五六 35/如～行,剉

 九店五六 77/～夕

 九店五六 85/～夕

 九店五六 91/～夕

 棗紙 14/唯夫鷄父之～荆

 棗紙 15/～民用殘離

 彭家灣一八三 8/～夕之月

 彭家灣一八三 8/從～夕之月以就夏夷

 慈利選編 9+7/五曰～宅不薄

道

 天卜 9-2/舉禱～一☐

 九店五六 45/凡相墠、樹邦、作邑之～

辻

 望山二 54/一～缶

 彭家灣一八三 2/順至親父蒧～尹

 彭家灣一八三 9/賽禱集正君、蒧～尹各特犆、酒食

 夕陽坡 2/造～尹郘逯

迸

 安崗二 1/組紡紫縑之～緄

逹

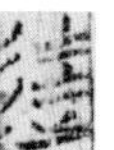 九店五六 28/利以～(解)凶,除不祥

逕

 望山二 20/其～☐
或隸定爲“逕”。

遲

夕陽坡 1/越潓君贏～(將)其衆以歸楚之歲

遻

 唐維寺 3/苟使産速瘥,～

遻(遻、舉)

遻

 望山一 54/～(舉)禱太佩玉一環

望山一 10/爲悼固～(舉)禱簡大王、聲桓〔王〕

望山一 63/～(舉)〔禱〕

望山一 116/～(舉)禱

望山一 119/～(舉)禱大夫之私巫

望山一 119/～(舉)禱行白犬

 望山一 127/～(舉)禱於宮

 望山一 147/～(舉)〔禱〕

𨘢

 望山一 28/～(舉)禱宫行一白犬

 望山一 55/～(舉)禱於二天〔子〕

 望山一 56/～(舉)禱於袜一環

 望山一 62/～(舉)〔禱〕

 望山一 81/～(舉)〔禱〕

 望山一 114/～(舉)禱於東邵〔公〕

 望山一 125/～(舉)禱北宗一環

 望山一 125/～(舉)禱逨一羖

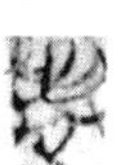 望山一 126/～(舉)禱北⧄

 望山二 48/五魯帛之～(篚)

 天卜 5－2/～(舉)禱巫豬豕,靈酒,棧鐘樂之

 天卜 9－2/～(舉)禱道一⧄

 天卜 10/～(舉)禱丘特牛

 天卜 27/～(舉)禱卓公順至惠公大牢

 天卜 43/～(舉)禱社特牛,樂之,蔽志

 天卜 78/～(舉)禱袜一犆

 慈利文物 4/後行～(舉)戟

 丁家咀二 15/以婁君之□之故,～(舉)禱⧄

 嚴倉卜筮 2/恒～(舉)禱於⧄

 望山橋 2/～(舉)禱於簡王

 望山橋 2/～(舉)〔禱〕

 望山橋 4/～(舉)禱於஧王

 望山橋 4/～(舉)禱於⧄

 望山橋 5/～(舉)禱

 望山橋 5/～(舉)禱

 彭家灣一八三 1/～(舉)禱集正君

 彭家灣一八三 2/既～(舉)禱之

 彭家灣一八三 12/～(舉)禱於太一牂

 彭家灣一八三 12/～(舉)禱於大水一牂

 王家咀 843/～(斂)

彳　部

復(复)

复

 望山一 13/不可以～(復)使遷身韍

 九店五六 13 壹/～(復)於丑

 九店五六 14 壹/～(復)於寅

 九店五六 15 壹/～(復)於卯

 九店五六 16 壹/～(復)於辰

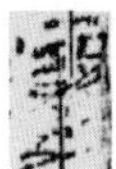 九店五六 17 壹/～(復)於巳

 九店五六 18 壹/～(復)於午

 九店五六 19 壹/～(復)於未

 九店五六 20 壹/～(復)於申

 九店五六 21 壹/～(復)於酉

 九店五六 22 壹/～(復)於戌

 九店五六 22 貳/凡～(復)日,不吉

 九店五六 23 壹/～(復)於亥

 九店五六 24 壹/～(復)於子

 九店五六 43/尔居～(復)山之基

 帛乙 5/至于～(覆)天旁動

 帛丙六 2/其敗其～(覆)

 帛丙八 2/不脊不～(覆)

往(迬)

迬

 九店五六 87/～(往)

復(退、䙳)

退

 帛甲 8/時雨進～

䙳

 慈利漫步 4/於陵則衡,～(退)則巽

後(逡)

逡

 慈利文物 4/～(後)行舉戟

得(旻)

旻

 望山一 22/尚速～(得)事

 望山一 22/將～(得)事

 望山一 23/尚速～(得)事

 望山一 23/將～(得)事,少有慼於躬身與宫室

 望山一 25/夏～(得)事

望山一 51/不～(得)福

九店五六 26/邦君～(得)年

九店五六 30/出征,～(得)

九店五六 30/逃人不～(得)

九店五六 31/逃人不～(得)

九店五六 31/設網,～(得)

九店五六 34/逃人不～(得)

九店五六 35/行有～(得)

九店五六 45/土田驟～(得)

九店五六 54/敂於北～(得)

九店五六 54/秋三月,作高居於西～(得)

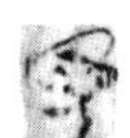
九店五六 61/西亡行,北〔吉〕,南有～(得)

九店五六 62/北吉,西亡行,南有～(得)

九店五六 63/北見疾,西吉,南有～(得)

九店五六 65/有～(得),西凶,〔南見〕疾

九店五六 66/北～(得),西聞言,南〔凶〕

九店五六 66/〔凡五〕午,朝盜～(得),夕不得

九店五六 66/〔凡五〕午,朝盜得,夕不～(得)

九店五六 67/〔未〕以東吉,有～(得),北凶

九店五六 71/以入,有～(得),非□乃引

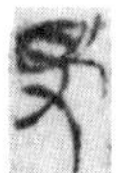
九店五六 71/凡五亥,朝盜～(得)

九店五六 71/朝盜得,晝～(得),夕不得

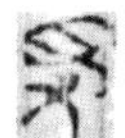
九店五六 71/朝盜得,晝得,夕不～(得)

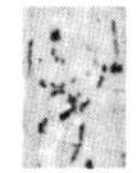
九店五六 97/凡亡日□辰少日必～(得)

九店五六 113/▨～(得)北□□□□▨

九店五六 114/～(得)

九店六二一 22/乃多～(得)甬□不□□

王家咀 843/不～(得),汝死乎

王家咀 852/守也久不～(得)見矣

慈利文物 17/其□□可～(得)▨

帛甲 1/不～(得)其常

帛甲 3/不～(得)其參職

帛丙二 3/～(得)不成

帛丙五 1/鳶帥□～(得)

帛丙七 3/相莫～(得)

 帛五 11/～(得)之

 帛五 25：2/文～(得)

 帛殘紅/火□～(得)

 帛塊一正/文～(得)居

 帛商照 3/文～(得)

 帛商照 4/文～(得)居

 帛商照 4/文～(得)居

 帛商照 7/文～(得)居

御

 丁家咀二 3/黄□䊵以～箙爲婁☐

 夕陽坡 2/以王命賜舒方～歲𩜾

𢓜

 港大 6/𠭯言則～𦥑

廴 部

建

 九店五六 13 壹/～於辰

 九店五六 13 貳/凡～日,大吉

 九店五六 16 壹/～於未

 九店五六 17 壹/～於申

 九店五六 18 壹/～於酉

 九店五六 19 壹/～於戌

 九店五六 20 壹/～於亥

 九店五六 21 壹/～於子

 九店五六 23 壹/～於寅

 九店五六 24 壹/～於卯

 帛甲 9/～極屬民

行 部

行(行、𧗝)

行

望山一 28/舉禱宫～一白犬

九店五六 27/～水事

九店五六 30/利以～師徒

九店五六 31/利以～作

九店五六 32/不利以～作

九店五六 32/是故謂不利於～作

九店五六 33/以遠～,久

九店五六 33/是故不利以～□

九店五六 35/如遠～,剉

九店五六 35/～有得

九店五六 61/西亡～,北〔吉〕,南有得

九店五六 62/北吉,西亡～,南有得

九店五六 93/以西北～☐

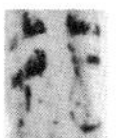
九店五六 99/☐如以～,必亡□又□

慈利文物 4/前～□之

慈利文物 4/後～舉戟

慈利漫步 4/～

卉茅之外 1/役敢承～

帛甲 1/亂失其～

帛甲 3/是失月閏之勿～

帛甲 5/五妖之～

帛甲 6/三時是～

帛甲 11/不禁□～

帛甲 11/□□之～

帛乙 7/乃爲日月之～

帛塊二正/□～必以□□左黇

𧗟

望山一 115/册於東石公、社、北子、～(行)

望山一 119/舉禱～(行)白犬

九店五六 27/以祭門、～(行),饗之

九店五六 28/利以祭門、～(行),除疾

衛(衜)

衜

帛丙一 3/～(帥)有咎

帛丙五 1/鳶～(帥)□得

衛(𧗿、戠)

𧗿

望山二 10/～(衛)需光之純

望山二 35/～(衛)

望山二 58/☐～(衛)以二膚

嚴倉記席 2/～(衛)赤錦之韜

王家咀 483/孔子去魯之～(衛)

戠

帛乙 3/山陵不～(衛)

帛乙 3/以爲其～(衛)

齒　部

齒

望山二 2/～輚

望山二 5/～韇

天策 9/一～輣

仰天湖 34/一～梳

牙　部

牙

帛五 20/～(舉)兵

足　部

足

望山一 38/～骨疾

望山一 39/～骨疾

慈利文物 17/～以安民

卉茅之外 2/措～安定

蹠(迈)

迈

九店五六 32/～(蹠)四方野外

安崗一 1/～(蹠)楚

丁家咀二 1/秦客虢戎～(蹠)楚之歲

嚴倉卜筮 1/宋客左師脣～(蹠)楚之歲

彭家灣一八三 1/宋客左師呼～(蹠)楚之歲

彭家灣一八三 6/齊客祝窔～(蹠)楚之歲

彭家灣一八三 10/齊客祝窔～(蹠)楚之歲

路(逄)

逄

王家咀 738/子～(路)爲季氏宰

帛五 9/～(路)

疋　部

疋

仰天湖 15/皆有苴～(疏)屨

慈利文物 1/☐□□～甹☐

品　部

㮚

望山一 119/王孫～

望山二 45/二居～

册　部

册

望山一 87/☐□其故以～☐

望山一 115/～於東石公、社、北子、行

卷　三

㗊　部

器(器、盌)

器

望山二 1/車與～之典

望山二 46/金～

九店六二一 14/☐事又～四放不軌炯窒齊□☐

盌

曹家崗 1/葬～(器)

舌　部

舌(肙)

肙

卉茅之外 2/喉～(舌)杜塞

干　部

干

望山二 13/二需光之中～

望山二 13/一秦縞之中～

安崗一 2/□旄之～

句　部

句

望山一 55/～(后)土

望山一 56/～(后)土

望山二 50/一玉～(鉤)

唐維寺 3/～(苟)使痤速瘥,遜

彭家灣一八三 2/～(苟)使娥之疾速瘥,幾中賽之

仰天湖 2/中君之一緹衣,纓純,綺縞之紃。～

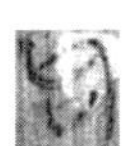
仰天湖 13/柬笲一十二笲,皆有錦巾。～

仰天湖 15/新屨,～

仰天湖 18/其焚柜,～

慈利文物 2/越王～踐

慈利法書 5/越王～踐

卉茅之外 2/皇～(后)有命

笱

仰天湖 22/有□□,～笲

鉤

安崗一 16/□～

安崗二 1/二□～

古　部

古

望山一 24/以其～(故)説之

望山一 28/以其～(故)説之

望山一 40/尚毋以其～(故)有大咎

望山一 44/毋以其～(故)有咎

望山一 49/以其～(故)説之

望山一 51/毋以其～(故)説

望山一 54/以其～(故)説之

望山一 61/以其～(故)説之

望山一 62/以其～(故)説之

望山一 63/以其～(故)説之

望山一 81/以其～(故)説之

望山一 82/以其～(故)説之

望山一 84/以其～(故)説〔之〕

望山一 85/以其～(故)〔説之〕

望山一 87/☐□其～(故)以册☐

望山一 125/社□其～(故)禽

天卜 4－2/以其～(故)説之

天卜 9－2/稍有慼於趾,有祟,以其～(故)説之

天卜 27/以其～(故)説之

天卜 29/以其～(故)説之

天卜 34/稍間有惡,有祟,以其～(故)説之

天卜 40/尚毋以是～(故)有大咎

天卜 43/以其～(故)説之

天卜 78/〔以〕其～(故)説之

九店五六 32/是～(故)謂不利於行作

九店五六 33/是～(故)不利以行□

丁家咀二 15/以婁君之□之～(故),舉禱☐

塌冢 2 正/以其亡母之～(故)

唐維寺 1/以悶心之～(故)

唐維寺 2/以其～(故)説之

 唐維寺 3/以其有肩背、髀髆、胸脅疾之～(故)

 唐維寺 3/以其～(故)説之

 唐維寺 4/婈以其有疾之～(故)

 唐維寺 7/以其室之有疾之～(故)

 彭家灣一八三 1/以其～(故)説之

 彭家灣一八三 4/以其～(故)罷禱各特牛、酒食

 彭家灣一八三 5/以其心悶、腹疾之～(故),尚毋死

 彭家灣一八三 5/以其～(故)移其禱

 彭家灣一八三 6/以其～(故)説之

 彭家灣一八三 9/以其～(故)説之

 彭家灣一八三 10/以其～(故)説之

 彭家灣一八三 12/以其～(故)説之

 王家咀 483/～(故)魯邦

弁茅之外 2/民～(故)弗敬

十 部

十

 望山二 7/～又八

 望山二 49/席～又二

 天策 4/纓組之綴～又六

 九店五六 3/～擔

 九店五六 3/敔棏之～擔一擔

 九店五六 3/敔棏之～擔二擔

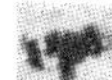 九店五六 19 壹/～月

 安崗一 3/糗～囊

 安崗一 7/新矢～又一

 安崗一 9/二～又八

 安崗一 10/矰～□□

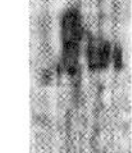 安崗一 10/矰～又九

 安崗二 4/～素王錦之紳

 安崗二 5/～□

 嚴倉記席 1/其一長～又一尺三寸

 嚴倉記席 1/其一長～又一尺八寸

 嚴倉記席 2/縱紋～又九

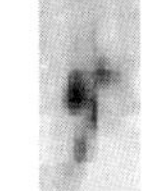 嚴倉記席 3/縱紋屯～又七

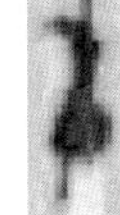 嚴倉記席 4/縱紋～又七

 嚴倉記席 5/〔屯〕～又六

 嚴倉記席 5/其一長～尺

 嚴倉記席 6/〔其〕一縱紋～又六

 嚴倉記席 6/長～尺

 嚴倉簽牌 1/赤錦～二尋

 龍會河 269/莊王即位～又五〔歲〕

 五里牌 10/漆杯～合

 帛甲 6/唯～又二月

 帛乙 7/～日四時

千

帛乙 4/～又百歲

𠦃　部

世(殜、禩)

殜

 彭家灣二六四/嬰齊之三～(世)王父

 彭家灣二六四/禱三～(世)王父

禩

彭家灣一八三 3/有祟見於三～(世)王父

言　部

言

 九店五六 21 貳/利以結～

 九店五六 21 貳/成～

 九店五六 66/北得，西聞～，南〔凶〕

 九店五六 122/～

 磚瓦廠 1/～謂

 高臺 1/☐有一婦人從鄢～☐

 港大 1/《詩》云："其容不改，出～〔有章〕。"

 港大 6/𣪠～則𢕔舀

帛五 13/～曰

詩(𧥛)

𧥛

 港大 1/《～(詩)》云："其容不改，出言〔有章〕。"

啬

塌冢 25/甲乙～

訓

天卜 4－1/侍王,盡夏夕之月,尚自利～(順)

天卜 9－2/集歲尚自利～(順)

天卜 10/侍王,盡鞻月,尚自利～(順)

天卜 12－1/盡冬夕之月,侍王,尚自利～(順)

天卜 13－3/禱卓公～(順)至惠公大牢,樂之,百之,贛

天卜 27/舉禱卓公～(順)至惠公大牢

九店五六 26/百事～(順)成

塌冢 24/情作紳睪交分～☐

彭家灣一八三 2/～(順)至親父葳辻尹

彭家灣一八三 3/有祟見於三世王父,～(順)及親父

帛丙七 2/大不～(順)于邦

謀(㥂)

㥂

慈利法書 5/～

誓(設)

設

磚瓦廠 2/今僕～(誓)人李□敢告於視日

信

慈利漫步 2/乃貞,～吉

訢(新)

新

安崗一 7/～矢十又一

謐(祕、訛)

祕

天卜 78/～(蔽)志

訛

天卜 43/～(蔽)志

護(譽)

譽

安崗二 2/一絲紙之王瑟之組～(履)

安崗二 2/一絲紙紡組～(履)

詛(禮)

禮

望山一 78/與盟～(詛)

九店五六 34/利以除盟～(詛)

䜌

唐維寺 1/～失以爲樂尹須丞産貞筮

唐維寺 4/～失筮之

諆(訢)

訢

天卜 10/～(諆)然有閒慼,有祟,説之

𧥮

帛甲 11/民祀不～(臧)

䛠

九店五六 16 貳/～(屬)事

讄

九店五六 44/〔攝幣〕、芳糧以～讀某於武夷之所

誩 部

譱(善)

善

望山一 17/～敓

慈利法書 8/～鬥

慈利選集 6+4/☐～矣,未可以戰

競

磚瓦廠 1/某聶與僕兄之不□□□～梁而殺之

音 部

音

帛五 11/其～徵

章

帛乙 1/亡～弼弼

辛 部

童

望山二 6/丹重繡之兩～

望山二 9/纓組之～

望山二 12/霝光之～

望山二 13/霝光之～

望山二 29/☐～轡

望山二 49/九盲～

望山二 49/其四盲～皆緹衣

 望山二 49/其三盲～皆丹繡之衣

 望山二 49/其二盲～皆紫衣

 安崗一 2/一乘叐車，有二□～

 安崗一 3/三盲～

帛甲 8/毋～(動)群民

妾

帛丙二 2/不可以嫁女、娶臣～

帛丙五 3/娶□□爲臣～

菐 部

僕(𠎝)

𠎝

 望山二 11/～(僕)婁

 磚瓦廠 1/▨與仔門之里人一賫告～(僕)

 磚瓦廠 1/某聶與～(僕)兄之不□□□競粱而殺之

 磚瓦廠 1/～(僕)不敢告

 磚瓦廠 2/盜殺～(僕)之兄李奢

 磚瓦廠 2/～(僕)未知其人

磚瓦廠 2/今～(僕)詧人李□敢告於視日

磚瓦廠 3/盜殺～(僕)之兄李奢

磚瓦廠 3/～(僕)不知其人

磚瓦廠 3/今～(僕)敢之某

高臺 3/～(僕)駝造告鄢陵公、郢公▨

廾 部

奉(𢍜)

𢍜

望山二 32/紃～(縫)

望山二 63/～(奉)陽公

帛甲 4/亡～(奉)□□其邦

𢍁(穿)

穿

望山二 38/～(鞍)

帛攻 1：2/務～(𢍁)〔東方〕

帛攻 2：1/～(𢍁)南方

帛攻 3/～(𢍁)西方

帛攻 4/～(𢍁)北方

关

望山二 49/二瑟,一～(梡)

安崗一 4/三～賌

戒

慈利文物 4/命～

卉茅之外 2/敬～以持

兵

天卜 27/且有惡於東方田邑與～甲之事

九店五六 32/必～

九店五六 43/命尔司～死者

帛甲 5/□□乃～

帛五 7/其～矛

帛五 20/舉～

帛五 29/不解～

帛五 30/～出門

帛商照 13/□其～□

弅

嚴倉記席 1/其一長十又一尺三～(寸)

嚴倉記席 1/其一長十又一尺八～(寸)

嚴倉記席 2/長九尺二～(寸)

嚴倉記席 2/廣六～(寸)

嚴倉記席 3/屯九尺二～(寸)

嚴倉記席 3/屯六～(寸)

嚴倉記席 4/長九尺二～(寸)

嚴倉記席 5/廣五尺六～(寸)

嚴倉記席 5/廣六尺三～(寸)

弄

九店五六 20 貳/製布～(褐)

𠬞　部

樊(羿)

羿

帛五 12/軍～(樊)

帛攻失號/□至～(樊)□又

共 部

共

帛乙 7/～工更之

異 部

戴(戠)

戠

天策 4/～(戴)白毛

舁 部

與

望山一 24/少有慼於躬身～宫室

望山一 74/將有慼於躬身～☒

望山一 75/有慼於躬身～宫室

望山一 77/～啻啻見

望山一 78/～親父

望山一 78/～盟詛

望山一 78/～不辜

望山一 78/～

望山一 79/☒祙～☒

望山二 1/車～器之典

天卜 27/且有惡於東方田邑～兵甲之事

九店五六 42/凡不吉日,利以見公王～貴人

磚瓦廠 1/☒～仟門之里人一賫告僕

磚瓦廠 1/某聶～僕兄之不□□□競粱而殺之

安崗一 3/～四笥

安崗一 6/捭□～韋矢二十介

丁家咀二 29 背/～□☒

塌冢 1/用一豭豕～☒

彭家灣一八三 5/有祟見於親舅～親姑

彭家灣一八三 6/～其丁厲

彭家灣一八三 6/～溺者

夕陽坡 2/士尹昭王之上～悼哲王之威

慈利選編 2/☒馬茲～王士五☒

慈利選編 4/吾欲～之邀天之衷

興

帛甲 8/廢四～鼠

㚆　部

㚆(㝈、𡨋、𡩜)

㝈

望山一 9/～(㚆)月

望山一 10/～(㚆)月

望山一 159/～(㚆)月之良〔日〕

彭家灣二六四/～(㚆)月

𡨋

天卜 10/～(㚆)月

天卜 10/侍王，盡～(㚆)月，尚自利順

天卜 78/擇良日～(㚆)月

𡩜

望山二 6/～(㚆)

九店五六 20 壹/～(㚆)月

九店五六 82/～(㚆)月

九店五六 100/～(㚆)月

革　部

革

望山二 6/漆彫～(勒)

望山二 23/～鞁

望山二 31/～綏紃

望山二 49/三～帶

望山二 50/一～帶

天策 1/～鞭

天策 2/兩馬之～轡

天策 3/～綏

安崗一 4/一～帶

安崗二 1/一～帶

安崗二 2/一～栝筶

望山橋 6/～靳，生錦之純

五里牌 17/～囩一

仰天湖 17/～帶

鞁(鞁、䩬)

鞁

望山二 23/革～

望山二 32/紫～

䩬

望山二 23/魚～(鞁)之冡

鞍(鞌)

鞌

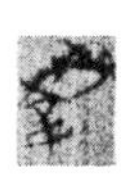
天策 8/絶～(鞍)纓

鞭(攴、鞐)

攴

望山二 2/黄～(緶)組之綴三十

望山二 6/黄～(緶)組之綴十又八

望山二 8/黄～(緶)組之繻

望山二 9/～(緶)組之童

望山二 10/黄～(緶)組之綴

望山二 12/～(緶)組之需

望山二 14/黄～(緶)組之□

望山二 19/黄～(緶)組▨

望山二 23/黄～(緶)組之綴

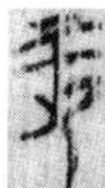
望山二 23/黄～(緶)組之綴

望山二 26/□～(緶)▨

望山二 28/〔黄〕～(緶)▨

鞐

天策 1/革～(鞭),一綏,馴

靰

五里牌 11/～□□皆□

鞎

望山二 22/～鐶

鞾

望山橋 6/革～(靳),生錦之純

鞻(輂)

輂

天策 8/～(鞻)、韅、鞅

鬲　部

融(䵷)

䵷

望山一 123/～(融)

帛乙 6/炎帝乃命祝～(融)以四神降

爪　部

爲

望山一 1/范獲志以愴家～悼固貞

望山一 3/以小籌～悼固貞

望山一 9/鄧遣以小籌～悼固貞

望山一 9/尚毋～大尤

望山一 10/～悼固舉禱簡大王、聲桓〔王〕

望山一 13/〔魏〕豹以寶家～悼固貞

望山一 14/以寶家～悼固貞

望山一 15/以保家～悼固〔貞〕

望山一 17/魏豹以寶室～悼固貞

望山一 19/以軠惻～悼固〔貞〕

望山一 20/☒～悼固〔貞〕

望山一 36/～悼固貞

望山一 53/不～☒

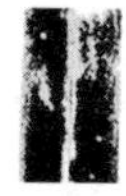
望山一 186/～

天卜 4－1/史丑以長靈～君月貞

天卜 10/義懌以白靈～君月貞

天卜 12－1/鹽〔丁〕以寶家～君月貞

天卜 13－1/鹽丁以長寶～邸陽君番勝貞

天卜 15－1/應奮以大英～邸陽君勝貞

天卜 40/郘還以漆蓍～君貞

九店五六 14 貳/利以～張網

九店五六 19 貳/凡坐日,無～而可

九店五六 20 貳/～門閭

九店五六 22 貳/無～而可

九店五六 23 貳/凡䆁日,可以～小社

九店五六 26/以～上下之禱祠

九店五六 29/利以～室家

九店五六 34/無～而可

九店五六 117/～

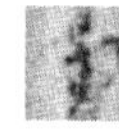
九店六二一 13/～

九店六二一 26/☒甬必㠯以□～☒

 安崗一 1/列尹命執事人～之藏

 丁家咀二 3/黄□鞘以御筮～婁▨

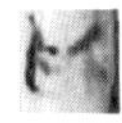 嚴倉卜筮 1/觀瑚以長靈～大司馬悼愲貞

 望山橋 2/蒼峨懌以軠靈～中廄尹貞

 唐維寺 1/繇失以～樂尹須丞産貞筮

 唐維寺 1/尚毋～尤

 唐維寺 1/不～尤

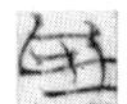 唐維寺 3/巫公以～産貞筮

 唐維寺 3/尚毋～尤

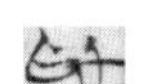 唐維寺 3/不～尤

 熊家灣 1/峗～嬛貞

 彭家灣一八三 1/賈以大筮～娥三月之貞

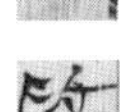 彭家灣一八三 3/郙居以鼊龜～娥貞

 彭家灣一八三 5/郙居以校靈～妸也貞

 彭家灣一八三 6/我居以愢靈～娥也貞

 彭家灣一八三 8/義居以長靈～娥貞

 彭家灣一八三 10/范獲志以相家～娥也貞

 彭家灣二六四/真卜筮～色貞

 彭家灣二六四/嬰齊之三世王父～色祟

 王家咀 738/子路～季氏宰

 王家咀 738/由也～季氏宰

 慈利漫步 2/君命司徒～▨

 港大 8/恃之以～己勢

帛甲 6/㞕～之正

帛甲 8/㞕以～則

帛乙 2/～瘟爲厲

帛乙 2/爲瘟～厲

帛乙 3/以～其衛

帛乙 4/乃止以～歲

帛乙 7/乃～日月之行

帛丙四 2/娶女～邦笑

帛丙五 3/娶□□～臣妾

丮　部

埶

 九店五六 31/～(設)網

 港大 8/恃之以爲己～(勢)

鬥　部

鬥(戓)

戓

 慈利法書 8/不～(鬥)

慈利法書 8/善～(鬥)

帛五 15/～(鬥)

帛五 30/兵出～(鬥)

帛攻 5/若～(鬥)起

又 部

又

望山一 22/以其未～(有)爵位,尚速得事

望山一 23/未～(有)爵位

望山一 23/少～(有)慼

望山一 24/～(有)祟

望山一 26/幾中～(有)喜於志☒

望山一 40/尚毋以其故～(有)大咎

望山一 44/毋以其故～(有)咎

望山一 45/～(有)

望山一 46/尚毋～(有)咎

望山一 49/～(有)見祟

望山一 50/～(有)見祟

望山一 54/～(有)祟

望山一 58/～(有)

望山一 60/～(有)祟

望山一 61/～(有)祟

望山一 62/～(有)續

望山一 65/～(有)續

望山一 66/丙、丁～(有)閒

望山一 67/己未～(有)閒

望山一 69/壬、癸大～(有)瘳

望山一 73/少～(有)慼於☒

望山一 74/將～(有)慼於躬身與☒

望山一 75/～(有)慼於躬身與宮室

望山一 75/且～(有)□☒

望山一 76/北方～(有)祟

望山一 77/南方～(有)祟

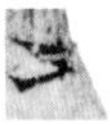

望山一 81/～(有)祟

望山一 189/～

望山二 6/紃縫,～(有)鍉鐶

望山二 7/組之綴十～八

望山二 9/皆～(有)匽

望山二 11/～(有)枓

望山二 37/皆～(有)畜鐶

望山二 46/六饋鼎,～(有)蓋

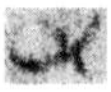

望山二 46/四壺,～(有)蓋

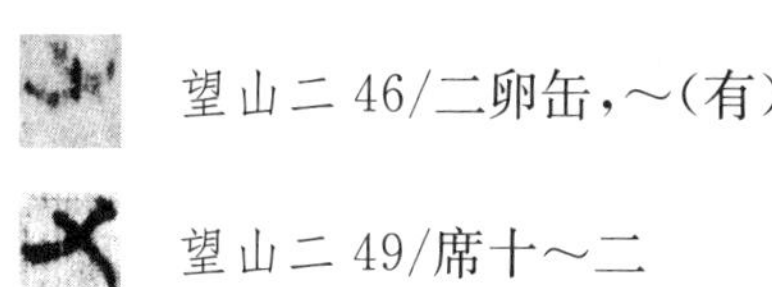

望山二 46/二卵缶，～(有)蓋

望山二 49/席十～二

望山二 50/一金鑿，～(有)蓋

天卜 4－1/少～(有)慼〔於〕躳身

天卜 4－2/且～(有)閒惡

天卜 4－2/～(有)祟

天卜 5－2/尚毋～(有)咎

天卜 5－2/無咎，少～(有)續

天卜 5－2/～(有)祟，説之

天卜 9－2/稍～(有)慼於趾，有祟，以其故説之

天卜 9－2/稍有慼於趾，～(有)祟，以其故説之

天卜 10/諆然～(有)閒慼，有祟，説之

天卜 10/諆然有閒慼，～(有)祟，説之

天卜 12－1/丁占之：稍～(有)〔慼於躬身〕

天卜 13－3/占之：吉，集歲幾中將～(有)喜

天卜 27/將少～(有)慼於宮室

天卜 27/且～(有)惡於東方田邑與兵甲之事

天卜 29/少～(有)慼於宮中

天卜 34/稍閒～(有)惡，有祟，以其故説之

天卜 34/稍閒有惡，～(有)祟，以其故説之

天卜 40/既背膺疾，以心悶，尚毋以是故～(有)大咎

天卜 40/占之：吉，夜中～(有)續

天卜 40/夜過半～(有)閒

天卜 43/少～(有)閒慼，有祟

天卜 43/少有閒慼，～(有)祟

天策 4/纓組之綴十～六

九店五六 1/雈二秖～五秭

九店五六 3/雈五稯～五秭

九店五六 4/雈五稯～六秭

九店五六 4/〔雈十〕擔～三擔三赤二參

九店五六 9/▨□～四秭

九店五六 11/▨～□□一▨

九店五六 19 貳/如以祭祀，必～(有)三□

九店五六 25/如～(有)弟，必死

九店五六 27/～(有)志百事

九店五六 35/居～(有)食

九店五六 35/行～(有)得

九店五六 37 貳/其身～(有)大咎

 九店五六 46/東北～(有)□□☐

 九店五六 47/中坦,中□,～穿洝

 九店五六 55/必～(有)□□出□

 九店五六 60/以～(有)疾☐

 九店五六 61/西亡行,北〔吉〕,南～(有)得

 九店五六 62/北吉,西亡行,南～(有)得

 九店五六 63/北見疾,西吉,南～(有)得

 九店五六 65/～(有)得,西凶,〔南見〕疾

 九店五六 66/以～(有)疾,戌少瘳

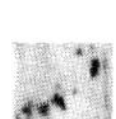 九店五六 67/〔未〕以東吉,～(有)得,北凶

 九店五六 67/以～(有)疾,子少瘳,卯大瘳

 九店五六 71/以入,～(有)得,非□乃引

 九店五六 71/以～(有)疾,卯少瘳,巳大瘳

 九店五六 72/☐吉,南～(有)☐

 九店五六 74/以～(有)〔疾〕

 九店五六 94/丁亥～(有)靈

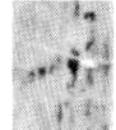 九店五六 99/必貞□～□

 九店六二一 14/☐事～器四放不軌炣窒齊□☐

 安崗一 2/～(有)鞁

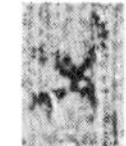 安崗一 2/一乘犮車,～(有)二□童

 安崗一 4/繒卅～七

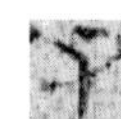 安崗一 7/靳矢十～一

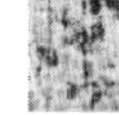 安崗一 9/芓緍二十～八

 安崗一 10/素純之緍二十～四

 安崗一 10/繒十～九

 安崗一 12/皆～(有)蓋

 丁家咀二 29/～説於大水☐

 嚴倉記席 1/☐席,縱紋屯二十～四

 嚴倉記席 1/其一長十～一尺三寸

 嚴倉記席 1/其一長十～一尺八寸

 嚴倉記席 2/縱紋十～九

 嚴倉記席 3/縱紋屯十～七

 嚴倉記席 4/縱紋十～七

 嚴倉記席 5/〔屯〕十～六

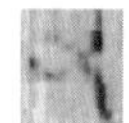 嚴倉記席 6/〔其〕一縱紋十～六

 嚴倉卜筮 1/尚毋～(有)咎

 嚴倉卜筮 1/毋～(有)黿惡

 嚴倉卜筮 1/少～(有)慼於躳身

 嚴倉卜筮 2/且～(有)惡於王事

 塌冢 5/～□某某以於☒

 高臺 1/☒～(有)一婦人從鄢言☒

 望山橋 2/～(有)祟

 龍會河 269/莊王即位十～五〔歲〕

 唐維寺 1/～(有)肩背、髀髆、胸脅疾

 唐維寺 1/～(有)祟見

 唐維寺 2/以其～(有)前禱

唐維寺 3/以其～(有)肩背、髀髆、胸脅疾之故

 唐維寺 3/～(有)祟見

唐維寺 3/以～(有)前禱

唐維寺 4/告～大神食祙

唐維寺 4/婗以其～(有)疾之故

唐維寺 4/～(有)祟見於君之所

唐維寺 5/告～大神有皇

唐維寺 5/告又大神～(有)皇

唐維寺 5/産以其～(有)病之故

唐維寺 5/告～北方

唐維寺 6/産以其～(有)病之故

 唐維寺 7/以其室之～(有)疾之故

 唐維寺 7/～(有)祟見

彭家灣一八三 1/既以其～(有)疾，尚毋有咎

彭家灣一八三 1/既以其有疾，尚毋～(有)咎

彭家灣一八三 1/恒貞吉，無咎，～(有)祟

彭家灣一八三 3/～(有)祟見於三世王父

彭家灣一八三 5/～(有)祟見於親舅與親姑

彭家灣一八三 6/～(有)祟見於娥之親父、親母

彭家灣一八三 8/既～(有)腹心之疾

彭家灣一八三 9/三月幾中尚毋～(有)大咎

彭家灣一八三 10/既～(有)腹心之疾

彭家灣一八三 10/三月幾中尚毋～(有)大咎

彭家灣一八三 10/少～(有)續，遲瘥

彭家灣一八三 12/懼～佗所黿

王家咀 484/夫文、武猶～(有)毀

五里牌 9/弩弓二，皆～(有)□☒

五里牌 9/～(有)☒

五里牌 14/也一偶，～(有)□

 五里牌 17/革固一，～(有)□

 仰天湖 7/～(有)紅組之緣

仰天湖 7/～(有)骨夬

仰天湖 12/～(有)紫綊

仰天湖 13/皆～(有)錦巾

仰天湖 15/皆～(有)苴疏屨

仰天湖 16/緣縫,～(有)二環

仰天湖 17/革帶,～(有)玉環

仰天湖 18/一楑柜,～(有)錦韜

仰天湖 22/～(有)縞裏

仰天湖 22/～(有)□□,笥筭

仰天湖 27/黃邨之矢八,～(有)柃

仰天湖 30/二蔡壺,皆～(有)蓋

仰天湖 33/一鑑,～(有)繰縞

仰天湖 34/～(有)櫛□

仰天湖 34/～(有)芏囊

仰天湖 35/～(有)文竹柄

慈利文物 12/外～(有)辱

慈利文物 24/王乃命～(有)司大令於▨

港大 2/無初～(有)終

卉茅之外 2/皇后～(有)命

帛甲 1/～(有)□常

帛甲 2/～(有)淵厥潙

帛甲 3/～(有)霧霜

帛甲 4/西國～(有)吝

帛甲 4/乃～(有)鼠方

帛甲 4/東國～(有)吝

帛甲 6/唯十～二月

帛甲 8/無～(有)常極

帛甲 12/民則～(有)穀

帛甲 12/無～(有)相擾

帛甲 12/民少～(有)□

帛乙 3/未～(有)日月

帛乙 4/千～百歲

帛乙 8/～(有)宵有朝

帛乙 8/有宵～(有)朝

帛乙 8/～(有)晝有夕

帛乙 8/有晝～(有)夕

帛丙一 3/帥～(有)咎

帛丙七 2/～(有)梟入于上下

帛丙八 3/其邦～(有)大亂

帛五 2/將軍～

帛五 17/～其謂訨□

帛五 18/～□

帛攻 1：3/〔東〕～(有)其入

 帛攻 6/□～傑

 帛攻失號/□至樊□～

 帛殘圖/～日入

右

 安崗二 1/左～組綴

 棗紙 15/～我先王

父

 望山一 78/☐□於～太

 望山一 78/與親～

 望山一 80/以親～

 塌冢 3/式北進□祀薦以之酉～己

 棗紙 14/唯夫鷄～之遠荆

 彭家灣一八三 2/順至親～葴辶尹

 彭家灣一八三 3/有祟見於三世王～

 彭家灣一八三 4/有祟見於三世王父，順及親～

 彭家灣一八三 6/有祟見於娍之親～、親母

 彭家灣一八三 7/禱於其親～、親母肥殺、酒食

 彭家灣二六四/嬰齊之三世王～爲色祟

 彭家灣二六四/禱三世王～

夬

 望山二 49/皆赤□□□頸素豖之毛～

 九店五六 96/生於卯～

 安崗一 10/～韘□之

 安崗一 14/二至～

 仰天湖 7/骨～

尹

 天策 9/集廚～

 安崗一 1/列～

 望山橋 2/蒼峨懌以軒靈爲中廏～貞

 唐維寺 1/樂～須丞産

 彭家灣一八三 2/順至親父葴辶～

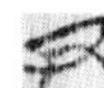 彭家灣一八三 9/賽禱集正君、葴辶～各特狃、酒食

 夕陽坡 1/士～

 夕陽坡 2/造辶～郘逯

叡

 望山一 67/辛、壬～(瘥)

 望山一 75/～(且)有□☐

 天卜 4－2/～(且)有間惡

 天卜 27/～(且)有惡於東方田邑與兵甲之事

 安崗一 16/朱～(組)于二端

 嚴倉卜筮 2/～(且)有惡於王事

 彭家灣一八三 3/以其瘲～(且)心悶，尚毋死

 慈利選編 9+7/四曰同惡相～(助)

 港大 2/其人天～(且)剔

 帛乙 2/乃娶～徙□子之子

 帛丙六 1/曰：～(且)

 帛丙六 3/～(且)司夏

及

 彭家灣一八三 3/有祟見於三世王父，順～親父

秉

 帛丙三 3/～(寎)司春

反

 望山二 2/軒～

 望山二 7/軒～

 望山二 9/～芋之坣軑

望山二 17/～

取

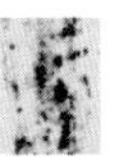 九店五六 13 貳/利以～(娶)妻

 九店五六 17 貳/凡盜日，利以～(娶)妻

 九店五六 21 貳/～(娶)妻

 九店五六 29/～(娶)妻

 九店五六 41/凡成日，利以～(娶)妻

 九店五六 42/利以～貨於人之所

 帛乙 1/乃～(娶)覰徙□子之子

帛丙一 1/曰：～(陬)

 帛丙一 5/～(陬)于下

 帛丙二 2/不可以嫁女、～(娶)臣妾

 帛丙四 2/～(娶)女爲邦笑

帛丙四 3/余～(娶)女

 帛丙五 3/～(娶)□□爲臣妾

 帛丙八 3/～(娶)女，凶

 帛五 17/其～少文

友

 安崗一 3/二～壺

ナ 部

卑

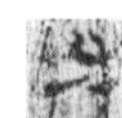

 龍會河 201/～(俾)作輔

史　部

史

天卜 4－1/～丑以長靈爲君月貞

事

望山一 22/走趣～王、大夫

望山一 22/尚速得～

望山一 22/將得～

望山一 23/尚速得～

望山一 23/將得～

望山一 25/夏得～

望山一 27/▨喜於～

望山一 28/▨志～，以其故説之

天卜 27/且有惡於東方田邑與兵甲之～

九店五六 16 貳/屬～

九店五六 25/作～，不果

九店五六 26/百～順成

九店五六 27/行水～

九店五六 27/有志百～

九店五六 28/大～

九店五六 32/野～

九店五六 33/以作卯～，不吉

九店五六 37 貳/凡五子，不可以作大～

九店五六 38 貳/凡五卯，不可以作大～

九店五六 41/利以成～

九店五六 43/帝謂尔無～，命尔司兵死者

九店六二一 14/▨～又器四放不𨌺炣窒齊□▨

九店六二一 34/～事安順

安崗一 1/列尹命執～人爲之藏

嚴倉卜筮 2/且有惡於王～

帛甲 12/土～勿從，凶

帛丙四 1/不可以作大～

帛丙十 1/不〔可〕毁～

帛丙十一 3/刑首～

聿　部

𦘔

天卜 4-1/侍王,～(盡)夏夕之月,尚自利順

天卜 10/侍王,～(盡)爨月,尚自利順

天卜 12-1/～(盡)冬夕之月,侍王,尚自利順

畫　部

畫

港大 3/三年而～(劃)於膺

晝

九店五六 71/朝盜得,～得,夕不得

帛乙 8/有～有夕

臣　部

臣

唐維寺 7/曾～産

帛丙二 2/不可以嫁女、娶～妾

帛丙五 3/娶□□爲～妾

臧(臧)

臧

龍會河 269/～(莊)王即位十又五〔歲〕

唐維寺 1/燕客～(臧)賓

唐維寺 3/燕客～(臧)之賓

唐維寺 4/燕客～(臧)之賓

彭家灣一八三 11/賽禱集～(莊)君特狙、酒食

帛丙八 1/曰:～(壯)

帛丙八 4/～(壯)李□

殳　部

𣪊

慈利法書 2/解其氣～(擊)龍紌白徒以視之厲士

役(设)

设

嚴倉不明/周蔡、周～(役)

卉茅之外 1/～(役)敢承行

殺　部

殺

望山一 176/▨～坪樂

磚瓦廠 1/某聶與僕兄之不□□□競梁而～之

磚瓦廠 2/盜～僕之兄李㽵

磚瓦廠 3/盜～僕之兄李㽵

彭家灣一八三 7/禱於其親父、親母肥～、酒食

帛丙一 2/不可以□～

寸　部

寺(寺、時)

寺

望山一 14/出入～(侍)王

望山一 29/出入～(侍)王

九店六二一 1/智～終□□□求毋□▨

港大 8/～(恃)之以爲己勢

帛甲 6/三～(時)是行

帛甲 6/三～(時)□□

帛甲 8/～(時)雨進退

帛乙 4/是唯四～(時)

帛乙 7/十日四～(時)

時

望山一 31/〔出〕入～(侍)〔王〕

天卜 4－1/～(侍)王，盡夏夕之月，尚自利順

天卜 10/～(侍)王，盡爨月，尚自利順

天卜 12－1/盡冬夕之月，～(侍)王，尚自利順

天卜 13－1/鹽丁以長寶爲邸陽君番勝貞

嚴倉卜筮 1/既走趣於邦，出入～(侍)王

卉茅之外 2/敬戒以～(持)

帛攻 8/～(待)寇

尋(𢾅)

𢾅

嚴倉簽牌 1/赤錦十二～(尋)

專

慈利選編 9＋7/五曰遠宅不～(薄)

皮　部

皮

安崗一 2/有～(鞁)

攴　部

攲

九店五六 54/～於北得

九店五六 60/〔朝〕閉夕～

九店五六 61/朝～夕閉

九店五六 62/〔朝〕閉夕～

九店五六 63/〔卯，朝閉夕〕～

九店五六 64/朝～夕閉

九店五六 65/〔朝閉夕〕～

九店五六 68/〔朝〕閉夕～

九店五六 71/朝閉夕～

徹(蔌)

蔌

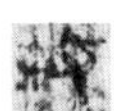
帛丙一 4/武□□其～(徹)

敀

仰天湖 26/魯～之☐

故

九店五六 44/使某來歸食～

帛乙 1/曰～(古)□竁包戲

政

慈利選編 9+7/凡此九者，～之因

敳(玫)

玫

帛乙 5/～(扞)蔽之青木、赤木、黄木、白木、黑木之精

改(攺)

攺

九店六二一 21/☐□□志多□～(改)之☐

王家咀 738/無能～(改)於其德

港大 1/《詩》云："其容不～(改)，出言〔有章〕。"

敋(䱆)

䱆

安崗一 3/二～(合)盞

敶(㦻)

㦻

卉茅之外 3/敢～(陳)純告

敚

望山一 24/有～(祟)

 望山一 49/以其故～(說)之

 望山一 51/毋以其故～(說)〔之〕

 望山一 28/以其故～(說)之

 望山一 54/以其故～(說)之

 望山一 60/有～(祟)

 望山一 61/以其故～(說)之

 望山一 62/以其故～(說)之

 望山一 63/以其故～(說)之

 望山一 76/北方有～(祟)

 望山一 77/南方有～(祟)

 望山一 81/以其故～(說)之

 望山一 82/以其故～(說)之

 望山一 84/以其故～(說)〔之〕

 望山一 86/～非祭祀

 天卜 4－2/以其故～(說)之

 天卜 9－2/稍有慼於趾,有祟,以其故～(說)之

 天卜 27/以其故～(說)之

 天卜 29/以其故～(說)之

天卜 34/稍間有惡,有～(祟),以其故說之

天卜 78/〔以〕其故～(說)之

九店五六 28/以寓人,～(奪)之室

嚴倉卜筮 2/以□～(說)之

唐維寺 2/以其故～(說)之

唐維寺 3/有～(祟)見

唐維寺 3/以其故～(說)之

 唐維寺 4/有～(祟)見於君之所

彭家灣一八三 6/以其故～(說)之

彭家灣一八三 9/以其故～(說)之

彭家灣一八三 10/以其故～(說)之

彭家灣一八三 12/以其故～(說)之

 仰天湖 38/楚孝～之年

敗

 九店六二一 3/～其□□□□之廁

帛丙六 1/其～其覆

寇(寇)

寇

 九店五六 30/利於～(寇)盜

九店五六 32/必無遇～(寇)盜

帛攻 7/□～(寇)不□

帛攻 8/時～(寇)

鼓

王家咀 771/小子鳴～(鼓)而攻之可矣

慈利文物 4/一～(鼓)

慈利文物 4/～(鼓)□武進☒

慈利漫步 1/一～(鼓)而□,□鼓而□,三而☒

慈利漫步 1/一鼓而□,□～(鼓)而□,三而☒

攻(攻、戉)

攻

望山一 176/使～解於下之人不壯死

望山一 177/☒使～☒

天卜 43/使～解於不辜強死者

九店五六 47/東、南高,二方下,是謂虛井,～通,安

帛乙 7/共～(工)更之

帛丙十一 1/可以～城

帛丙十二 1/不可以～〔城〕

戉

慈利選編 9+7/一曰～(攻)天時☒

帛攻 1:2/如以～(攻)城

帛攻 1:2/〔甲子〕之日,務～(攻)

帛攻 2:1/務～(攻)南〔方〕

帛攻 3/務～(攻)西方

敔(敔、敌)

敔

九店五六 1/～稇之四擔

九店五六 1/～稇之五擔

九店五六 1/～稇之六擔

九店五六 2/～稇之八擔

九店五六 3/～稇之十擔二擔

敌

九店五六 3/～(敔)稇之十擔一擔

鈙

帛五 17/～□

畋

望山二 5/～(田)車

敘(敘、敎)

敘

九店五六 28/利以解凶,～(除)不祥

 九店五六 28/利以祭門、行，～(除)疾

 九店五六 34/利以～(除)盟詛

敘

帛丙十 2/～(除)去不義于四☑

攴

慈利漫步 6/☑□～木□□□□返之□□□☑

攸

港大 2/〔其〕牛～(掣)

故

帛丙十 2/除～(去)不義于四☑

敗

九店五六 13 壹/～於午

九店五六 14 壹/～於未

九店五六 15 壹/～於申

九店五六 15 貳/凡～日，倓𧸘之日，不利以祭祀

九店五六 16 壹/～於酉

九店五六 17 壹/～於戌

九店五六 18 壹/～於亥

九店五六 19 壹/～於子

九店五六 20 壹/～於丑

九店五六 21 壹/～於寅

九店五六 22 壹/～於卯

九店五六 23 壹/～於辰

九店五六 24 壹/～於巳

鼓

九店五六 45/凡相壇、～(樹)邦、作邑之道

安崗一 14/□□魚之～屨

敔

帛乙 6/使～(保)奠四極

敤

帛乙 5/扞～(蔽)之青木、赤木、黄木、白木、黑木之精

敊

帛丙十二 1/曰：～(荼)

敏

塌冢 7/～之魚□

數

 安崗二 1/左右組～(綴)

 安崗二 1/組～(綴)四

 安崗二 2/上下～(綴)

 安崗二 2/組～(綴)

 安崗二 4/二□之組～(綴)

卜 部

卜

 彭家灣二六四/真～筮爲色貞

貞(貞、鼑)

貞

 望山一 1/范獲志以愴家爲悼固～

 望山一 3/以小籌爲悼固～

 望山一 9/鄧道以小籌爲悼固～

 望山一 13/〔魏〕豹以寶家爲悼固～

 望山一 14/以寶家爲悼固～

 望山一 17/魏豹以寶室爲悼固～

 望山一 21/▨悼固～

 望山一 22/～

 望山一 29/▨悼固～

 望山一 35/▨〔悼〕固～

 望山一 35/恒～吉

 望山一 36/爲悼固～

 望山一 39/占之,恒～吉

 望山一 40/占之,恒～〔吉〕

 望山一 45/占之,恒～吉

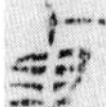 望山一 49/恒～吉

 望山一 53/〔恒〕～吉

 望山一 188/～

 天卜 4－1/史丑以長靈爲君月～

 天卜 4－1/占之：恒～吉

 天卜 5－2/占之：恒～吉

 天卜 9－2/義懌占之：恒～吉

 天卜 10/義懌以白靈爲君月～

 天卜 10/占之：恒～吉

 天卜 12－1/鹽〔丁〕以寶家爲君月～

 天卜 13－1/鹽丁以長寶爲邸陽君番勝～

 天卜 15－1/應奮以大英爲邸陽君勝～

 天卜 27/占之：恒～吉

 天卜 29/占之：恒～吉

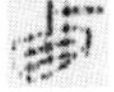 天卜 34/占之：恒～吉

 天卜 40/郚還以漆蓍爲君～

 天卜 43/占之：恒～吉

 安崗一 4/一～□甲

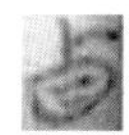 嚴倉卜筮 1/觀珊以長靈爲大司馬悼愲～

 嚴倉卜筮 1/占之：恒～吉

 望山橋 2/蒼峨懌以軒靈爲中廄尹～

 唐維寺 1/繇失以爲樂尹須丞産～筮

 唐維寺 1/恒～吉

 唐維寺 3/巫公以爲産～筮

 唐維寺 3/恒～吉

 熊家灣 1/犨爲娌～

 彭家灣一八三 1/賈以大筮爲娥三月之～

 彭家灣一八三 1/恒～吉，無咎，有祟

 彭家灣一八三 3/郪居以鸋鷭爲娥～

 彭家灣一八三 5/郪居以校靈爲妸也～

 彭家灣一八三 6/我居以㯼靈爲娥也～

 彭家灣一八三 8/義居以長靈爲娥～

 彭家灣一八三 9/占之：恒～吉

 彭家灣一八三 10/范獲志以相家爲娥也～

 彭家灣一八三 10/占之：恒～無咎

 彭家灣二六四/真卜筮爲色～

 慈利漫步 2/乃～，信吉

鼑

 安崗一 3/□～(鼎)

 安崗一 12/偶～(鼎)

 五里牌 1/～(鼎)八

鼾

 望山二 53/二～

鼧

 望山二 55/一～(匜)

鼦

 望山二 47/一～

占

望山一 9/～之,恒〔貞吉〕

望山一 22/～之,吉

望山一 23/～之,吉

望山一 26/～之,吉

望山一 39/～之,恒貞吉

望山一 40/～之,恒貞

望山一 44/～之,恒貞吉

望山一 46/～

望山一 47/～之

望山一 48/～之

望山一 91/～

望山一 93/許佗～之曰：吉

望山一 94/魏豹～之曰：吉

望山一 95/獻～之曰：吉

望山一 96/～之曰：吉

望山一 97/～之曰：吉

望山一 98/～之曰：吉

望山一 99/▨豹～▨

望山一 101/～之曰：吉

望山一 102/～之曰：吉

天卜 4－1/～之：恒貞吉

天卜 4－2/～之：吉

天卜 5－2/～之：恒貞吉

天卜 5－2/鄭愴～之：吉

天卜 9－2/義懌～之：恒貞吉

天卜 10/～之：恒貞吉

天卜 12－1/丁～之：稍有〔慼於躬身〕

天卜 13－3/～之：吉,集歲幾中將有喜

天卜 27/～之：恒貞吉

天卜 29/～之：恒貞吉

天卜 29/獲〔志〕～〔之〕：吉

天卜 34/～之：恒貞吉

天卜 34/丁～之：吉

天卜 40/～之

天卜 43/～之：恒貞吉

丁家咀二 29/▨～之：吉

嚴倉卜筮 1/～之：恒貞吉

望山橋 5/義懌～之曰：吉

唐維寺 2/失～之

熊家灣 1/～

彭家灣一八三 1/賈～之

 彭家灣一八三 2/賈～之：甚吉

 彭家灣一八三 3/～之：吉，不死

 彭家灣一八三 4/～之：吉

 彭家灣一八三 5/～之：吉

 彭家灣一八三 5/～之：吉

 彭家灣一八三 6/～之：吉

 彭家灣一八三 7/鑿居～之：吉

 彭家灣一八三 9/～之：恒貞吉

 彭家灣一八三 9/～之：吉

 彭家灣一八三 10/～之：恒貞無咎

 彭家灣一八三 11/～之：吉

兆

 唐維寺 2/～玉

 唐維寺 3/北方～玉一環

 唐維寺 6/將忻褋其一～環

用　部

用

帛甲 11/民勿～□□

甫

安崗一 9/～(鋪)環

葡

望山一 54/～(佩)玉一環

安崗一 3/一～□

帛五 7/其～(服)▨

帛五 11/其～(服)蒼

帛五 34/其～(服)黄

卷　四

目　部

目

唐維寺 7/陳～筵之

睘

望山二 50/一耑～(環)

望山二 50/一～(環)

安崗一 9/鋪～(環)

帛五 29/其緑～(環)

相(相、梖)

相

九店五六 50/三增三沮不～志

彭家灣一八三 10/范獲志以～家爲娥也貞

慈利法書 4/弟～愛也,則親戚不廢

慈利選編 9+7/四曰同惡～助

帛甲 12/無有～擾

帛乙 4/四神～代

帛乙 7/以轉～□

帛商捐/～星光

梖

望山一 7/魏豹以～(相)家〔爲悼固貞〕

九店五六 45/凡～(相)墠、樹邦、作邑之道

眚

慈利法書 1/地均於百～(姓)

自　部

自

望山一 29/～荆〔夷〕☐

望山一 32/～荆夷以☐

天卜 4－1/侍王,盡夏夕之月,尚～利順

天卜 10/侍王,盡爨月,尚～利順

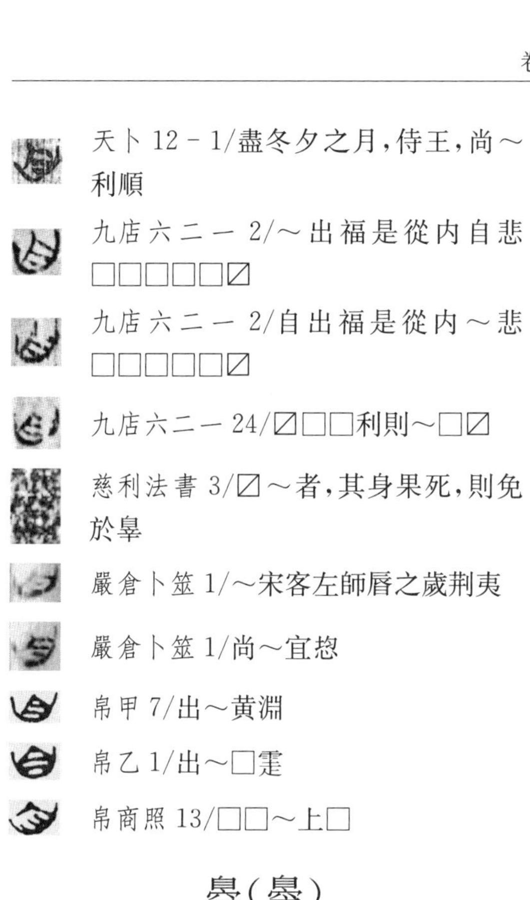

天卜 12－1/盡冬夕之月，侍王，尚～利順

九店六二一 2/～出福是從内自悲□□□□□▨

九店六二一 2/自出福是從内～悲□□□□□▨

九店六二一 24/▨□□利則～□▨

慈利法書 3/▨～者，其身果死，則免於辠

嚴倉卜筮 1/～宋客左師唇之歲荆夷

嚴倉卜筮 1/尚～宜㥁

帛甲 7/出～黄淵

帛乙 1/出～□霆

帛商照 13/□□～上□

鼻(㝵)

㝵

望山橋 8/青絲之～(邊)

凶　部

皆(皆、虘)

皆

望山二 6/～紃

望山二 9/～有匿

望山二 11/軥、杠～彫

望山二 23/～錦純

望山二 37/～有畜鐶

望山二 47/四㡯，～文宫

望山二 47/二瑟，～繡衣

望山二 49/席十又二，～紡襡

望山二 49/其四盲童～緹衣

望山二 49/其三盲童～丹繡之衣

望山二 49/其二盲童～紫衣

望山二 49/～赤□□□頸素豙之毛夬

九店五六 111/～不吉

安崗一 12/～有蓋

嚴倉記席 2/～素加豹之純

嚴倉記席 6/～青結之純

五里牌 9/～有□

五里牌 11/～□

仰天湖 13/～有錦巾

仰天湖 15/～有苴疏屨

仰天湖 30/二蔡壺，～有蓋

仰天湖 37/～藏於一匣之中

慈利學報 8/▨鎍金大甬～□

 慈利學報 8/三軍～

虘

 帛甲 7/日月～(皆)亂

魯

 望山二 48/五～帛之篽

 安崗二 1/～帛之麾

 安崗二 2/二～帛之紽

 王家咀 484/子新去夫～,人其惑子

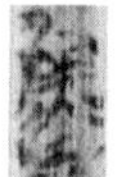 王家咀 483/孔子去～之衛

 王家咀 483/～人詹因辭曰

 王家咀 483/～孔丘

 王家咀 483/故～邦

仰天湖 26/～帛之▨

者

 天卜 43/使攻解於不辜強死～

 九店五六 36/長～吉

 九店五六 36/幼子～不吉

 九店五六 43/帝謂尔無事,命尔司兵死～

 安崗一 4/一索～劍

 彭家灣一八三 7/解於溺～

 彭家灣一八三 6/有祟見於娥之親父、親母,與其丁厲,與溺～

 王家咀 483/而桓、僖如毁～也而不毁

 慈利文物 16/□□□□之中～而▨

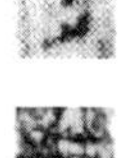 慈利法書 3/▨自～,其身果死,則免於辠

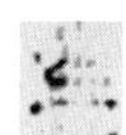 慈利學報 6/～(諸)侯毁子九閒

 慈利學報 6/所食□□□～

 慈利法書 5/越王句踐乃命～□▨

 慈利選集 6+4/越邦之中病～

 慈利選編 9+7/凡此九～,政之因

 帛丙十一 2/會～(諸)侯

 帛攻 1：3/以中務～(諸)侯

 帛攻 9：2/～

 帛殘紅/□～□□

智

 九店六二一 1/～寺終□□□求毋□⧄

 磚瓦廠 2/僕未～(知)其人

 磚瓦廠 3/僕不～(知)其人

 仰天湖 15/一新～(鞮)屨

 仰天湖 15/一舊～(鞮)屨

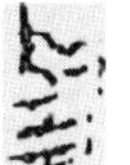 卉茅之外 3/不～(知)其若茲

 帛甲 8/恭民未～(知)

 帛甲 12/民人弗～(知)

 帛攻 2：2/五所以～(知)人

 帛攻 6/～

百

 天卜 13－3/禱卓公順至惠公大牢，樂之，～之，贛

 天卜 27/樂之，～之，贛

 九店五六 26/～事順成

 九店五六 27/有志～事

 九店六二一 4/～

 九店六二一 30/⧄新～⧄

 慈利法書 1/地均於～姓

 帛甲 11/～神

 帛乙 4/千又～歲

 帛乙 7/～神

習　部

習

 望山一 88/痼以黄靈～之

 望山一 91/藋歁～之以黄靈

 天卜 27/范獲志～之以承家

 天卜 29/～之以白靈

 天卜 34/鹽丁～之以新承命

 天卜 43/陳郢～之以新寶家

羽　部

羽

 望山二 47/一大～箑

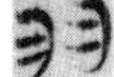 望山二 47/一小彤～箑

 天策 5/⧄～之承

 天策 5/翟～之篁

 曹家崗 3/二～箑

 安崗二 2/二～膚

 仰天湖 31/～膚一偶

翟

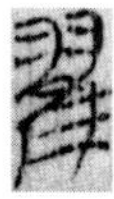
望山二 2/～輪

翡(䎵)

䎵

望山二 13/～(翡)翠之首

望山二 13/～(翡)翸

翠(翆)

翆

望山二 13/翡～(翠)之首

望山二 13/～(翠)胸

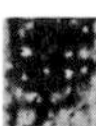
天策 7/～(翠)䍦

天策 7/～(翠)首白毛之真

天策 7/～(翠)翸纓

猴

望山二 9/耑翏～

翏

望山一 69/壬、癸大有～(瘳)

九店五六 40 貳/帝之所以～(戮)六擾之日

九店五六 62/午少～(瘳),申大〔瘳〕

九店五六 63/以〔有疾〕,未〔少〕～(瘳),申大〔瘳〕

九店五六 66/以有疾,戌少～(瘳)

九店五六 67/以有疾,子少～(瘳),卯大瘳

九店五六 67/以有疾,子少瘳,卯大～(瘳)

九店五六 70/〔凡〕五戌,朝☐□,〔辰〕大～(瘳)

九店五六 71/以有疾,卯少～(瘳),巳大瘳

九店五六 71/以有疾,卯少瘳,巳大～(瘳)

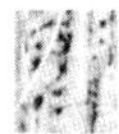
九店五六 75/大～(瘳),死生在子

帛乙 4/三曰～黄難

翣

望山二 47/一大羽～(翣)

望山二 47/一大竹～(翣)

望山二 47/一小彫羽～(翣)

天策 9/一齒軐,□戠～(翣)

翌

天策 7/䣆～

翜

望山二 9/耑～翭

天策 6/兩馬之樸～袟

翼

天策 5/～羽之篁

翟

(　)望山一 112/～禱

望山一 119/～禱王孫喿冢豕

唐維寺 2/～禱

唐維寺 3/因其禽而～禱焉

彭家灣一八三 4/以其故～禱各特牛、酒食

翟

安崗二 1/左右～(組)綴

安崗二 1/～(組)綴四

安崗二 1/～(組)紡紫縑之迸綅

安崗二 2/～(組)綴

安崗二 4/二□之～(組)綴

安崗二 4/～(組)〔綴四〕

安崗二 4/～(組)□□三

翟(翟)

翟

天策 7/翠～(翟)

隹　部

隹

棗紙 14/～(唯)夫鷄父之遠荆

慈利選編 4/吾欲與之邀天之衷，～(唯)☐

帛甲 1/～(唯)

帛甲 6/～(唯)惪匿之歲

帛甲 6/～(唯)十又二月

帛甲 7/～(唯)李惪匿

帛甲 10/～(唯)天作福

帛甲 10/～(唯)天作妖

帛甲 10/〔欽〕敬～(唯)備

帛甲 10/誠～(唯)天〔象〕

帛乙 4/是～(唯)四時

雁

天卜 40/既背～(膺)疾,以心悶,尚毋以是故有大咎

港大 3/三年而劃於～(膺)

雞(⿰鳥系)

⿰鳥系

棗紙 14/唯夫～(雞)父之遠荆

奞　部

奮

天卜 15－1/應～以大英爲郘陽君勝貞

萑　部

雚(⿱亼雚)

⿱亼雚

望山一 91/～(雚)歘習之以黄靈

望山一 175/～(雚)

舊(舊、售)

舊

九店五六 33/以遠行,～(久)

卉茅之外 2/～(久)立不倦

售

王家咀 843/守也～(久)不得見矣

苜　部

蔑

龍會河 269/乃春戕於～

羊　部

羊

望山二 45/一～梡

九店五六 28/利以解凶,除不～(祥)

安崗一 15/膚～之鶭

安崗一 15/膚～之雨

安崗二 4/一～□初錦之續郮

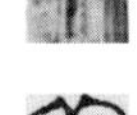
帛甲 9/四□无～(恙)

牂

望山一 55/祔一～

望山一 121/各一～

唐維寺 2/祔一～

唐維寺 3/袪一～

唐維寺 5/將賽其一～之禱

彭家灣一八三 11/賽禱太一～

彭家灣一八三 11/大水一～

彭家灣一八三 12/舉禱於太一～

彭家灣一八三 12/舉禱於大水一～

羖(羖)

羖

望山一 55/后土、司命各一～(羖)

望山一 123/各一～(羖)

望山一 125/舉禱速一～(羖)

天卜 29/擇日冬夕賽禱宮地主一～(羖)

唐維寺 2/地主、司命各一～(羖)

唐維寺 3/地主、司命各一～(羖)

唐維寺 5/將賽其禱各一～(羖)

彭家灣一八三 11/后土、司命各一～(羖)

彭家灣一八三 12/后土、司命各一～(羖)

群

帛甲 8/毋動～民

帛甲 9/～神五正

帛甲 9/～神乃悳

瞿 部

瞿

九店五六 15 貳/凡敫日，惓～之日，不利以祭祀

雔 部

雙

望山二 50/一～璜

望山二 50/一～琥

雥 部

雥(雥、集、寠)

雥

彭家灣一八三 1/舉禱～(集)正君

彭家灣一八三 9/賽禱～(集)正君、蔵辻尹各特豣、酒食

彭家灣一八三 11/賽禱～(集)莊君特豣、酒食

集

望山一 30/以就～歲之荆夷

　望山一 34/就～歲之▨

窠

天卜 13－3/占之：吉，～(集)歲幾中將有喜

天策 9/～(集)廚尹

安崗二 1/一～(雜)然之緄帶

鳥　部

鸛(難)

難

帛乙 4/三曰翏黃～

鳴

王家咀 771/小子～鼓而攻之可矣

鴚

天策 7/～羽

鳶

帛丙五 1/～帥□得

烏　部

烏(於)

於

望山 1/齊客張果問〔王〕～葳郢之歲

望山一 5/郙客困芻問王～葳〔郢之歲〕

望山一 6/〔郙客〕困〔芻〕問王～〔葳郢之歲〕

望山一 7/〔郙客困〕芻問王～葳郢之歲

望山一 24/少有慼～躬身與宮室

望山一 26/幾中有喜～志▨

望山一 27/▨喜～事

望山一 55/舉禱～二天〔子〕

望山一 56/舉禱～祆一環

望山一 73/少有慼～▨

望山一 74/將有慼～躬身與▨

望山一 75/有慼～躬身與宮室

望山一 78/▨□～父太

望山一 82/賽禱～▨

望山一 107/歸玉～簡〔大王〕

望山一 108/賽禱～簡大〔王〕

望山一 114/舉禱～東邻〔公〕

望山一 115/册～東石公、社、北子、行

望山一 117/使□□～宮室

望山一 127/舉禱～宮

望山一 134/▨～先▨

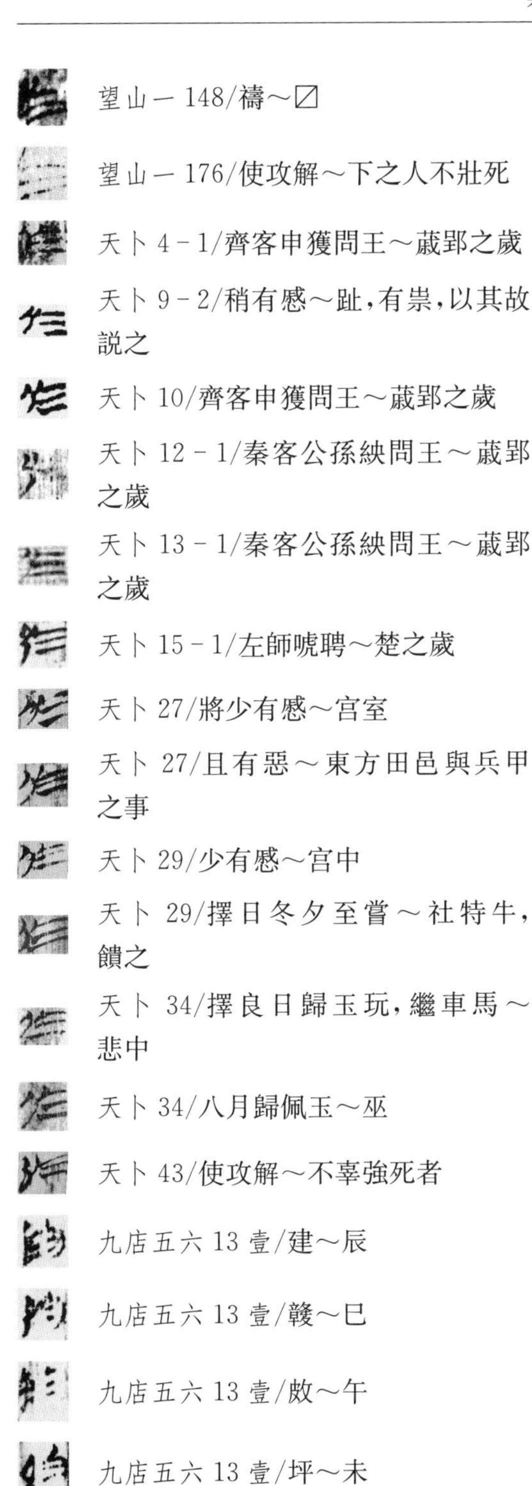

望山一 148/禱～☐

望山一 176/使攻解～下之人不壯死

天卜 4－1/齊客申獲問王～葳郢之歲

天卜 9－2/稍有慼～趾，有祟，以其故說之

天卜 10/齊客申獲問王～葳郢之歲

天卜 12－1/秦客公孫紻問王～葳郢之歲

天卜 13－1/秦客公孫紻問王～葳郢之歲

天卜 15－1/左師唬聘～楚之歲

天卜 27/將少有慼～宮室

天卜 27/且有惡～東方田邑與兵甲之事

天卜 29/少有慼～宮中

天卜 29/擇日冬夕至嘗～社特牛，饋之

天卜 34/擇良日歸玉玩，繼車馬～悲中

天卜 34/八月歸佩玉～巫

天卜 43/使攻解～不辜強死者

九店五六 13 壹/建～辰

九店五六 13 壹/竷～巳

九店五六 13 壹/敓～午

九店五六 13 壹/坪～未

九店五六 13 壹/寍～申

九店五六 13 壹/工～酉

九店五六 13 壹/坐～戌

九店五六 13 壹/盍～亥

九店五六 13 壹/城～子

九店五六 13 壹/復～丑

九店五六 13 壹/嶜～寅

九店五六 13 壹/散～卯

九店五六 14 壹/竷～午

九店五六 14 壹/敓～未

九店五六 14 壹/坪～申

九店五六 14 壹/寍～酉

九店五六 14 壹/工～戌

九店五六 14 壹/坐～亥

九店五六 14 壹/盍～子

九店五六 14 壹/城～丑

九店五六 14 壹/復～寅

九店五六 14 壹/嶜～卯

九店五六 14 壹/散～辰

九店五六 15 壹/竷～未

九店五六 15 壹/敓～申

九店五六 15 壹/坪～酉

九店五六 15 壹/寍～戌

九店五六 15 壹/工～亥

九店五六 15 壹/坐～子
九店五六 15 壹/盍～丑
九店五六 15 壹/城～寅
九店五六 15 壹/復～卯
九店五六 15 壹/蓨～辰
九店五六 15 壹/散～巳
九店五六 16 壹/建～未
九店五六 16 壹/䜌～申
九店五六 16 壹/敓～酉
九店五六 16 壹/坪～戌
九店五六 16 壹/寍～亥
九店五六 16 壹/工～子
九店五六 16 壹/坐～丑
九店五六 16 壹/盍～寅
九店五六 16 壹/城～卯
九店五六 16 壹/復～辰
九店五六 16 壹/蓨～巳
九店五六 16 壹/散～午
九店五六 17 壹/建～申
九店五六 17 壹/䜌～酉
九店五六 17 壹/敓～戌
九店五六 17 壹/坪～亥
九店五六 17 壹/寍～子
九店五六 17 壹/工～丑
九店五六 17 壹/坐～寅
九店五六 17 壹/盍～卯
九店五六 17 壹/城～辰
九店五六 17 壹/復～巳
九店五六 17 壹/蓨～午
九店五六 17 壹/散～未
九店五六 18 壹/建～酉
九店五六 18 壹/䜌～戌
九店五六 18 壹/敓～亥
九店五六 18 壹/坪～子
九店五六 18 壹/寍～丑
九店五六 18 壹/工～寅
九店五六 18 壹/坐～卯
九店五六 18 壹/盍～辰
九店五六 18 壹/城～巳
九店五六 18 壹/復～午
九店五六 18 壹/蓨～未
九店五六 18 壹/散～申
九店五六 19 壹/建～戌
九店五六 19 壹/䜌～亥
九店五六 19 壹/敓～子
九店五六 19 壹/坪～丑

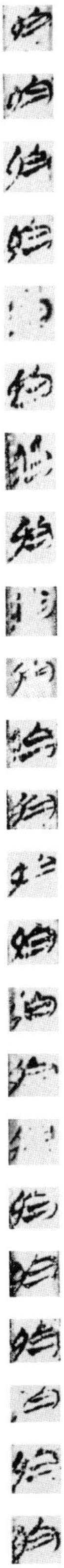

九店五六 19 壹/窑～寅
九店五六 19 壹/工～卯
九店五六 19 壹/坐～辰
九店五六 19 壹/盍～巳
九店五六 19 壹/城～午
九店五六 19 壹/復～未
九店五六 19 壹/莤～申
九店五六 19 壹/散～酉
九店五六 20 壹/建～亥
九店五六 20 壹/竷～子
九店五六 20 壹/敓～丑
九店五六 20 壹/坪～寅
九店五六 20 壹/窑～卯
九店五六 20 壹/工～辰
九店五六 20 壹/坐～巳
九店五六 20 壹/盍～午
九店五六 20 壹/城～未
九店五六 20 壹/復～申
九店五六 20 壹/莤～酉
九店五六 20 壹/散～戌
九店五六 21 壹/建～子
九店五六 21 壹/竷～丑
九店五六 21 壹/敓～寅
九店五六 21 壹/坪～卯 
九店五六 21 壹/窑～辰
九店五六 21 壹/工～巳
九店五六 21 壹/坐～午
九店五六 21 壹/盍～未
九店五六 21 壹/城～申
九店五六 21 壹/復～酉
九店五六 21 壹/莤～戌
九店五六 21 壹/散～亥
九店五六 22 壹/竷～寅
九店五六 22 壹/敓～卯
九店五六 22 壹/坪～辰
九店五六 22 壹/窑～巳
九店五六 22 壹/工～午
九店五六 22 壹/坐～未
九店五六 22 壹/盍～申
九店五六 22 壹/城～酉
九店五六 22 壹/復～戌
九店五六 22 壹/莤～亥
九店五六 22 壹/散～子
九店五六 23 壹/建～寅
九店五六 23 壹/竷～卯
九店五六 23 壹/敓～辰
九店五六 23 壹/坪～巳

九店五六 23 壹/盜～午

九店五六 23 壹/工～未

九店五六 23 壹/坐～申

九店五六 23 壹/盍～酉

九店五六 23 壹/城～戌

九店五六 23 壹/復～亥

九店五六 23 壹/蓞～子

九店五六 23 壹/散～丑

九店五六 24 壹/建～卯

九店五六 24 壹/竷～辰

九店五六 24 壹/敫～巳

九店五六 24 壹/坪～午

九店五六 24 壹/盜～未

九店五六 24 壹/工～申

九店五六 24 壹/坐～酉

九店五六 24 壹/盍～戌

九店五六 24 壹/城～亥

九店五六 24 壹/復～子

九店五六 24 壹/蓞～丑

九店五六 24 壹/散～寅

九店五六 27/利～納室

九店五六 30/利～寇盜

九店五六 32/是故謂不利～行作

九店五六 35/利～飲食

九店五六 35/生子,男必美～人

九店五六 42/利以取貨～人之所

九店五六 42/毋以舍人貨～外

九店五六 44/〔攝幣〕、芳糧以譴讀某～武夷之所

九店五六 48/凡宮垑～西南之南,居之貴

九店五六 49/垑～東北之北,安

九店五六 50/垑～西北

九店五六 50/不利～子

九店五六 50/垑於東南,不利～□☒

九店五六 50/垑於東南,不利～□☒

九店五六 51/垑～東北之東

九店五六 52/垑～☒

九店五六 53/□□～室東

九店五六 54/啟～北得

九店五六 54/秋三月,作高居～西得

九店五六 78/翶夷朔～營室

九店五六 96/生～丑即

九店五六 96/生～寅衰

九店五六 96/生～卯夬

九店五六 96/亡～辰即

九店五六 96/亡～午〔夬〕

九店五六 123/～

九店六二一 23/☒生～多□福□☒

九店六二一 25/☒～宗□□不☒

磚瓦廠 3/今僕詧人李□敢告～視日

磚瓦廠 4/☒□□人李捭敢告～☒

丁家咀二 27/或禱～私巫

丁家咀二 27/以己未之日或禱～□☒

丁家咀二 29/又説～大水☒

嚴倉卜筮 1/既走趣～邦,出入侍王

嚴倉卜筮 2/少有慼～躬身

嚴倉卜筮 2/且有惡～王事

嚴倉卜筮 2/恒舉禱～☒

塌冢 5/又□某某以～☒

望山橋 1/秦客亮成問王～葴郢之歲

望山橋 3/〔舉〕禱～悼王

望山橋 4/舉禱～戭王

望山橋 4/舉禱～☒

望山橋 5/舉禱～王子丙

望山橋 5/舉禱～社

龍會河 269/乃春戭～蔑

龍會河 272/乃春戭～焚桃

唐維寺 1/燕客臧賓問王～葴郢之歲

唐維寺 3/燕客臧之賓問王～葴郢之歲

唐維寺 4/燕客臧之賓問王～葴郢之歲

唐維寺 4/有祟見～君之所

彭家灣一八三 3/齊客祝窔問王～葴郢之歲

彭家灣一八三 3/有祟見～三世王父

彭家灣一八三 5/有祟見～親舅與親姑

彭家灣一八三 6/有祟見～娥之親父、親母

彭家灣一八三 6/擇良日～春三月

彭家灣一八三 7/禱～其親父、親母肥殺、酒食

彭家灣一八三 7/解～溺者

彭家灣一八三 8/齊客祝窔問王～葴郢之歲

彭家灣一八三 12/舉禱～太一牂

彭家灣一八三 12/舉禱～大水一牂

王家咀 771/無能改～其德

仰天湖 37/皆藏～一匣之中

仰天湖 41/藏～五匣

夕陽坡 1/王居～葴郢之游宮

慈利文物 12/吾見子～此止矣

慈利文物 24/王乃命有司大令～☐

慈利法書 1/地均～百姓

慈利法書 3/其身果死,則免～辠

慈利漫步 4/～陵則衡,退則巽

港大 3/三年而劃～膺

帛乙 1/風雨是～

帛殘紅/□□～金

華　部

畢(罼)

罼

九店五六 78/夏夕～(畢)

冓　部

爯

九店五六 25/以亡貨,不～(稱)

丝　部

幽

九店五六 36/～(幼)子者不吉

九店五六 45/蓋西南之宇,君子居之,～俟不出

九店六二一 35/～

幾

王家咀 852/公孫石問:“刑～?”

五里牌 8/～(機)一

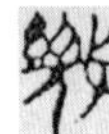
卉茅之外 2/～(豈)敢荒怠

叀　部

惠

天卜 4－2/速賽禱～公特豢,饋之

天卜 13－3/禱卓公順至～公大牢

天卜 27/舉禱卓公順至～公大牢

帛甲 10/神則～之

疐

安崗一 4/一坐～

安崗一 6/捭□與～矢二十介

玄　部

玄

帛丙九 1/曰：～

帛丙九 3/～司秋

予　部

舒

夕陽坡 2/以王命賜～方御歲𩜾

放　部

放

九店六二一 14/☐事又器四～不𨊠炯窒齊□☐

𠬪　部

𤔔(䜌)

䜌

九店五六 28/必或～(亂)之

帛甲 1/～(亂)失其行

帛甲 4/是謂～(亂)紀

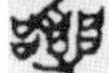

帛甲 4/如日月既～(亂)

帛甲 7/日月皆～(亂)

帛甲 7/日月既～(亂)

帛甲 8/以～(亂)天常

帛甲 11/帝將由以～(亂)

帛乙 7/毋使百神、風雨、晨禕～(亂)作

帛丙八 3/其邦有大～(亂)

帛攻 15/～(亂)

受

望山二 12/紃～(綬)

望山二 13/紃～(綬)

九店五六 38 貳/長子～其咎

九店五六 44/君饗～某之攝幣、芳糧

慈利選編 3/女能然兼～天之福

爰

望山二 2/齒～(轅)

望山二 5/齒～(轅)

敢(叡、敔)

叡

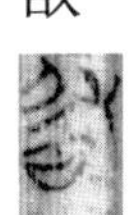

唐維寺 7/曾臣産～(敢)告北方

敔

九店五六 43/～(敢)告□綸之子武夷

九店五六 43/某～(敢)以其妻□妻汝

磚瓦廠 1/僕不～(敢)告

磚瓦廠 3/今僕督人李□～(敢)告於視日

磚瓦廠 3/今僕～(敢)之某▨

磚瓦廠 4/▨□□人李捭～(敢)告於

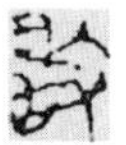卉茅之外 1/役～(敢)承行

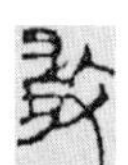卉茅之外 2/豈～(敢)荒怠

卉茅之外 3/～(敢)陳純告

帛乙 6/則毋～(敢)叡天靈

𣦼　部

叡

帛乙 6/則毋敢～天靈

歺　部

殤

九店五六 96/陰～(陽)

殂(殊)

殊

九店五六 50/三增三～(沮)不相志

殆

望山一 78/與不～(辜)

天卜 43/使攻解於不～(辜)強死者

死　部

死(死、兂、侻、㑢)

死

望山一 47/～

望山一 60/不～

天卜 43/使攻解於不辜強～者

九店五六 25/如有弟，必～

九店五六 34/名之曰～日

九店五六 43/命尔司兵～者

九店五六 63/〔以入，必有〕大～

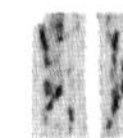九店五六 63/～生在丑

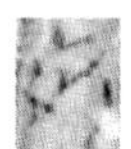九店五六 64/～生才在子

 九店五六 65/～生在寅

 九店五六 66/～生在寅

 九店五六 67/～生在寅

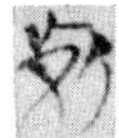 九店五六 70/～生在酉

 九店五六 71/～生在申

 九店五六 75/大瘳，～生在子

 九店五六 76/～生在□

 九店五六 87/歸，～

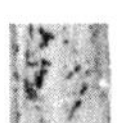 九店五六 97/歲之後□□其□不～☐

 慈利法書 3/其身果～，則免於辠

 慈利法書 4/弔～問疾

 帛攻 5/從〔之〕曰～氣

 帛塊二正/～

 王家咀 843/不得，汝～乎

兂

望山一 54/不～

 望山一 176/使攻解於下之人不壯～

倪

 望山一 48/～

 望山一 58/～

伖

 望山一 39/尚毋～

望山一 39/不～

 望山一 59/不～

 望山一 194/～

彭家灣一八三 3/以其癉且心悶，尚毋～

彭家灣一八三 3/占之：吉，不～

彭家灣一八三 5/以其心悶、腹疾之故，尚毋～

彭家灣一八三 6/以其腹心之疾，尚毋～

骨　部

骨

望山一 38/足～疾

 望山一 39/足～疾

 望山二 6/～琔

 安崗一 17/～□

 仰天湖 7/～夬

 仰天湖 35/～交□於中

骲

 安崗一 19/臼～

肉　部

肉

 九店五六 53/必～食以食

 安崗一 11/熬～一□

胚

 天卜 40/既～(背)膺疾，以心悶，尚毋以是故有大咎

臚(膚)

膚

 望山二 11/赭～之純

 望山二 12/赭～之裏

 九店五六 20 貳/爲門～(閭)

 安崗一 15/～羊之觷

 安崗一 15/雕～于或

 安崗一 15/～羊之航

 棗紙 14/吾先君闔～(盧)所以克入郢

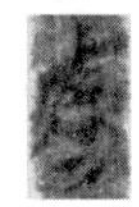 五里牌 5/▨～一▨

脰

 天策 9/集～(廚)尹

胃

 九店五六 18 貳/是～(謂)無□

 九店五六 25/是～(謂)結日

 九店五六 26/是～(謂)陽日

 九店五六 27/是～(謂)交日

 九店五六 28/是～(謂)□日

 九店五六 29/是～(謂)陰日

 九店五六 30/是～(謂)達日

 九店五六 31/是～(謂)外陽日

 九店五六 32/是～(謂)外害日

九店五六 32/是故～(謂)不利於行作

 九店五六 33/是～(謂)陰日

 九店五六 34/是～(謂)絶日

 九店五六 35/是～(謂)□日

 九店五六 36/是～(謂)采日

 九店五六 43/帝～(謂)尔無事，命尔司兵死者

 九店五六 46/北、南高，二方下，不可居，是～(謂)□土

 九店五六 47/東、南高，二方下，是～(謂)虚井

 九店五六 48/凡□不可以蓋□之牆，是～(謂)□☒

 九店五六 52/☒□□～(謂)之□

 九店五六 78/享月～

 磚瓦廠 1/言～(謂)

 高臺 2/☒～(謂)："鄢既逾也。"

 港大 7/此之～(謂)君☒

 帛甲 2/是～(謂)李歲

 帛甲 3/是～(謂)失終

 帛甲 4/是～(謂)亂紀

 帛甲 9/是～(謂)悳匿

 帛五 17/其～(謂)旺□

 帛五 30/□～(謂)

 帛五 36/是～(謂)□

 帛商照 12/是～(謂)

腸

 九店六二一 19/鹿～□□

脅(髗)

髗

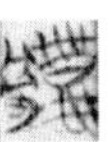 唐維寺 1/有肩背、髀髆、胸～(脅)疾

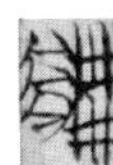 唐維寺 3/以其有肩背、髀髆、胸～(脅)疾之故

肩(脣)

脣

 唐維寺 1/有～(肩)背、髀髆、胸脅疾

 唐維寺 3/以其有～(肩)背、髀髆、胸脅疾之故

腹

 彭家灣一八三 5/以其心悶、～疾之故，尚毋死

 彭家灣一八三 6/以其～心之疾，尚毋死

彭家灣一八三 8/既有～心之疾

彭家灣一八三 10/既有～心之疾

臘

望山一 37/胸～(脅)疾

脯(⿱父月)

⿱父月

安崗一 11/～(脯)一筭

塌冢 11/～(脯)食之日

脩

安崗一 11/～一筭

朐

望山二 13/翠～

肰

望山一 13/既痤,以心□～(然),不可以復使遷身皸

安崗二 1/一雜～(然)之緄帶

慈利選編 3/女能～(然)兼受天之福

羸

帛乙 1/曰古□～包戲

肙(肎)

肎

望山二 2/～(駌)纑聯縢之釐肙

望山二 2/駌纑聯縢之釐～(肙)

望山二 6/丹重纑之釐～(肙)

望山二 7/～(駌)纑聯☐

望山二 12/～(駌)纑之純

望山二 16/～(駌)纑☐

望山二 22/～(駌)纑聯縢之☐

望山二 23/～(駌)纑聯縢之安

望山二 30/～(駌)纑☐

安崗一 10/～(駌)纑之福

安崗一 10/～(駌)纑□□

肥

望山一 116/～冡

望山一 116/～豢

唐維寺 4/産以志其食之幾～豢

彭家灣一八三 7/禱於其親父、親母～殺、酒食

刀　部

刀

 安崗一 15/玉結～□賅

 安崗一 15/玉結～□賅

利

 天卜 4－1/侍王，盡夏夕之月，尚自～順

 天卜 10/侍王，盡爨月，尚自～順

 天卜 12－1/盡冬夕之月，侍王，尚自～順

 九店五六 13 貳/～以娶妻

 九店五六 14 貳/凡巇日，不～以□□

 九店五六 14 貳/～以爲張網

 九店五六 15 貳/凡敓日，𢡃瞿之日，不～以祭祀

 九店五六 17 貳/凡盜日，～以娶妻

 九店五六 20 貳/凡盍日，～以製衣裳

 九店五六 21 貳/～以結言

 九店五六 24 貳/凡敚日，～以嫁女

 九店五六 27/～以穿户牖

 九店五六 27/～於納室

九店五六 28/～以解凶，除不祥

九店五六 28/～以祭門、行，除疾

九店五六 29/～以爲室家

九店五六 30/～以行師徒

 九店五六 30/～於寇盜

 九店五六 31/～以行作

 九店五六 32/不～以行作

 九店五六 32/是故謂不～於行作

 九店五六 33/～以祭

 九店五六 33/是故不～以行□

 九店五六 34/～以除盟詛

 九店五六 35/～於飲食

 九店五六 36/～以大祭

 九店五六 36/～以冠

 九店五六 41/凡成日，～以娶妻

 九店五六 41/～以成事

 九店五六 41/～以入邦中

 九店五六 41/～以納室

 九店五六 41/～以納田邑

九店五六 41/～以入人民

 九店五六 41/利以入人民,～

 九店五六 41/凡吉日,～以祭祀、禱祠

 九店五六 42/凡不吉日,～以見公王與貴人

 九店五六 42/～以取貨於人之所

 九店五六 49/窮居南、北,不～人民

 九店五六 49/居西北～

 九店五六 49/居西北利,不～豖

 九店五六 50/不～於子

 九店五六 50/垑於東南,不～於□⧄

 九店六二一 24/⧄□□～則自□⧄

 帛丙十一 1/～侵伐

 帛五 3/～以一日從

帛五 17/～以入一歲

 帛五 37/□□～

帛五 37/不～以出

帛塊二正/～以發□以出

帛塊二正/不～以

帛塊二正/□～

初

 安崗二 1/一～王錦之□

 安崗二 4/一羊□～錦之繢鄁

 港大 2/無～有終

則

 九店六二一 10/使以縕□天張～⧄

 九店六二一 15/⧄少～□之新炣齊⧄

 九店六二一 24/⧄□□利～自□⧄

 港大 6/訙言～律吕

 帛甲 1/月～贏絀

帛甲 8/厝以爲～

帛甲 10/神～格之

帛甲 10/神～惠之

帛甲 12/民～有穀

帛甲 12/是～鼠至

帛甲 12/歲～無絹

帛甲 12/祭□～返

帛乙 6/彼九天～大傾

帛乙 6/～毋敢叡天靈

帛乙 7/□□神～閏四□

帛丙一 1/雲～至

帛五 44/～

帛攻 1：2/入～〔□□〕

帛攻 2：2/入～從子至

 慈利法書 1/地均於百姓,～朝而昏安

 慈利法書 3/其身果死,～免於辠

 慈利法書 4/弟相愛也,～親戚不廢

 慈利法書 4/弔死問疾,～▨

 慈利漫步 4/▨～□,於陵則衡,退則巽

 慈利漫步 4/於陵～衡,退則巽

 慈利漫步 4/於陵則衡,退～巽

 慈利漫步 4/於陵則衡,退則巽,譬～□

 慈利選編 5/□之衆寡不身～▨

 九店五六 35/如遠行,～

剝

 港大 2/其人天且～

刃　部

劍(鐱)

鐱

 九店五六 13 貳/帶～(劍)

 九店五六 36/帶～(劍)

 安崗一 4/一吴䣃～(劍)

 安崗一 4/一索者～(劍)

 仰天湖 23/一越鍺～(劍)

角　部

角

 望山二 13/～鑣

 望山二 18/黄生～之交

衡(奐)

奐

 望山二 6/～(衡)軛

 慈利漫步 4/於陵則～(衡),退則巽

觟

 望山二 62/二～(獬)冠

 安崗一 5/一～(獬)冠

解

 望山一 176/使攻～於下之人不壯死

 天卜 43/使攻～於不辜強死者

 港大 4/〼～(懈)于時

 帛五 29/不～兵

舡

 安崗一 15/膚羊之～

 仰天湖 23/㒃～

魰

 安崗一 15/一索鍺艛～

膚

 望山二 47/四～

 望山二 58/衛以二～

 安崗一 3/四～

 安崗一 13/〼□～，膚紡〼

 安崗二 2/二羽～

 仰天湖 31/羽～一偶

 仰天湖 32/㒃～一偶

艛

 安崗一 15/一索鍺～魰

鯊

 安崗一 15/膚羊之～

贏

 望山二 13/翡～

 天策 7/翠～纓

 夕陽坡 1/越灗君～

卷　五

竹　部

竹

望山二 47/一大～篚

望山二 48/二～笥

安崗一 7/～欲

笱(笲)

笲

天卜 5－2/～(旬)日

篁

天策 5/翟羽之～

等(箬)

箬

唐維寺 4/産以～(志)其食之幾肥豢

唐維寺 8/將速賽其～(志)命

筮(簭)

簭

丁家咀二 3/黄□稍以御～(筮)爲婁☐

唐維寺 1/繇失以爲樂尹須丞産貞～(筮)

唐維寺 3/巫公以爲産貞～(筮)

唐維寺 4/繇失～(筮)之

唐維寺 5/産以其有病之故,～(筮)之

唐維寺 6/産以其有病之故,～(筮)之

唐維寺 7/陳目～(筮)之

彭家灣一八三 1/賈以大～(筮)爲娥三月之貞

彭家灣二六四/真卜～(筮)爲色貞

笄

天策 5/大軽之～(杆)

安崗一 1/彤～(杆)

筦(筦)

筦

望山二 48/二～(莞)筵

箬(篗)

篗

安崗一 17/一雕～(箬)

簟(籊)

籊

安崗一 12/三～(簟)

笥(筍、囘、囼)

筍

嚴倉簽牌 2/堇君之衣一～

仰天湖 40/六～

囘

望山二 48/二竹～(笥)

安崗一 3/四～(笥)

囼

安崗一 11/四～(笥)

箄

望山一 146/筍二～

五里牌 16/三～

箸

帛商照 5/～

篦(篓)

篓

望山二 47/一小～(篦)

曹家崗 3/二羽～(篦)

策(笇、芇)

笇

仰天湖 18/一～(策)柜

芇

望山二 48/二～(策)莞

簏(匬)

匬

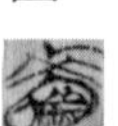
望山橋 7/豻韍、～(簏)

竽

安崗一 5/一～

笑(芖)

芖

帛丙四 2/娶女爲邦～(笑)

笄

望山二 35/～

望山二 48/二文～

笲

仰天湖 22/有□□,筍～

箕

安崗一 3/巾～

安崗一 3/二十～

安崗一 11/脩一～

安崗一 11/脯一～

安崗一 11/炙雞一～

安崗一 11/熬魚一～

安崗一 11/□□食七～

仰天湖 13/棗箕一十二～

仰天湖 13/棗箕一十二～

筧

安崗二 1/一～枳

篁(筸)

筸

安崗一 6/盜四～〈篁〉

箘

望山一 3/以小～(籌)爲悼固貞

箇

九店五六 53/～(廩)居西北,不吉

箐

帛五 7/白～

箸

望山二 12/一紫～(蓋)

安崗一 1/紡～(蓋)

籖

安崗一 5/一～(篷)

篧

望山一 22/～(爵)位

望山一 23/未有～(爵)位

𥳑(箣)

箣

唐維寺 7/～(蔽)佩玉一環

䈏

九店五六 4/〔舊十〕擔又三擔三赤二～(參)

九店五六 5/三赤二～(參)

九店五六 6/〔舊□〕擔三擔三赤二～(參)

九店五六 7/粠三半一～(參)

九店五六 8/粠三半一～(參)

𥴩

望山二 13/其～,丹繡之□

簨

望山一 146/～(筍)二簞

箕　部

箕(㐫)

㐫

五里牌 6/～(箕)二

丌　部

丌(丌、亓)

丌

港大 1/《詩》云:"～(其)容不改,出言〔有章〕。"

港大 2/～(其)人天且劓

帛五 17/又～(其)謂旺□

帛攻 1:3/〔東〕有～(其)人

亓

望山一 22/以～(其)未有爵位,尚速得事

望山一 24/有祟,以～(其)故說之

望山一 28/以～(其)故說之

望山一 40/尚毋以～(其)故有大咎

望山一 44/毋以～(其)故有咎

望山一 49/以～(其)故說之

望山一 51/毋以～(其)故說〔之〕

望山一 52/速因～(其)禽禱之

望山一 54/以～(其)故說之

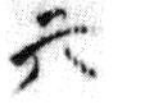 望山一 61/以～(其)故説之

 望山一 62/以～(其)故説之

 望山一 63/以～(其)故説之

 望山一 81/以～(其)故説之

 望山一 82/以～(其)故説之

 望山一 83/以～(其)故説〔之〕

 望山一 85/以～(其)故☒

 望山一 87/☒□～(其)故以册☒

 望山一 125/社□～(其)故禽

 望山二 2/～(其)幃,丹繡聯縢之裮

 望山二 2/～(其)并㡾,丹重繡之裮

望山二 13/～(其)篕,丹繡之□

 望山二 20/～(其)遅☒

 望山二 43/～(其)☒

望山二 49/～(其)四盲童皆緹衣

望山二 49/～(其)三盲童皆丹繡之衣

望山二 49/～(其)二盲童皆紫衣

望山二 49/～(其)一瑟丹繡之阩絶

望山二 50/～(其)一瑟需光之阩絶

天卜 4-2/以～(其)故説之

天卜 9-2/稍有慼於趾,有祟,以～(其)故説之

天卜 15-1/既始居～(其)新室,尚宜安長居之

天卜 27/以～(其)故説之

天卜 29/以～(其)故説之

天卜 34/稍間有惡,有祟,以～(其)故説之

天卜 43/以～(其)故説之

天卜 78/〔以〕～(其)故説之

九店五六 26/乃盈～(其)志

九店五六 30/生子,男吉,女必出～(其)邦

九店五六 37 貳/～(其)身有大咎

九店五六 38 貳/非～(其)身,長子受其咎

九店五六 38 貳/非～(其)身,長子受其咎

九店五六 43/某敢以～(其)妻□妻汝

九店五六 46/西方高,三方下,～(其)中不壽

九店五六 94/丁巳終～(其)身

九店五六 97/歲之後□□～(其)□不死☒

九店六二一 3/敗～(其)□□□□之廁

九店六二一 4/乃亡～(其)□

磚瓦廠 2/僕未知～(其)人

磚瓦廠 3/僕不知～(其)人

安崗一 16/～(其)☒

丁家咀二 27/至～(其)保

丁家咀二 27/至～(其)保

嚴倉記席 1/～(其)一長十又一尺三寸
嚴倉記席 1/～(其)一長十又一尺八寸
嚴倉記席 5/～(其)一長八尺六〔寸〕
嚴倉記席 5/～(其)一長十尺
塌冢 2 正/以～(其)亡母之故
塌冢 1/乃歸～(其)俑
塌冢 4/☒之～(其)以不之☒
龍會河 201/王～(其)□思元弟
唐維寺 1/以～(其)有肩背、髀髆、胸脅疾,以悶心之故
唐維寺 2/以～(其)故説之
唐維寺 2/以～(其)有前禱
唐維寺 2/因～(其)今,而翟禱焉
唐維寺 3/以～(其)有肩背、髀髆、胸脅疾之故
唐維寺 3/以～(其)故説之
唐維寺 3/以～(其)有前禱
唐維寺 3/因～(其)今,而翟禱焉
唐維寺 4/嬳以～(其)有疾之故
唐維寺 4/産以志～(其)食之幾肥豢
唐維寺 5/産以～(其)有病之故
唐維寺 5/將賽～(其)一牂之禱
唐維寺 5/將賽～(其)禱各一豭
唐維寺 6/産以～(其)其有病之故
唐維寺 6/將忻禩～(其)一兆環
唐維寺 7/以～(其)室之有疾之故 
唐維寺 7/以～(其)未可以禱
唐維寺 8/將速賽～(其)志命
棗紙 14/～(其)良圖之
彭家灣一八三 1/既以～(其)有疾,尚毋有咎
彭家灣一八三 1/以～(其)故説之
彭家灣一八三 3/以～(其)瘽且心悶,尚毋死
彭家灣一八三 4/以～(其)故翟禱各特牛、酒食
彭家灣一八三 5/以～(其)心悶、腹疾之故,尚毋死
彭家灣一八三 5/以～(其)故移其禱
彭家灣一八三 5/以其故移～(其)禱
彭家灣一八三 6/以～(其)腹心之疾,尚毋死
彭家灣一八三 6/有祟見於娥之親父、親母,與～(其)丁厲
彭家灣一八三 6/以～(其)故説之
彭家灣一八三 7/禱於～(其)親父、親母肥殺、酒食
彭家灣一八三 9/以～(其)故説之
彭家灣一八三 10/以～(其)故説之
彭家灣一八三 12/以～(其)故説之
王家咀 484/人～(其)惑子
王家咀 771/無能改於～(其)德
王家咀 771/～(其)布粟倍它日矣

五里牌 18/～(其)二在長層

仰天湖 18/～(其)棼柜

夕陽坡 1/越湰君嬴將～(其)衆以歸楚之歲

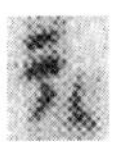
慈利文物 17/～(其)□□可得▨

慈利法書 2/解～(其)氣擊龍�白徒以視之厲士

慈利法書 3/～(其)身果死,則免於辠

慈利法書 3/如～(其)身不▨

慈利法書 7/□□～(其)乘乎

慈利選編 1/▨虐～(其)民,必迻就▨

卉茅之外 2/榦常～(其)若茲

卉茅之外 3/不知～(其)若茲

帛甲 1/不得～(其)常

帛甲 1/亂失～(其)行

帛甲 2/山陵～(其)廢

帛甲 3/不得～(其)參職

帛甲 4/亡奉□□～(其)邦

帛甲 4/～(其)歲

帛甲 5/害于～(其)王

帛甲 7/作～(其)下凶

帛乙 3/以爲～(其)衛

帛丙一 4/武□□～(其)徹

帛丙四 1/少昊～(其)

帛丙四 2/龍～(其)□

帛丙六 1/～(其)敗其覆

帛丙六 1/其敗～(其)覆

帛丙六 2/至于～(其)下□

帛丙八 2/～(其)邦有大亂

帛五 7/～(其)色墨

帛五 7/～(其)虫僃

帛五 7/～(其)

帛五 7/～(其)兵矛

帛五 7/～(其)服▨

帛五 7/～(其)皿盂

帛五 7/～(其)〔色〕□

帛五 11/～(其)音徵

帛五 11/～(其)服蒼

帛五 11/～(其)畜□

帛五 13/～(其)皿壺

帛五 14/～(其)□

帛五 17/～(其)取少文

帛五 23/～(其)維琥

帛五 23/～(其)

帛五 23/～(其)皿□

帛五 29/～(其)虫□

帛五 29/～(其)緑環

帛五 29/～(其)味□

帛五 32/□～(其)丰

帛五 33/～(其)

帛五 34/～(其)

帛五 34/～(其)畜□

帛五 34/～(其)皿甑

帛攻 6/□方～(其)

帛攻 6/□～(其)黄

典

望山二 1/車與器之～

巽

慈利漫步 4/於陵則衡,退則～

奠(奠、寞)

奠

望山一 206/～

天卜 5－2/～(鄭)愴占之：吉

慈利文物 19/以□□～之以▨

帛乙 6/炎帝乃命祝融以四神降,～三天□

帛乙 6/使保～四極

寞

卉茅之外 2/措足安～(定)

左部

左(右)

右

天卜 15－1/～師唬聘於楚之歲

安崗二 1/～(左)右組綴

嚴倉卜筮 1/宋客～(左)師厝蹠楚之歲

嚴倉卜筮 1/自宋客～(左)師厝之歲荆夷

彭家灣一八三 1/宋客～(左)師呼

仰天湖 3/～(左)馬之緹衣

慈利文物 11/▨出屏,□盍～□

慈利文物 21/□盍～(左)□

帛五 15/～(左)

帛殘紅/□～(左)□□

帛塊二正/□行必以□□～(左)卦

帛商捐/～(左)平軜

工部

工

九店五六 13 壹/～於酉

 九店五六 14 壹/～於戌

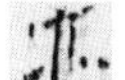 九店五六 15 壹/～於亥

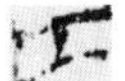 九店五六 16 壹/～於子

 九店五六 17 壹/～於丑

 九店五六 18 壹/～於寅

 九店五六 18 貳/凡～日,不吉

 九店五六 19 壹/～於卯

 九店五六 20 壹/～於辰

 九店五六 21 壹/～於巳

  九店五六 22 壹/～於午

 九店五六 23 壹/～於未

 九店五六 24 壹/～於申

巫　部

巫(晉、晉)

晉

 天卜 5－2/舉禱～(巫)豬豕、靈酒,棧鐘樂之

 天卜 34/八月歸佩玉於～(巫)

 丁家咀二 27/或禱於私～(巫)

 唐維寺 3/～(巫)公

 王家咀 484/～(巫)馬旗曰

晉

 望山一 113/祟～(巫)

 望山一 119/私～(巫)

甘　部

甚

 彭家灣一八三 2/賈占之:～吉

曆

 望山一 18/～(許)佗

 望山一 93/～(許)佗占之曰:吉

 彭家灣一八三 11/逘～(許)糣之祟

曰　部

曰

 望山一 93/許佗占之～:吉

 望山一 94/魏豹占之～:吉

 望山一 95/獻占之～:吉

 望山一 96/占之～:吉

 望山一 97/占之～:吉

 望山一 98/占之～：吉

 望山一 100/〔占〕之～：吉

 望山一 101/占之～：吉

 望山一 102/占之～：吉

 望山一 103/〔占〕之～：吉

 九店五六 34/名之～死日

 九店五六 35/～：居有食

 望山橋 5/義懌占之～：吉

 王家咀 765/孔子～："大德毋逾閑，小德出入可也。"

 王家咀 484/巫馬旗～

王家咀 484/孔子～

王家咀 483/魯人詹因辭～

王家咀 738/孔子～

王家咀 738/孔子～

王家咀 771/孔子～

王家咀 843/孔子～

王家咀 843/～："守也久不得見矣！請宿。"

王家咀 852/孔子～："無食也已！"

王家咀 852/孔子～："天下之刑八，不孝☒"

慈利文物 24/王～："可矣。"

慈利法書 1/☒～：地均於百姓，則朝而昏安

慈利法書 1/～

慈利法書 7/窋子～："吾聞□□☒"

慈利選集 6＋4/王～："越邦之中病者，吾問☒"

慈利選編 9＋7/四～同惡相助

慈利選編 9＋7/五～遠宅不薄

 慈利選編 9＋7/一～攻天時☒

 港大 3/生乃呼～☒

 港大 9/亦～☒

帛甲 9/帝～

帛乙 1/～古□巟包戲

帛乙 2/～女填

帛乙 4/長～青□榦

帛乙 4/二～朱四單

帛乙 4/四～沁墨榦

帛乙 6/～：彼九天則大傾

帛丙一 1/～：陬

帛丙二 1/～：如

帛丙四 1/～：余

帛丙五 1/～：皋

帛丙六 1/～：且

帛丙七 1/～：相

帛丙八 1/～：壯

帛丙九 1/～：玄

 帛丙十一 1/～：辜

 帛丙十二 1/～：荼

 帛五 13/言～

 帛攻 5/〔逆〕之～生氣

 帛攻 5/從〔之〕～死氣

乃　部

乃

 九店五六 26/～盈其志

 九店五六 71/以入，有得，非□～引

 九店六二一 4/～亡其□

 九店六二一 22/～多得甬□不□□▨

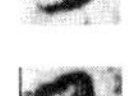 塌冢 1/～歸其俑

 龍會河 269/～春戕於蔑

 龍會河 272/～春戕於焚桃

 慈利文物 2/越王句踐將欲勿伐□～□

 慈利文物 12/王～出

 慈利文物 24/王～命有司大令於▨

 慈利文物 26/不□□而至衆～□亡▨

 慈利法書 5/越王句踐～命者□▨

 慈利漫步 2/～貞，信吉

 慈利漫步 2/君～親命五官

 港大 3/生～呼曰▨

 港大 4/～無凶災

帛甲 4/～有鼠方

帛甲 5/□□～兵

帛甲 8/歲季～□

帛甲 9/五政～明

帛甲 9/群神～惪

帛乙 1/～娶〓徙□子之子

帛乙 3/～上下朕轉

帛乙 3/～命山川四海

帛乙 4/～止以爲歲

帛乙 5/四神～作

帛乙 6/炎帝～命祝融以四神降

帛乙 6/～爲日月之行

帛乙 7/～逆日月

帛丙九 2/～咎

可　部

可

 望山一 13/既痤，以心□然，不～以復使遷身軟

 望山一154/☒日所～以齋☒

 九店五六19貳/凡坐日,無爲而～

 九店五六22貳/無爲而～

 九店五六23貳/凡蓓日,～以爲小社

 九店五六34/無爲而～

 九店五六37貳/凡五子,不～以作大事

 九店五六38貳/凡五卯,不～以作大事

 九店五六39貳/午不～以樹木

 九店五六39貳/凡五亥,不～以畜六牲擾

 九店五六46/北、南高,二方下,不～居

 九店五六48/不～以□

 九店五六48/凡□不～以蓋□之牆

 九店五六89/不～以南〔徙〕

 九店五六90/秋不～以西徙

 九店五六91/不～以北徙

 九店五六92/不～以西南行

 九店五六101/不～☒

 九店五六110/不～以☒

 九店六二一18/～

 唐維寺7/以其未～以禱

 王家咀765/小德出入～也

 王家咀771/小子鳴鼓而攻之～矣

 慈利文物17/其□□～得☒

 慈利文物24/王曰:"～矣。"

 慈利選集6+4/☒善矣,未～以戰

 帛丙一1/不～以□殺

 帛丙二1/～以出師、築邑

 帛丙二2/不～以嫁女、娶臣妾

 帛丙四1/不～以作大事

 帛丙五2/不～以享祀

 帛丙六1/不～出師

 帛丙六2/不～以享

 帛丙七1/不～以川□

 帛丙八1/不～以築室

 帛丙八2/不～以作

 帛丙九1/〔不〕～以築室

帛丙十1/～〔以〕□折

 帛丙十一1/～以攻城

 帛丙十一2/～以聚衆

 帛丙十二1/不～以攻〔城〕

 帛塊一正/□□□□～

 帛塊二正/一～

号　部

号

 望山二 45/～(號)二十

亏　部

亏(于)

于

 安崗一 15/雕膚～或

 安崗一 16/朱組～二端

 棗紙 14/天賜衷～吴

 仰天湖 35/骨交□～中

 港大 4/▨懈～時

 帛甲 2/降～下方

 帛甲 5/害～其王

 帛乙 1/居～□□

 帛乙 5/至～覆天旁動

 帛丙七 2/大不順～邦

 帛丙七 2/有梟入～上下

帛丙十 2/除去不義～四▨

喜　部

憙(憙)

憙

 望山一 26/幾中有～(喜)於志▨

 望山一 27/▨～(喜)於事

 望山一 180/▨～(喜)之▨

 天卜 13－3/占之：吉，集歲幾中將有～(喜)

 王家咀 484/孔子～(喜)

 港大 4/上帝～(喜)之

壴　部

彭

 帛甲 3/天雨～彭

豆　部

豆

 望山二 45/四皇～

梪(梪、⿰木⿱口豆)

梪

 曹家崗 5/七～(豆)

 帛五 13/～(樹)桑、桃、李

⿰木⿱口豆

帛甲 2/天～(柱)

豊　部

豊

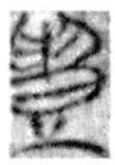 港大 5/孔子辭以～(禮)遜焉

虘　部

虘

帛乙 1/曰古□熏包～(戲)

虎　部

虎(虎、虘)

虎

 望山二 15/～

 望山二 50/一雙～(琥)

 慈利法書 7/□□其乘～(乎)

虘

 棗紙 14/～(吾)先君闔盧所以克入郢

王家咀 771/由也弗～(吾)徒也已

 慈利文物 7/～(吾)

 慈利文物 12/～(吾)見子於此止矣

 慈利法書 7/寍子曰:"～(吾)聞□□▨"

 慈利選集 6＋4/越邦之中病者,～(吾)問▨

 慈利選編 4/～(吾)欲與之邀天之衷

虩

 望山一 136/公～

 丁家咀二 1/秦客～戎蹠楚之歲

皿　部

皿

 仰天湖 29/五飤～

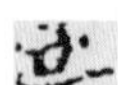 帛五 7/其～盂

 帛五 13/其～壺

 帛五 17/水～

 帛五 23/其～□

 帛五 34/其～瓿

盂

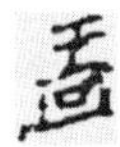 帛五 7/其皿～

盬(匿)

匿

 望山二 54/～(盬)

盎

 望山二 51/～

 望山二 51/一家～

盈(浧)

浧

 九店五六 47/居之不～(盈)志

去　部

去(去、迲)

去

 王家咀 484/子新～夫魯

 王家咀 483/孔子～魯之衛

迲

九店五六 15 貳/～(去)

血　部

血

安崗二 2/～

卉茅之外 2/～氣不通

盍

望山二 11/紫～(蓋)

望山二 14/～(蓋)

望山二 46/六饋鼎,有～(蓋)

望山二 46/四壺,有～(蓋)

 望山二 46/二卵缶,有～(蓋)

 望山二 50/一金鑒,有～(蓋)

 九店五六 13 壹/～於亥

 九店五六 14 壹/～於子

 九店五六 15 壹/～於丑

 九店五六 16 壹/～於寅

 九店五六 17 壹/～於卯

 九店五六 18 壹/～於辰

 九店五六 19 壹/～於巳

 九店五六 20 壹/～於午

 九店五六 20 貳/凡～日,利以製衣裳

 九店五六 21 壹/～於未

 九店五六 22 壹/～於申

 九店五六 23 壹/～於酉

 九店五六 24 壹/～於戌

 九店五六 45/～(蓋)西南之宇

 九店五六 45/～(蓋)東南之宇

 九店五六 46/～(蓋)西北之宇,亡長子

 九店五六 48/凡□不可以～(蓋)□之牆

 九店五六 55/～(蓋)東南之宇

 安崗一 12/皆有～(蓋)

 安崗一 3/一～(蓋)

 棗紙 14/吾先君～(闔)盧所以克入郢

 仰天湖 30/二蔡壺,皆有～(蓋)

 慈利文物 11/▨出屏,□～左□

 慈利文物 21/□～左□

丹　部

丹

 望山二 2/～繡

 望山二 2/～重繡之純

 望山二 2/～繡聯縢之裑

 望山二 2/～重繡之裑

 望山二 2/～組之屋

 望山二 6/～重繡之鼜昌

 望山二 6/～重繡之兩童

 望山二 8/～繡之軑安

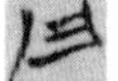 望山二 8/～繡之鼜〔昌〕

 望山二 10/～組之裹

 望山二 13/～繡之□

 望山二 23/～重繡之裹

 望山二 47/一～繡之茵

 望山二 48/～繡之裀

 望山二 49/～繡之衣

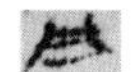 望山二 50/其一瑟～繡之阱絶

 望山二 58/～繡之宫

臒(膗)

膗

 望山一 1/范～(獲)志

 望山一 170/范～(獲)〔志〕

 天卜 4－1/齊客申～(獲)問王於葴郢之歲

 天卜 10/齊客申～(獲)問王於葴郢之歲

 天卜 27/范～(獲)志習之以承家

 天卜 29/～(獲)〔志〕占〔之〕: 吉

 彭家灣一八三 10/范～(獲)志以相家爲娍也貞

彤

 望山二 13/～杅

 安崗一 1/～杅

青　部

青

 嚴倉記席 6/皆～結之純

 望山橋 8/～絲之邊

 望山橋 8/～

 王家咀 852/～(請)宿

 帛乙 5/～木

井　部

井

 九店五六 47/東、南高,二方下,是謂虚～

阱(汬)

汬

 九店五六 27/鑿～(井)

皀　部

即

 望山二 50/二～(櫛)

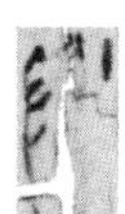 九店五六 96/生於丑～

 九店五六 96/亡於辰～

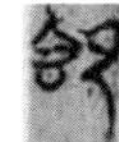 龍會河 269/莊王～位十又五〔歲〕

 龍會河 272/成王～位五歲

既

 望山一 1/范獲志以愴家爲悼固貞：～愴☑

 望山一 3/以小籌爲悼固貞：～☑

 望山一 9/～痤,以悶心

 望山一 13/～痤,以心□然

 望山一 17/～心悶,以瘠

 望山一 36/～心☑

 望山一 43/～倉然

 望山一 88/聲王、悼王～賽禱

 望山一 111/聲王、悼王～☑

 望山一 115/～

 望山一 124/☑□埭～禱

 望山一 124/楚先～禱

 望山一 129/☑公主～成

 望山一 135/～禱,未賽

 望山一 142/～饋

 望山一 178/門～成

 望山一 179/～

 天卜 15－1/～始居其新室,尚宜安長居之

 天卜 40/～背膺疾,以心悶,尚毋以是故有大咎

 嚴倉卜筮 1/～走趣於邦,出入侍王

 高臺 2/☑謂:"鄢～逾也。"

 彭家灣一八三 1/～以其有疾,尚毋有咎

 彭家灣一八三 2/～舉禱之

 彭家灣一八三 8/～有腹心之疾

 彭家灣一八三 10/～有腹心之疾

 慈利漫步 1/～履勿當宜以坐

 帛甲 4/如日月～亂

 帛甲 7/日月～亂

食

 望山一 118/酒～

 望山一 144/酒～

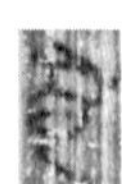 塌冢 11/脯～之日

飤

 望山一 9/不入～(食)

 望山一 28/酒～(食)

 望山一 37/不能～(食)

 望山一 38/不能～(食)

 望山一 110/酒～(食)

 望山一 116/酒～(食)

 望山一 116/酒～(食)

 望山一 117/酒～(食)

 九店五六 35/利於飲～(食)

 九店五六 35/居有～(食)

 九店五六 43/今日某將欲～(食)

 九店五六 44/使某來歸～(食)故

 九店五六 53/必肉～(食)以食

 九店五六 53/必肉食以～(食)

 九店六二一 16/▨～(食)炣□□母□齊▨

 安崗一 11/□□～(食)七笲

 唐維寺 4/告又大神～(食)祙

 唐維寺 4/産以志其～(食)之幾肥豢

 彭家灣一八三 2/酒～(食)

 彭家灣一八三 4/以其故罷禱各特牛，酒～(食)

 彭家灣一八三 7/禱於其親父、親母肥殺、酒～(食)，食厲

 彭家灣一八三 9/賽禱集正君、葴辵尹各特豠，酒～(食)

 彭家灣一八三 11/賽禱集莊君特豠、酒～(食)

 彭家灣二六四/〔酒〕～(食)

 王家咀 843/孔子曰："無～(食)已！"

 王家咀 852/孔子曰："無～(食)也已！"

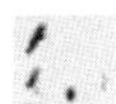 慈利學報 6/所～(食)□□□者

 卉茅之外 3/孰能～(食)之

饋

 望山一 110/～祭之

 望山一 112/～之

 望山一 112/～

 望山一 113/月～東宅公

望山一 141/☐月～☐

望山一 142/既～☐

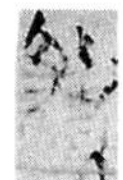
望山一 143/～之

天卜 4－2/速賽禱惠公特豢，～之

天卜 29/擇日冬夕至嘗於社特牛，～之

餯

仰天湖 29/五～皿

亼　部

合(㕣)

㕣

望山二 47/二十～(合)

望山二 54/二～(合)盞

嚴倉記席 6/廣～(合)幅

僉(𠚤)

𠚤

望山二 48/七啻～(劍)

望山二 48/七～(劍)帶

今(含)

含

九店五六 43/～(今)日某將欲食

磚瓦廠 2/～(今)僕督人李□敢告於視日

磚瓦廠 3/～(今)僕敢之某

塌冢 2 正/～(今)日

唐維寺 4/～(今)日

舍

九店五六 42/毋以～人貨於外

會　部

會

帛丙十一 2/～諸侯

倉　部

倉

望山一 43/既～然

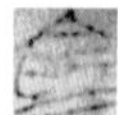
望山一 171/苛～

帛丙七 1/曰：～(相)

帛丙七 3/～(相)莫得

入 部

内

 望山一 9/不～(入)食

 望山一 14/出～(入)侍王

 望山一 29/出～(入)侍王

 望山一 31/〔出〕～(入)侍〔王〕

 望山一 106/己巳～齋

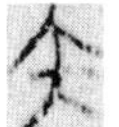 望山一 132/庚申～齋

 望山一 137/～齋

 望山一 155/～齋

 九店五六 17 貳/～(入)人

 九店五六 21 貳/～(入)人

 九店五六 27/利於～(納)室

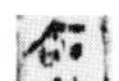 九店五六 29/～(入)貨

 九店五六 33/～(入)貨

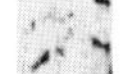 九店五六 35/～(入)貨,吉

 九店五六 41/利以～(入)邦中

 九店五六 41/利以～(納)室

 九店五六 41/利以～(納)田邑

 九店五六 41/利以～(入)人民

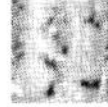 九店五六 60/以～(入),見疾

 九店五六 67/以～(入),吉

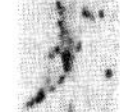 九店五六 71/以～(入),有得,非□乃引

 九店五六 74/▨□□□～(入),吉

 九店五六 81/夏夕～(入)月八日

 九店五六 82/九月～(入)月□▨

 九店五六 83/▨～(入)月旬

 九店五六 83/爨月～(入)月▨

 九店五六 84/冬夕～(入)▨

 九店五六 85/屈夕～(入)月二旬

 九店五六 85/遠夕～(入)▨

 九店五六 95/必以～(入)▨

 九店六二一 2/自出福是從～自悲
□□□□□▨

 九店六二一 17/▨□陳炣方～▨

 九店六二一 37/～

 嚴倉卜筮 1/既走趣於邦,出～(入)侍王

 棗紙 14/吾先君闔盧所以克～(入)郢

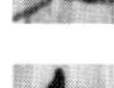 棗紙 15/我先王是以克～(入)〔郢〕

 王家咀 765/小德出～(入)可也

 帛甲 2/～(入)月七日、八日

 帛甲 7/出～(入)□同

帛丙七 2/有梟～(入)于上下

帛五 17/利以～(入)一歲

帛攻 1：2/庚〔午〕必～(入)之

帛攻 1：2/〔如〕一星流，～(入)焉

帛攻 1：2/～(入)則〔□□〕

帛攻 1：3/有其～(入)

帛攻 2：2/五所以知～(入)

帛攻 2：2/～(入)則從子至

帛攻 7/〔必〕～(入)之

帛攻 10/〔必〕～(入)之

帛攻 10/必～(入)之

帛殘圖/又日～(入)

缶　部

缶

望山二 46/二卵～

望山二 53/二卵～

望山二 54/一辻～

九店六二一 18/～

缾(鉼)

鉼

曹家崗 4/二汲～(瓶)

矢　部

矢

安崗一 6/捭□與韋～二十介

安崗一 7/～二縈

安崗一 7/新～十又一

仰天湖 27/黃郙之～八

矰

安崗一 4/～卅又七

安崗一 10/～十□□

安崗一 10/～十又九

矦(医)

医

望山一 54/～(后)土

彭家灣一八三 11/～(后)土、司命各一羖

彭家灣一八三 12/～(后)土、司命各一羖

慈利學報 6/諸～(侯)毁子九閒

卉茅之外 2/～(喉)舌杜塞

帛丙十一 2/會諸～(侯)

帛攻 1:3/以中務諸～(侯)

矣

 王家咀 738/君子易，此辱～

 王家咀 771/其布粟倍它日～

 王家咀 771/小子鳴鼓而攻之可～

 王家咀 852/守也久不得見～

 慈利文物 12/吾見子於此止～

 慈利文物 24/王曰："可～。"

欸

 安崗一 7/八弩～(矢)

高　部

高

 望山二 13/一秦～(縞)之中干

 望山二 13/秦～(縞)之坪旌

 九店五六 45/北方～，三方下

 九店五六 46/西方～，三方下

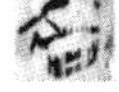 九店五六 46/北、南～，二方下

 九店五六 47/東、南～，二方下

九店五六 47/東、北～，二方下

 九店五六 54/秋三月，作～居於西得

 安崗二 2/一～(縞)冠

 安崗二 2/～(縞)帶

冂　部

冂(冋)

冋

帛甲 7/星辰不～(炯)

京　部

就(𩫏、⿺辶𩫏)

𩫏

 嚴倉卜筮 1/以～(就)來歲之荆夷

 慈利選編 1/☒虐其民，必逡～(就)☒

⿺辶𩫏

 望山一 30/以～(就)集歲之荆夷

 望山一 34/☒～(就)集歲之☒

 彭家灣一八三 8/從遠夕之月以～(就)夏夷

亯　部

亯

望山一 28/～(享)歸佩玉一環簡大王

帛甲 9/□神是～(享)

帛丙五 2/不可以～(享)祀

帛丙六 2/不可以～(享)

簹

卉茅之外 2/～(孰)能食之

畗　部

良

望山一 159/爨月之～

天卜 34/擇～日歸玉玩

天卜 78/擇～日爨月

唐維寺 2/～日

唐維寺 5/～月

唐維寺 5/～日

唐維寺 6/～月

唐維寺 6/～日

唐維寺 7/～日

棗紙 14/其～圖之

彭家灣一八三 6/擇～日於春三月

嗇　部

牆(牅)

牅

九店五六 48/凡□不可以蓋□之～(牆)

來　部

來(逨、埊)

逨

望山一 125/舉禱～一羖

九店五六 44/使某～(來)歸食故

埊

嚴倉卜筮 1/以就～(來)歲之荊夷

夊　部

夋

帛乙 5/日月～(允)生

 帛乙 6/帝～(允),乃爲日月之行

夌

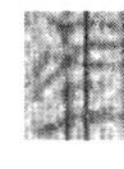 高臺 3/僕駝造告郯～(陵)公、鄧公□

竷

 九店五六 13 壹/～於巳

 九店五六 14 壹/～於午

 九店五六 14 貳/凡～日,不利以□□

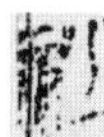 九店五六 15 壹/～於未

 九店五六 16 壹/～於申

 九店五六 17 壹/～於酉

 九店五六 18 壹/～於戌

 九店五六 19 壹/～於亥

 九店五六 20 壹/～於子

 九店五六 21 壹/～於丑

 九店五六 22 壹/～於寅

 九店五六 23 壹/～於卯

 九店五六 24 壹/～於辰

夏(㽕、頣、𩒨、𧊬)

㽕

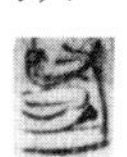 望山一 25/～(夏)得事

 九店五六 54/～(夏)三月

 九店五六 77/～(夏)夷

 九店五六 78/～(夏)夷

 九店五六 78/～(夏)夕

 九店五六 81/～(夏)夕

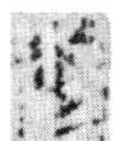 九店五六 88/～(夏)夷

 磚瓦廠 2/～(夏)夷之月

 磚瓦廠 3/～(夏)夷之月

 安崗一 1/～(夏)夕之月

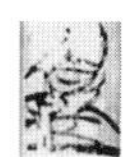 唐維寺 1/～(夏)夷之月

 彭家灣一八三 8/從遠夕之月以就～(夏)夷

 帛甲 1/春～(夏)秋冬

 帛丙六 3/且司～(夏)

顕

天卜 4-1/～(夏)夕之月庚戌之日

天卜 4-1/侍王，盡～(夏)夕之月，尚自利順

王家咀 843/公～(夏)乘遺一橐錦

顕

天卜 15-1/～(夏)夕之月

虽

帛月内/～(夏)〔夕〕

帛月内/～(夏)〔夷〕

舛　部

鞏(害)

害

帛甲 5/～(害)于其王

韋　部

韋

望山二 2/其～(幃)，丹繡聯縢之裀

望山二 6/紫～之帥

望山二 9/紫～之帥

望山二 9/紫～之□□

望山二 36/▨～之▨

天策 6/□～之綏

安崗一 10/朱～之屘

塌冢 25/正發蜜太壯悰同～

( )仰天湖 9/墿～之□

仰天湖 16/一坂～之韓

韔(圚、圝)

圚

望山二 8/貍貘之～(韔)

望山二 9/彫～(韔)

望山二 17/～(韔)

圝

望山橋 7/豻～(韔)、箙

韜

嚴倉記席 2/衛赤錦之～(韜)

弟　部

弟(弟、俤)

弟

龍會河 201/王其□思元～

慈利法書 4/～相愛也,則親戚不廢

俤

九店五六 25/生子,無～(弟)

九店五六 25/如有～(弟),必死

桀　部

乘(死、奪)

死

慈利法書 7/□□其～(乘)乎

奪

望山二 2/女～(乘)

望山二 2/女乘一～(乘)

望山二 4/□車一～(乘)

望山二 5/田車一～(乘)

安崗一 1/一～(乘)翟車

安崗一 1/一～(乘)甸車

安崗一 2/一～(乘)耑轂

安崗一 2/一～(乘)犮車

王家咀 843/公夏～(乘)遺一橐錦

五里牌 15/□車一～(乘)

帛五 11/～(乘)蒼□

帛五 34/～(乘)黄□

卷　六

木　部

木

慈利漫步 6/⧄□攻～□□□□返之□□□⧄

帛甲 1/草～無常

帛甲 5/草～民人

帛乙 5/青～

帛乙 5/赤～

帛乙 5/黄～

帛乙 5/白～

帛乙 5/黑～

帛五 6/居～

帛五 7/居～

帛殘碎/～

帛塊一背/～

李(孷)

李

磚瓦廠 2/～(李)舂

磚瓦廠 3/今僕詧人～(李)□敢告於視日

磚瓦廠 3/盜殺僕之兄～(李)舂

磚瓦廠 4/⧄□□人～(李)捭敢告於⧄

帛甲 2/是謂～(李)歲

帛甲 7/唯～(李)悳匿

帛五 13/樹桑、桃、～(李)

桃

龍會河 272/乃春戠於焚～

帛五 13/樹桑、～、李

槓

安崗一 9/漆～四

枳

安崗一 12/一□～

安崗二 1/一覓～

柜(柜、梩)

柜

仰天湖 18/一策～

仰天湖 18/一楼～

梩

仰天湖 18/其棼～(柜)

楝

王家咀 765/大德毋逾～(閑)

檜

仰天湖 27/黄郙之矢八,有～(柗)

某

九店五六 43/今日～將欲食

九店五六 43/～敢以其妻□妻汝

九店五六 44/〔攝幣〕、芳糧以譴讀～於武夷之所

九店五六 44/君饗受～之攝幣、芳糧

九店五六 44/使～來歸食故

磚瓦廠 1/～聶與僕兄之不□□□競梁而殺之

磚瓦廠 3/今僕敢之～☐

塌冢 5/又□～某以於☐

朱

安崗一 16/～組于二端

帛乙 4/二曰未〈朱〉四單

末

望山二 13/黄～

果

望山一 1/齊客張～

九店五六 25/作事,不～

慈利法書 3/其身～死,則免於辠

杊

望山二 2/龍～

望山二 11/有～

望山二 11/～中

樸(樸、欂)

樸

望山二 38/☐□貍之～

槿

天策 6/兩馬之～（樸）羿袂

柔

望山二 9/白～（鞣）之綏

望山二 41/白～

杲

帛丙四 1/少～（昊）其□

築（箣）

箣

帛丙二 1/可以出師、～（築）邑

帛丙八 1/不可以～（築）室

帛丙九 1/〔不〕可以～（築）室

榦（榦）

榦

卉茅之外 2/～（幹）常其若茲

帛乙 4/長曰青□～（幹）

帛乙 4/四曰沁黑～（幹）

柱

望山二 15/～昜馬

望山二 16/～昜馬

檐

九店五六 1/三～（擔）

九店五六 1/敔楠之四～（擔）

九店五六 1/敔楠之五～（擔）

九店五六 1/敔楠之六～（擔）

九店五六 2/敔楠之八～（擔）

九店五六 3/十～（擔）

九店五六 3/敔楠之十～（擔）一擔

九店五六 3/敔楠之十擔一～（擔）

九店五六 3/敔楠之十～（擔）二擔

九店五六 3/敔楠之十擔二～（擔）

九店五六 4/〔舊十〕～（擔）又三擔三赤二參

九店五六 4/〔舊十〕擔又三～（擔）三赤二參

九店五六 4/舊二十～（擔）

九店五六 5/舊□～（擔）

九店五六 6/〔舊□〕～（擔）三擔三赤二參

九店五六 6/〔舊□〕擔三～（擔）三赤二參

九店五六 7/舊四十～（擔）六擔

九店五六 7/舊四十擔六～(擔)

檽

望山二 2/其并～,丹重繡之裖

杠

望山二 11/軥、～皆彫

樫

望山二 45/一彫～(桯)

梳(匲)

匲

仰天湖 34/一齒～(梳)

桮(杯)

杯

望山二 47/彫～

曹家崗 5/六榛～

曹家崗 5/四□～

安崗一 3/四飲～

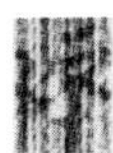
五里牌 10/漆～十合

槃(盤)

盤

望山二 55/一～

望山二 46/二～

杓

曹家崗 5/四～杯

橛(桴)

桴

安崗一 17/偶～(橛)

桶

望山二 38/赤金～

櫓(廬)

廬

天策 3/一方～(櫓)

樂

望山一 176/☐殺坪～

天卜 5－2/舉禱巫豬豕、靈酒,棧鐘～之

天卜 10/～

天卜 13－3/禱卓公順至惠公大牢,～之,百之,贛

天卜 27/～之,百之,贛

天卜 43/舉禱社特牛,～之,蔽志

唐維寺 1/～尹須孟産

休

龍會河 201/是□～

梏(咎)

咎

弁茅之外 3/敢陳純～(告)

柙(虖、虩)

虖

天策 2/～(甲)

安崗一 4/一貞□～(甲)

仰天湖 6/～(甲)衣

虩

天卜 27/且有惡於東方田邑與兵～(甲)之事

梟

帛丙七 2/有～入于上下

校

彭家灣一八三 5/𨛭居以～靈爲訶也貞

杭

望山二 15/一～

梄

望山一 1/乙～(酉)之日

望山一 2/乙～(酉)之日

望山一 11/己～(酉)之日

望山一 12/己～(酉)之日

天卜 10/己～(酉)之日

九店五六 13 壹/工於～(酉)

九店五六 14 壹/盜於～(酉)

九店五六 15 壹/坪於～(酉)

九店五六 16 壹/敓於～(酉)

九店五六 17 壹/饑於～(酉)

九店五六 18 壹/建於～(酉)

九店五六 19 壹/散於～(酉)

九店五六 20 壹/蓓於～(酉)

九店五六 21 壹/復於～(酉)

九店五六 22 壹/城於～(酉)

九店五六 23 壹/盍於～(酉)

九店五六 24 壹/坐於～(酉)

九店五六 25/～(酉)、戌、亥

九店五六 26/～(酉)、戌、亥

九店五六 27/申、～(酉)、戌、亥

九店五六 28/～(酉)、戌、亥、子

九店五六 29/午、未、申、～(酉)

九店五六 30/未、申、～(酉)、戌

九店五六 31/〔申〕、～(酉)、戌、亥

九店五六 33/午、未、申、～(酉)

九店五六 34/未、申、～(酉)、戌

九店五六 35/申、～(酉)、戌、亥

九店五六 36/～(酉)、戌、亥、子

九店五六 69/～(酉)

九店五六 69/凡五～(酉)▨

九店五六 70/死生在～(酉)

安崗一 1/癸～(酉)之日

唐維寺 4/己～(酉)

棈

帛乙 5/扞蔽之青木、赤木、黄木、白木、黑木之～(棈)

棒

曹家崗 5/六～杯

椐

安崗一 3/二～

椇(果)

果

帛五 25：3/～(椇)

楗

曹家崗 1/一～

楔

仰天湖 18/一～柜

棬

望山二 45/一牛～(梡)

望山二 45/一豕～(梡)

望山二 45/一羊～(梡)

望山二 45/一尊~(梡)

㭬

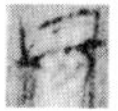
曹家崗 2/二~𨩕

𣘚

仰天湖 34/一齒梳,有~□

東部

東

望山一 109/~郘公

望山一 110/~郘公

望山一 112/~郘公

望山一 113/~宅公

望山一 114/舉禱於~郘〔公〕

望山一 115/册於~石公、社、北子、行

天卜 27/且有惡於~方田邑與兵甲之事

九店五六 45/蓋~南之宇

九店五六 46/~北有□□▨

九店五六 47/~、南高,二方下

九店五六 47/~、北高,二方下

九店五六 49/迻於~北之北,安

九店五六 50/迻於~南,不利於□▨

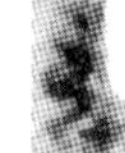
九店五六 51/迻於~北之東

九店五六 51/迻於東北之~

九店五六 53/□□於室~

九店五六 55/蓋~南之宇

九店五六 56/~北之宇,西南之▨

九店五六 58/▨□居~南多惡▨

九店五六 67/〔未〕以~吉,有得,北凶

九店五六 70/戌以~吉

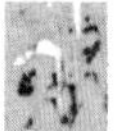
九店五六 77/八月在~

九店五六 78/八月~井

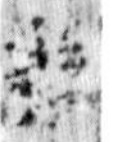
九店五六 115/~

帛甲 4/~國有吝

帛商照 1/~伐是

林　部

無

望山一 61/～大咎

天卜 5－2/～咎,少有續

九店五六 18 貳/是謂～□

九店五六 19 貳/凡坐日,～爲而可

九店五六 22 貳/～爲而可

九店五六 25/生子,～弟

九店五六 29/以見邦君,不吉,亦～咎

九店五六 31/逃人不得,～聞

九店五六 32/必～遇寇盜

九店五六 34/～爲而可

九店五六 43/帝謂尔～事

九店五六 50/～藏貨

彭家灣一八三 1/恒貞吉,～咎,有祟

彭家灣一八三 10/占之: 恒貞～咎

港大 4/乃～凶災

帛甲 12/歲則～絹

楚

望山一 124/～先既禱

望山一 191/～

天卜 15－1/左師唬聘於～之歲

安崗一 1/蹠～

丁家咀二 1/秦客虢戎蹠～之歲

嚴倉卜筮 1/宋客左師層蹠～之歲

彭家灣一八三 1/宋客左師呼蹠～之歲

彭家灣一八三 6/齊客祝窔蹠～之歲

彭家灣一八三 10/齊客祝窔蹠～之歲

仰天湖 38/～孝敚之年

夕陽坡 1/越湶君嬴將其衆以歸～之歲

才　部

才

九店五六 63/死生～(在)丑

九店五六 64/死生～(在)子

九店五六 65/死生～(在)寅

九店五六 66/死生～(在)寅

九店五六 67/死生～(在)寅

九店五六 70/死生～(在)酉

九店五六 71/死生～(在)申

九店五六 75/大瘳,死生～(在)子

九店五六 76/死生～(在)□

九店五六 77/享月～(在)西

九店五六 77/八月～(在)東

九店五六 80/丙□□～(在)營室

王家咀 765/孔子～(在)陳

王家咀 843/孔子～(在)陳蔡

五里牌 2/～(在)□□

五里牌 3/～(在)區械

五里牌 4/～(在)區械

五里牌 5/～(在)區械

五里牌 6/～(在)區械

五里牌 7/～(在)區械

五里牌 8/～(在)區械

五里牌 10/～(在)□□

五里牌 12/～(在)區械

五里牌 13/～(在)長㞕

五里牌 14/～(在)長㞕

五里牌 18/其二～(在)長㞕

帛丙五 2/月～(在)□□

叒　部

桑

帛五 13/樹～、桃、李

之　部

之(之、㞢)

之

望山一 1/齊客張果問〔王〕於葴郢～歲

望山一 1/獻馬～月

望山一 1/乙酉～日

望山一 2/獻馬～月

望山一 2/乙酉～日

望山一 4/獻馬～月

望山一 6/〔荆〕夷～月

望山一 6/癸亥～日

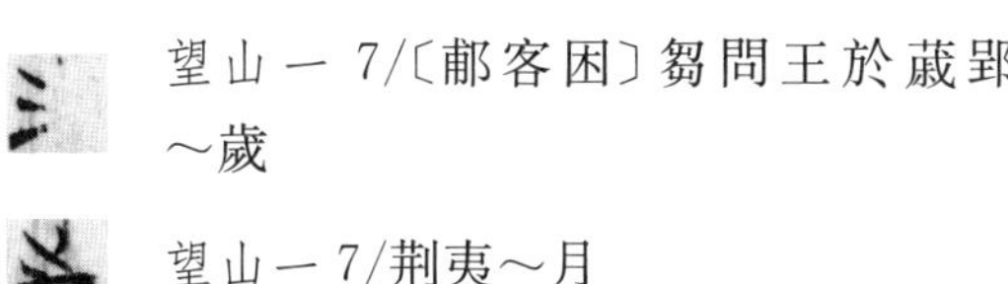

望山一 7/〔郙客困〕芻問王於莪郢～歲

望山一 7/荊夷～月

望山一 7/癸未～日

望山一 9/占～,恒〔貞吉〕

望山一 11/己酉～日

望山一 12/己酉～日

望山一 22/占～,吉。

望山一 23/占～,吉

望山一 24/有祟,以其故説～

望山一 26/占～,吉

望山一 28/以其故説～

望山一 30/以就集歲～荊〔夷〕

望山一 34/就集歲～□

望山一 39/占～,恒貞吉

望山一 40/占～,恒貞

望山一 44/占～,恒貞吉

望山一 47/占～

望山一 48/占～

望山一 49/以其故説～

望山一 52/～

望山一 52/速因其禽禱～

望山一 54/以其故説～

望山一 61/以其故説～

望山一 62/以其故説～

望山一 63/以其故説～

望山一 63/輿魏豹～祟

望山一 81/以其故説～

望山一 82/以其故説～

望山一 88/痼以黄靈習～

望山一 91/藿歘習～以黄靈

望山一 93/～

望山一 93/許佗占～曰:吉

望山一 94/魏豹占～曰:吉

望山一 95/獻占～曰:吉

望山一 96/占～曰:吉

望山一 97/占～曰:吉

望山一 98/占～曰:吉

望山一 100/〔占〕～曰:吉

望山一 101/占～曰:吉

望山一 102/占～曰:吉

望山一 103/〔占〕～曰:吉

望山一 110/饋祭～

 望山一 112/饋～

 望山一 113/⧄～日

 望山一 116/賽～

 望山一 117/王～北子

 望山一 117/蒿～

 望山一 119/舉禱大夫～私巫

 望山一 143/饋～

 望山一 150/速賽～

 望山一 159/爨月～良〔日〕

 望山一 164/乙丑～〔日〕

 望山一 175/～

 望山一 176/使攻解於下～人不壯死

 望山一 180/⧄喜～⧄

望山一 181/⧄～未⧄

望山二 1/⧄周～歲

望山二 1/車與器～典

望山二 2/䮾繡聯縢～鞶目

望山二 2/䮾繡聯縢～裮

望山二 2/丹繡～裏

望山二 2/丹重繡～純

望山二 2/丹繡聯縢～裮

望山二 2/丹重繡～裮

望山二 2/黄緶組～綴三十

望山二 2/丹組～屋

望山二 3/繡聯縢～純

望山二 6/貍貘～冡

望山二 6/紫韋～帥

望山二 6/紫黄～組

望山二 6/丹重繡～鞶目

望山二 6/丹重繡～兩童

望山二 7/黄緶組～綴十又八

望山二 8/黄緶組～繻

望山二 8/貍貘～韔

望山二 8/丹繡～軐安

望山二 8/生結～裏

望山二 8/丹繡～鞶〔目〕

望山二 9/紫韋～帥

望山二 9/白鞣～綏

望山二 9/紫韋～□□

望山二 9/反芋～坐軐

望山二 9/緶組～童

望山二 10/聯縢～軐勭

望山二 10/丹組～裏

望山二 10/衛靁光～純

望山二 10/黄緶組～綴

望山二 11/赭膚～純

望山二 12/靁光～童

望山二 12/縓組～需
望山二 12/赭膚～裏
望山二 12/黖繡～純
望山二 12/白金～葩瑤
望山二 13/需光～童
望山二 13/翡翠～首
望山二 13/冢毛～首
望山二 13/二需光～中干
望山二 13/一秦縞～中干
望山二 13/丹繡～□
望山二 13/秦縞～坪旌
望山二 14/黄縓組～□
望山二 18/黄生角～交
望山二 18/白金～阩戠
望山二 19/白金～交
望山二 20/▨～席
望山二 22/▨～韅鐶
望山二 22/黖繡聯縢～▨
望山二 23/黖繡聯縢～安
望山二 23/黄縓組～綴
望山二 23/魚鞁～冢
望山二 23/丹重繡～裏
望山二 23/黄縓組～綴
望山二 24/聯縢～褀
望山二 25/▨生結～▨
望山二 27/▨組～綴
望山二 30/▨芋～紶
望山二 31/五囱～紃
望山二 36/▨韋～□▨
望山二 37/▨金～□首
望山二 38/▨□貍～樸
望山二 38/白金～勿
望山二 47/一丹繡～茵
望山二 47/一需光～裾
望山二 48/二紅繡～紼
望山二 48/需光～純
望山二 48/紅繡～室
望山二 48/需光～純
望山二 48/丹繡～裯
望山二 48/需光～純
望山二 48/丹繡～裯
望山二 48/五魯帛～箕
望山二 49/一生絲～屨
望山二 49/丹繡～衣
望山二 49/皆赤□□□頸素冢～毛夬
望山二 50/其一瑟丹繡～阩絶
望山二 50/其一瑟需光～阩絶
望山二 57/一紅繡～佢屨
望山二 58/丹繡～宧
望山二 59/紅繡～純

望山二 60/五囟～純
望山二 61/一宋霝光～紑
望山二 61/素紊～純
望山二 65/☐～亡□☐
天卜 4－1/齊客申獲問王於莪郢～歲
天卜 4－1/夏夕～月庚戌之日
天卜 4－1/夏夕之月庚戌～日
天卜 4－1/侍王,盡夏夕～月,尚自利順
天卜 4－1/占～:恒貞吉
天卜 4－2/以其故説～
天卜 4－2/速賽禱惠公特豢,饋～
天卜 4－2/占～:吉
天卜 5－2/占～:恒貞吉
天卜 5－2/有祟,説～
天卜 5－2/舉禱巫豬豕、靈酒,棧鐘樂～
天卜 5－2/鄭愴占～:吉
天卜 9－2/義懌占～:恒貞吉
天卜 9－2/稍有慼於趾,有祟,以其故説～
天卜 10/齊客申獲問王於莪郢～歲
天卜 10/己酉～日
天卜 10/占～:恒貞吉
天卜 10/諆然有閒慼,有祟,説～
天卜 12－1/秦客公孫紻問王於莪郢～歲
天卜 12－1/冬夕～月
天卜 12－1/甲寅～日
天卜 12－1/盡冬夕～月,侍王,尚自利順
天卜 12－1/丁占～:稍有〔慼於躳身〕
天卜 13－1/秦客公孫紻問王於莪郢～歲
天卜 13－1/十月丙戌～日
天卜 13－3/禱卓公順至惠公大牢,樂～,百之,贛
天卜 13－3/禱卓公順至惠公大牢,樂之,百～,贛
天卜 13－3/占～:吉
天卜 15－1/左師虩聘於楚～歲
天卜 15－1/夏夕～月
天卜 15－1/己丑～日
天卜 15－1/既始居其新室,尚宜安長居～
天卜 27/范獲志習～以承家
天卜 27/占～:恒貞吉
天卜 27/且有惡於東方田邑與兵甲～事
天卜 27/以其故説～
天卜 27/樂～,百之,贛
天卜 27/樂之,百～,贛
天卜 29/習～以白靈
天卜 29/占～:恒貞吉
天卜 29/以其故説～
天卜 29/擇日冬夕至嘗於社特牛,饋～

天卜 34/鹽丁習～以新承命
天卜 34/占～：恒貞吉
天卜 34/稍間有惡,有祟,以其故說～
天卜 34/丁占～：吉
天卜 40/占～：吉
天卜 43/陳郢習～以新寶家
天卜 43/占～：恒貞吉
天卜 43/以其故說～
天卜 43/舉禱社特牛,樂～,蔽志
天卜 78/〔以〕其故說～
天卜 78/迻鹽丁～祟
天策 2/兩馬～革轡
天策 4/纓組～綴十又六
天策 5/☑羽～承
天策 5/大轄～杆
天策 5/翟羽～篁
天策 6/□韋～綏
天策 6/兩馬～樸翠袂
天策 7/翠首白毛～真
天策 8/素周～□
九店五六 1/敔梄～四擔
九店五六 1/敔梄～五擔
九店五六 1/敔梄～六擔
九店五六 2/敔梄～八擔
九店五六 3/☑～十擔
九店五六 3/敔梄～十擔一擔
九店五六 3/敔梄～十擔二擔
九店五六 26/以爲上下～禱祠
九店五六 26/□神饗～
九店五六 27/以祭門、行,饗～
九店五六 28/必或亂～
九店五六 28/以寓人,奪～室
九店五六 34/名～曰死日
九店五六 39 貳/帝以命益齎禹～火
九店五六 40 貳/帝～所以戮六擾之日
九店五六 40 貳/帝之所以戮六擾～日
九店五六 42/利以取貨於人～所
九店五六 43/敢告□繳～子武夷
九店五六 43/尔居復山～基
九店五六 43/不周～野
九店五六 44/君饗受某～攝幣、芳糧
九店五六 45/凡相墠、樹邦、作邑～道
九店五六 45/蓋西南～宇
九店五六 45/君子居～
九店五六 45/居～安壽
九店五六 45/蓋東南～宇
九店五六 46/蓋西北～宇,亡長子
九店五六 47/居～不盈志
九店五六 47/黄帝□□庶民居～☑

九店五六 48/凡宮埒於西南～南,居之貴

九店五六 48/凡宮埒於西南之南,居～貴

九店五六 48/凡□不可以蓋□～牆

九店五六 49/▨居祭室～後

九店五六 49/埒於東北～北,安

九店五六 51/埒於東北～東

九店五六 52/□□謂～□

九店五六 53/日出炙～

九店五六 55/蓋東南～宇

九店五六 56/東北～宇,西南之▨

九店五六 56/東北之宇,西南～▨

九店五六 57/▨水居～□,婦人正

九店五六 59/▨□～□□□之西,居之福

九店五六 59/▨□之□□□～西,居之福

九店五六 59/▨□之□□□之西,居～福

九店五六 97/歲～後□□其□不死▨

九店五六 102/啻□～

九店五六 116/君子居～

九店六二一 3/敗其□□□□～廁

九店六二一 5/～

九店六二一 7/～

九店六二一 8/購免□□～司勞□□▨

九店六二一 15/▨少則□～新炣齊▨

九店六二一 21/▨□□志多□□～▨

九店六二一 28/～

磚瓦廠 1/仟門～里人一賮告僕

磚瓦廠 1/某聶與僕兄～不□□□競粱而殺之

磚瓦廠 1/某聶與僕兄之不□□□競粱而殺～

磚瓦廠 2/夏夷～月

磚瓦廠 2/庚子～夕

磚瓦廠 2/盜殺僕～兄李昚

磚瓦廠 3/夏夷～月

磚瓦廠 3/庚子～夕

磚瓦廠 3/盜殺僕～兄李昚

磚瓦廠 3/今僕敢～某▨

安崗一 1/列尹命執事人爲～藏

安崗一 2/龙旆～□

安崗一 2/□旆～干

安崗一 14/□□魚～豉屨

安崗一 15/膚羊～鞶

安崗一 15/鹽芒～夫需

安崗一 15/膚羊～紡

安崗一 17/兩馬～銀面

安崗一 17/襄綎～弁、結

安崗一 21/～

安崗一 9/□紛～裷

安崗一 9/紫純～緍

安崗一 9/□紛～屖

安崗一 10/朱韋～屖

安崗一 10/素純～緍

安崗一 10/夬韘□～

安崗一 10/駹繡～襧

安崗二 1/一雜然～緄帶

安崗二 1/一初王錦～□

安崗二 1/魯帛～旆

安崗二 1/組紡紫縑～进緄

安崗二 2/二魯帛～紽

安崗二 2/一絲紙～王瑟之絙屨

安崗二 2/一絲紙之王瑟～絙屨

安崗二 4/一羊□初錦～繢郉

安崗二 4/二□～組綴

安崗二 4/十素王錦～紳

丁家咀一 1/紫錦～裳

丁家咀二 1/秦客虢戎蹠楚～歲

丁家咀二 15/以婁君～□之故，舉禱☒

丁家咀二 15/以婁君之□～故，舉禱☒

丁家咀二 27 背/☒～社

丁家咀二 29/☒占～：吉

嚴倉記席 2/皆素加豹～純

嚴倉記席 2/衛赤錦～韜

嚴倉記席 3/屯素加豹～純

嚴倉記席 6/皆青結～純

嚴倉記席 6/一□□～襡

嚴倉記席 6/斲組～□☒

嚴倉卜筮 1/荆夷□□□□～日

嚴倉卜筮 1/以就來歲～荆夷

嚴倉卜筮 1/占～：恒貞吉

嚴倉卜筮 2/以□説～

嚴倉簽牌 2/堇君～衣一笥

塌冢 2 正/以其亡母～故

塌冢 3/式北進□祀薦以～酉父己

塌冢 4/☒～其以不之☒

塌冢 4/☒之其以不～☒

塌冢 7/敂～魚□

望山橋 1/秦客亮成問王於葴郢～歲

望山橋 5/義懌占～曰：吉

望山橋 6/革靳，生錦～純

望山橋 7/貍貘～攝

望山橋 8/青絲～邊

唐維寺 1/燕客臧賓問王於葴郢～歲

唐維寺 1/以悶心～故

唐維寺 2/以其故説～

唐維寺 2/擇良日賽～

唐維寺 2/失占～

唐維寺 3/燕客臧～賓

唐維寺 3/以其有肩背、髀髕、胸脅疾～故

唐維寺 3/以其故說～

唐維寺 4/燕客臧～賓

唐維寺 4/燕客臧之賓問王於葴郢～歲

唐維寺 4/嫙以其有疾～故

唐維寺 4/緣失筮～

唐維寺 4/有祟見於君～所

唐維寺 4/産以志其食～幾肥豢

唐維寺 5/産以其有病～故

唐維寺 5/筮～

唐維寺 5/將賽其一牂～禱

唐維寺 6/産以其有病～故

唐維寺 6/筮～

唐維寺 7/以其室～有疾之故

唐維寺 7/以其室之有疾～故

唐維寺 7/陳目筮～

唐維寺 7/擇良日而賽～

熊家灣 1/□客□□□□□～歲

棗紙 14/其良圖～

棗紙 14/唯夫鶵父～遠荆

棗紙 15/我先王從～走

彭家灣一八三 1/宋客左師呼蹠楚～歲

彭家灣一八三 1/辛亥～日

彭家灣一八三 1/賈以大筮爲娥三月～貞

彭家灣一八三 1/賈占～

彭家灣一八三 1/以其故說～

彭家灣一八三 2/苟使娥～疾速瘥，幾中賽之

彭家灣一八三 2/苟使娥之疾速瘥，幾中賽～

彭家灣一八三 2/賈占～：甚吉

彭家灣一八三 2/既舉禱～

彭家灣一八三 3/齊客祝窔問王於葴郢～歲

彭家灣一八三 3/占～：吉，不死

彭家灣一八三 4/占～：吉

彭家灣一八三 5/以其心悶、腹疾～故，尚毋死

彭家灣一八三 5/占～：吉

彭家灣一八三 5/占～：吉

彭家灣一八三 6/齊客祝窔蹠楚～歲

彭家灣一八三 6/以其腹心～疾，尚毋死

彭家灣一八三 6/占～：吉

彭家灣一八三 6/有祟見於娥～親父、親母

彭家灣一八三 6/以其故說～

彭家灣一八三 7/埜居占～：吉

彭家灣一八三 8/齊客祝窔問王於葴郢～歲

彭家灣一八三 8/遠夕～月

彭家灣一八三 8/丙辰～日

彭家灣一八三 8/既有腹心～疾

彭家灣一八三 8/從遠夕～月以就夏夷

彭家灣一八三 9/占～：恒貞吉

彭家灣一八三 9/以其故説～

彭家灣一八三 9/占～：吉

彭家灣一八三 10/齊客祝窔蹠楚～歲

彭家灣一八三 10/范獲～(志)以相家爲娥也貞

彭家灣一八三 10/既有腹心～疾

彭家灣一八三 10/占～：恒貞無咎

彭家灣一八三 11/以其故説～

彭家灣一八三 11/迻許糬～祟

彭家灣一八三 11/占～：吉

彭家灣一八三 12/以其故説～

彭家灣二六四/嬰齊～三世王父爲色祟

彭家灣二六四/將速賽～

王家咀 483/夫天毀～也

王家咀 483/孔子去魯～衛

王家咀 771/小子鳴鼓而攻～可矣

王家咀 852/天下～刑八

仰天湖 2/中君～一緹衣

仰天湖 2/綺縞～紃

仰天湖 3/左馬～緹衣

仰天湖 6/▨□～甲衣

仰天湖 7/〔一〕紫□～袷

仰天湖 7/大纆～□

仰天湖 7/紅組～繸

仰天湖 8/緹布～帽

仰天湖 9/墿韋～□

仰天湖 16/一坂韋～韓

仰天湖 16/紅組～繸

仰天湖 20/一紫錦～席

仰天湖 20/大纆～純

仰天湖 23/疏羅～帶

仰天湖 23/疏羅纆～繆

仰天湖 25/□金～釣

仰天湖 25/纓組～繸

仰天湖 26/□金～□

仰天湖 26/白金～銍

仰天湖 26/魯敀～▨

仰天湖 27/黄邨～矢八

仰天湖 37/皆藏於一匣～中

仰天湖 38/楚孝敓～年

仰天湖 39/▨□□福～□▨

夕陽坡 1/越湰君嬴將其衆以歸楚～歲

夕陽坡 1/荆夷～月

夕陽坡 1/己丑～日

夕陽坡 1/王居於莪郢～游宫

夕陽坡 2/士尹昭王～上

夕陽坡 2/悼哲王～愄

慈利文物 4/前行□～

慈利文物 7/□□□□～四室

慈利文物 11/實～土

慈利文物 12/吾見子於此～(止)矣

慈利文物 16/□□□□～中者而☐

慈利文物 19/□～□安□

慈利文物 19/以□□奠～以☐

慈利文物 21/實～土

慈利法書 2/解其氣擊龍紌白徒以視～厲士

慈利漫步 2/子孫～不司戰尚克黽

慈利選集 6+4/越邦～中病者

慈利選編 9+7/凡此九者,政～因

慈利漫步 6/☐□坆木□□□□返～□□□☐

慈利選編 3/女能然兼受天～福

慈利選編 4/吾欲與～邀天之衷

慈利選編 4/吾欲與之邀天～衷

慈利選編 5/□～衆寡不身則☐

港大 4/上帝喜～

港大 5/☐～仁

港大 7/☐～女晏嬰也

港大 7/此～謂君☐

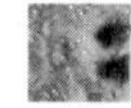

港大 8/恃～以爲己勢

港大 9/☐□好而重～以上下之約

港大 9/☐□好而重之以上下～約

卉茅之外 1/草茅～外

卉茅之外 3/孰能食～

帛甲 3/是失月閏～勿行

帛甲 5/五妖～行

帛甲 5/以□四踐～常

帛甲 6/唯惪匿～歲

帛甲 6/申～以帣降

帛甲 6/曆爲～正

帛甲 9/敬～哉

帛甲 10/神則格～

帛甲 10/神則惠～

帛甲 11/下民～式

帛甲 11/敬～毋忒

帛甲 11/□□～行

帛乙 2/乃娶叡徙□子～子

帛乙 5/扦蔽～青木、赤木、黄木、白木、黑木之精

帛乙 5/扦蔽之青木、赤木、黄木、白木、黑木～精

帛乙 7/乃爲日月～行

帛五 11/得～

帛攻 1：2/甲子～□

帛攻 1：2/庚〔午〕必入～

帛攻 5/〔逆〕～曰生氣

帛攻 5/□雍～溺人

帛攻 7/〔必〕入～

帛攻 10/〔必〕入～

帛攻 10/必入～

𡳿

帛乙 2/咎而～(之)達

帛乙 4/乃～(止)以爲歲

帛乙 7/共工更～(之)

𡳿

望山二 9/反芋之～軑

望山二 15/絶～

嚴倉記席 1/其一長十又一尺八寸，～(廣)☐

嚴倉記席 2/～(廣)六寸

嚴倉記席 5/～(廣)五尺六寸

嚴倉記席 5/～(廣)六尺三寸

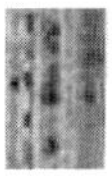

嚴倉記席 6/～(廣)合幅

帀　部

帀

天卜 15－1/左～(師)虒聘於楚之歲

九店五六 30/利以行～(師)徒

嚴倉卜筮 1/宋客左～(師)㞗蹠楚之歲

嚴倉卜筮 1/自宋客左～(師)㞗之歲

彭家灣一八三 1/宋客左～(師)呼

帛丙二 1/可以出～(師)

帛丙六 1/不可出～(師)

帛丙六 1/水～(師)不□

師(𨸏帀)

𨸏帀

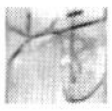

棗紙 15/荆～(師)走

出　部

出

望山一 14/～入侍王

望山一 29/～入侍王

九店五六 30/～征

九店五六 30/生子，男吉，女必～其邦

九店五六 45/幽悏不～

九店五六 53/日～炙之

九店五六 55/必有□□～□

九店六二一 2/自～福是從内自悲□□□□□☑

九店六二一 9/～□婁□□□□☑

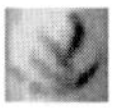

嚴倉卜筮 1/既走趣於邦，～入侍王

彭家灣一八三 9/毋～幾中

彭家灣一八三 11/毋～幾中

王家咀 765/小德～入可也

慈利文物 11/☑～屏，□盍左□

慈利文物 12/王乃～

慈利文物 21/☑□王不～檐

港大 1/《詩》云：“其容不改，～言〔有章〕。”

帛甲 7/～自黄淵

帛甲 7/～入□同

帛乙 1/～自□霆

帛丙二 1/可以～師

帛丙五 4/皋～睹

帛丙六 1/不可～師

帛五 3/不～五朔

帛五 12/不～一月

帛五 30/兵～門

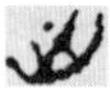

帛五 37/不利以～

帛殘紅/〔不〕～二日焉

帛塊二正/利以發□以～

帛塊二背/～八旬

帛商照 8/已～

朩　部

索

望山二 49/皆赤□□□頸～(素)豙之毛夬

望山二 61/～(素)豙之純

天策 8/～(素)周之□

安崗一 4/一～者劍

安崗一 6/一～(素)弓裛

安崗一 10/～(素)純之緍

安崗一 15/一～鍺觤敍

安崗二 4/十～(素)王錦之紳

嚴倉記席 2/皆～(素)加豹之純

嚴倉記席 3/屯～(素)加豹之純

嚴倉記席 4/～(素)☑

 望山橋 6/～(素)錦

宋

 九店五六 1/舊二秎又五～(秭)

 九店五六 3/舊五稷又五～(秭)

 九店五六 4/舊五稷又六～(秭)

 九店五六 9/□□又四～(秭)

南

 望山一 77/～方有祟

 九店五六 45/蓋西～之宇

 九店五六 45/蓋東～之宇

 九店五六 46/北、～高,二方下

 九店五六 47/東、～高,二方下

 九店五六 48/凡宮垑於西～之南,居之貴

 九店五六 48/凡宮垑於西南之～,居之貴

 九店五六 49/窮居～、北,不利人民

 九店五六 49/居西～□□

 九店五六 50/垑於東～,不利於□□

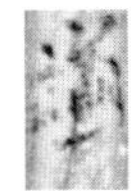 九店五六 55/蓋東～之宇

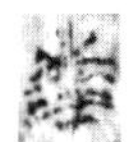 九店五六 56/□□不築,東北之宇,西～之□

 九店五六 57/凡坦～□□

 九店五六 58/□□居東～多惡□

 九店五六 61/西亡行,北〔吉〕,～有得

 九店五六 62/北吉,西亡行,～有得

 九店五六 63/北見疾,西吉,～有得

 九店五六 66/北得,西聞言,～〔凶〕

 九店五六 72/□吉,～有□

 九店五六 89/不可以～〔徙〕

 九店五六 92/不可以西～行

 九店五六 112/～

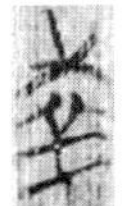 安崗一 1/周客～公癕

 帛五 16/～北向

 帛攻 2：1/弇～方

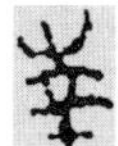 帛攻 2：1/務攻～〔方〕

 帛攻 6/〔□□〕～

生　部

生

 望山二 8/丹繡之軑安，～紡之裏

 望山二 18/黃～角之交

 望山二 25/☐～紡之☐

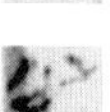 望山二 49/一～絲之屨

 九店五六 25/～子，無弟

 九店五六 30/～子，男吉

 九店五六 34/～子，男不留

 九店五六 35/～子，男必美於人

 九店五六 36/以～，吉

 九店五六 63/死～在丑

 九店五六 64/死～在子

九店五六 65/死～在寅

九店五六 66/死～在寅

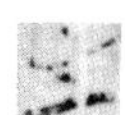 九店五六 67/死～在寅

 九店五六 70/死～在酉

 九店五六 71/死～在申

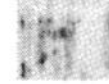 九店五六 75/大瘳，死～在子

 九店五六 76/死～在□

 九店五六 96/☐□～陰陽允

 九店五六 96/～於丑即

 九店五六 96/～於寅衰

 九店五六 96/～於卯夬

 九店六二一 23/☐～於多□福□☐

 望山橋 6/革靳，～錦之純

 仰天湖 23/～緱

 港大 3/～乃呼曰☐

 帛乙 2/是～子四

 帛乙 5/日月允～

 帛丙三 2/畜～(牲)

 帛攻 1：2/始～城

 帛攻 5/〔逆〕之曰～氣

丰

 帛五 32/□其～

產

唐維寺 1/欒尹須丞～

唐維寺 3/巫公以爲～貞筮

唐維寺 3/苟使～速瘥

唐維寺 4/～以志其食之幾肥豢

唐維寺 5/～以其有病之故

唐維寺 5/見～將擇良月良日

唐維寺 6/～以其有病之故

唐維寺 6/見～將擇良月良日

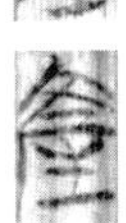
唐維寺 7/曾臣～

巢　部

巢

望山一 89/賽禱王孫～

桼　部

桼

安崗一 7/～(漆)害

安崗一 9/～(漆)櫝四

朿　部

朿

望山一 10/～(簡)大王

望山一 28/～(簡)大王

望山一 106/～(簡)大王

望山一 107/～(簡)〔大王〕

望山一 108/～(簡)大〔王〕

橐　部

橐(圂)

圂

王家咀 843/公夏乘遺一～(橐)錦

囗　部

园

望山二 48/二葦～

五里牌 17/革～一

圖(煮)

煮

東紙 14/其良～(圖)之

國(䣋)

䣋

帛甲 4/西～(國)有吝

帛甲 4/東～(國)有吝

因

望山一 52/速～其禽禱之

望山二 47/一丹繡之～(茵)

唐維寺 2/～其禽而巃禱焉

唐維寺 3/～其禽而巃禱焉

王家咀 483/魯人詹～辭曰

慈利選編 9+7/凡此九者,政之～

帛殘黑/～□

囡

望山二 50/一～(鞢)

固

望山一 1/以愴家爲悼～貞

望山一 3/以小籌爲悼～貞

望山一 9/以小籌爲悼～貞

望山一 10/爲悼～舉禱簡大王、聲桓〔王〕

望山一 13/以寶家爲悼～貞

望山一 14/以寶家爲悼～貞

望山一 15/以寶家爲悼～貞

望山一 17/以寶家爲悼～貞

望山一 19/以韐側爲悼～貞

望山一 20/▨爲悼～〔貞〕

望山一 21/▨〔爲〕悼～〔貞〕

望山一 29/▨〔爲〕悼～貞

望山一 35/▨〔爲悼〕～貞

望山一 36/爲悼～貞

困

望山一 5/郙客～𦋹

望山一 6/〔郙客〕～〔𦋹〕

員　部

員

港大 1/《詩》～(云):“其容不改,出言〔有章〕。”

貝　部

貨

九店五六 25/以亡～,不稱

九店五六 29/入～

九店五六 33/入～

九店五六 35/入～,吉

九店五六 42/利以取～於人之所

九店五六 42/毋以舍人～於外

九店五六 50/無藏～

賙

九店六二一 8/～免□□之司勞□□☑

贛

天卜 13-3/禱卓公順至惠公大牢,樂之,百之,～

天卜 27/樂之,百之,～

塌冢 10/☑～匿□☑

賜

棗紙 14/天～衷于吴

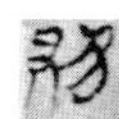
夕陽坡 2/以王命～舒方御歲籲

賓

唐維寺 1/燕客臧～

唐維寺 3/燕客臧之～

唐維寺 4/燕客臧之～

賈(賫)

賫

彭家灣一八三 1/～(賈)以大筮爲娥三月之貞

彭家灣一八三 1/～(賈)占之

彭家灣一八三 2/～(賈)占之:甚吉

貧

九店五六 54/☑□西北～

貴

九店五六 42/凡不吉日,利以見公王與～人

九店五六 48/凡宫垑於西南之南,居之～

賽

望山一 52/～〔之〕

望山一 61/～〔禱〕

望山一 82/～禱於☐

望山一 88/～禱

望山一 89/～禱王孫巢

望山一 90/～禱先☐

望山一 108/～禱於簡大〔王〕

望山一 109/～禱宮地主一羖

望山一 116/～之

望山一 135/既禱,未～

望山一 150/速～之

天卜 4－2/速～禱惠公特豢,饋之

天卜 29/擇日冬夕～禱宮地主一羖

唐維寺 2/擇良日～之

唐維寺 5/將～其一牂之禱

唐維寺 5/將～其禱各一羖

唐維寺 7/擇良日而～之

唐維寺 8/將速～其志命

彭家灣一八三 2/苟使娥之疾速瘥,幾中～之

彭家灣一八三 9/～禱集正君、葴辵尹各特豝、酒食

彭家灣一八三 11/～禱太一牂

彭家灣一八三 11/～禱集莊君特豝、酒食

彭家灣二六四/將速～之

卉茅之外 2/喉舌杜～(塞)

貢

九店五六 96/～(亡)於辰即

九店五六 96/～(亡)於午〔央〕

九店五六 97/凡～(亡)日☐辰少日必得

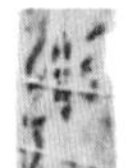
九店五六 98/～

九店五六 99/必～☐又☐

斨

安崗二 2/一笥貤～

賕

王家咀 771/其布粟～(倍)它日矣

䝐

安崗二 2/一笥～斨

䞃

慈利選集 6＋4/王曰："越邦之中～(病)者，吾問☑"

賅

安崗一 15/玉結刀□～

安崗一 15/玉結刀□～

賫

望山二 7/黃鞭組之～(綴)十又八

望山二 10/黃鞭組之～(綴)

磚瓦廠 1/仟門之里人一～告僕

贅

安崗一 10/二組～

安崗一 10/二組～

邑　部

邑

天卜 27/且有惡於東方田～與兵甲之事

九店五六 25/以鯀田～，吝

九店五六 41/利以納田～

九店五六 45/凡相墠、樹邦、作～之道

帛丙二 1/可以出師、築～

邦

九店五六 26/～君得年

九店五六 29/以見～君，不吉

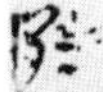九店五六 30/生子，男吉，女必出其～

九店五六 41/利以入～中

九店五六 45/凡相墠、樹～、作邑之道

嚴倉卜筮 1/既走趣於～，出入侍王

王家咀 483/故魯～☑

慈利選集 6＋4/越～之中病者

帛甲 4/亡奉□□其～

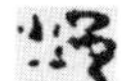帛甲 5/如□□□～所

帛丙四 2/娶女爲～笑

帛丙七 2/大不順于～

帛丙八 3/其～有大亂

帛五 10/～

帛殘碎/室～

鄰(叟)

叟

望山二 38/～(吝)至

九店五六 25/以祭，～(吝)

九店五六 25/以亂田邑，～(吝)

邸

天卜 13－1/鹽丁以長寶爲～陽君番勝貞

天卜 15－1/應奮以大英爲～陽君勝貞

邛

楊家灣 13/～

鄦

仰天湖 1/～陽公

郾(郻)

郻

唐維寺 1/～(燕)客臧賓

唐維寺 3/～(燕)客臧之賓

唐維寺 4/～(燕)客臧之賓

郢

望山一 1/蒧～

望山一 7/蒧～

望山一 8/蒧～

天卜 4－1/齊客申獲問王於蒧～之歲

天卜 10/齊客申獲問王於蒧～之歲

天卜 12－1/秦客公孫紻問王於蒧～之歲

天卜 13－1/秦客公孫紻問王於蒧～之歲

天卜 43/陳～習之以新寶家

望山橋 1/秦客亮成問王於蒧～之歲

唐維寺 1/蒧～

唐維寺 3/蒧～

唐維寺 4/蒧～

棗紙 14/吾先君閭盧所以克入～

彭家灣一八三 3/齊客祝窔問王於蒧～之歲

彭家灣一八三 8/齊客祝窔問王於蒧～之歲

夕陽坡 1/王居於蒧～之游宫

鄢(郊)

郊

高臺 1/☐有一婦人從～(鄢)言☐

高臺 2/☐謂:"～(鄢)既逾也。"

郯

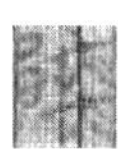
高臺 3/僕駝造告～陵公、郢公☐

郙

望山一 5/～客困芻

邘

帛五 17/又其謂～□

邶

仰天湖 27/黄～之矢八

郕

仰天湖 23/一～(越)鍺劍

夕陽坡 1/～(越)灋君巂

慈利法書 5/～(越)王句踐

郎

王家咀 765/聞～(桓)、僖災

郘

夕陽坡 2/造辻尹～逯

郤(郈)

郈

望山一 109/東～(郤)公

望山一 110/東～(郤)公

望山一 112/東～(郤)公

望山一 114/舉禱於東～(郤)〔公〕

郢

高臺 3/僕駝造告郯陵公、～公☐

郇

安崗二 4/一羊□初錦之繢～

郰

彭家灣一八三 3/～居以鼊黿爲娥貞

彭家灣一八三 5/～居以校靈爲妸也貞

郳

望山橋 6/～(滕)公

鄶

天卜 40/～還以漆著爲君貞

郤

曹家崗 2/一～(蔡)□

嚴倉不明/周～(蔡)、周役

王家咀 843/孔子在陳～(蔡)

仰天湖 30/二～(蔡)壺

郻

望山一 7/～(魏)豹

鄡(𨛘)

𨛘

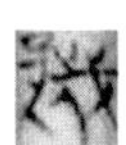
唐維寺 1/燕客臧賓問王於～(莪)郢之歲

鄵

九店六二一 27/夫～逃☐

鄿

望山一 63/輿～(魏)豹之祟

望山一 94/～(魏)豹占之曰：吉

望山一 17/～(魏)豹

望山一 54/～(魏)豹

望山一 173/～(魏)

廨

天卜 15－1/～(應)奮以大英爲邸陽君勝貞

鄬

天卜 4－1/～(齊)客申獲問王於莪郢之歲

天卜 10/～(齊)客申獲問王於莪郢之歲

卷　七

日　部

日

望山一 1/乙酉之～

望山一 2/乙酉之～

望山一 6/癸亥之～

望山一 7/癸未之～

望山一 11/己酉之～

望山一 12/己酉之～

望山一 113/□之～

望山一 154/～

望山一 174/～

天卜 4－1/夏夕之月庚戌之～

天卜 5－2/旬～

天卜 10/己酉之～

天卜 12－1/甲寅之～

天卜 13－1/十月丙戌之～

天卜 15－1/己丑之～

天卜 29/擇～冬夕賽禱宮地主一羖

天卜 29/擇～冬夕至嘗於社特牛，饋之

天卜 34/擇良～歸玉玩，繼車馬於悲中

天卜 78/擇良～爨月

九店五六 13 貳/凡建～，大吉

九店五六 14 貳/凡巃～，不利以□□

九店五六 15 貳/凡敓～，㑪瞿之日，不利以祭祀

九店五六 16 貳/凡坪～，利以祭祀

九店五六 17 貳/凡寍～，利以娶妻

九店五六 18 貳/凡工～，不吉

九店五六 19 貳/凡坐～，無爲而可

九店五六 20 貳/凡盍～，利以製衣裳

九店五六 21 貳/凡城～，大吉

九店五六 22 貳/凡復～，不吉

九店五六 23 貳/凡蓞～，可以爲小社

九店五六 24 貳/凡散～，利以嫁女

九店五六 25/是謂結～

九店五六 26/是謂陽～

九店五六 27/是謂交～

九店五六 28/是謂□～

九店五六 29/是謂陰～

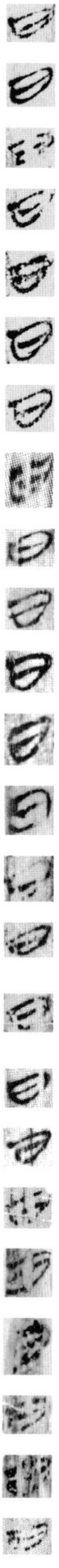

九店五六 30/是謂達~
九店五六 31/是謂外陽~
九店五六 32/是謂外害~
九店五六 33/是謂陰~
九店五六 34/是謂絶~
九店五六 34/名之曰死~
九店五六 35/是謂□~
九店五六 36/是謂采~
九店五六 37 壹/庚、辛成~
九店五六 38 壹/壬、癸成~
九店五六 39 壹/甲、乙成~
九店五六 40 壹/丙、丁成~
九店五六 40 貳/帝之所以戮六擾之~
九店五六 41/凡成~,利以娶妻
九店五六 41/凡吉~,利以祭祀、禱祠
九店五六 41/凡不吉~,利以見公王與貴人
九店五六 43/今~某將欲食
九店五六 53/~出炙之
九店五六 81/一~
九店五六 81/八~
九店五六 82/六~
九店五六 97/凡亡~□辰少日必得
九店五六 97/凡亡日□辰少~必得
九店五六 97/~少辰□□

九店五六 107/戌~
九店五六 108/龍~
九店五六 117/爲~
磚瓦廠 2/視~
磚瓦廠 3/今僕晵人李□敢告於視~
嚴倉卜筮 1/荊夷□□□□之~
塌冢 2 正/今~☐
唐維寺 2/良~
唐維寺 4/今~
唐維寺 5/良~
唐維寺 6/良~
唐維寺 7/良~
彭家灣一八三 1/辛亥之~
彭家灣一八三 6/擇良~於春三月
彭家灣一八三 8/丙唇之~
王家咀 771/其布粟倍它~矣
夕陽坡 1/己丑之~
帛乙 7/十~四時
帛五 3/利以一~從
帛五 3/□旬一~從
帛五 4/二~
帛五 4/不〔出〕一~
帛五 17/~星
帛五 34/旬一~
帛五 34/〔□□〕~
帛五 42/~至
帛殘紅/〔不〕出二~焉

帛殘紅/～

帛殘圖/又～入

帛塊一正/～

時(時、旹)

時

九店五六 36/利以大祭,～

帛五 34/～

旹

慈利選編 9+7/一曰攻天～(時)▨

港大 4/▨懈于～(時)

睹

帛丙五 4/皋出～

晉

望山二 23/晭偃～

安崗二 5/一□～

晏

港大 7/▨之女～嬰也

昃

慈利文物 11/實之土,□□,～(側)□

慈利文物 21/實之土,～(側)▨

昏

王家咀 765/宰我～(問)德

王家咀 765/～(聞)桓、僖災

慈利法書 1/地均於百姓,則朝而～安

慈利法書 4/弔死～(問)疾

慈利法書 7/寍子曰:"吾～(聞)□□▨"

晦(晎)

晎

帛乙 3/乃命山川四～(海)

㬎

天策 3/～(韅)、鞅

天策 8/韈、～(韅)、鞅

昔

卉茅之外 2/～(措)足安定

㫖

望山一 26/～(幾)中有喜於志▨

天卜 13－3/占之:吉,集歲～(幾)中將有喜

 唐維寺 4/産以志其食之～(幾)肥豢

 彭家灣一八三 2/苟使娥之疾速瘥，～(幾)中賽之

 彭家灣一八三 8/三月～(幾)中尚毋有大咎

 彭家灣一八三 9/毋出～(幾)中

 彭家灣一八三 10/三月～(幾)中尚毋有大咎

 彭家灣一八三 11/毋出～(幾)中

㬰

 望山二 6/～絲繐

 望山二 23/～偃晉

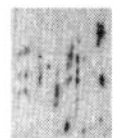 望山二 23/～紳

倝　部

倝

 九店六二一 14/☒事又器四放不～炮窒齊□☒

 龍會河 201/以～(扞)王家

 港大 6/～言則律舀

朝

 九店五六 60/凡五子，～〔盜得〕

 九店五六 61/～啟夕閉

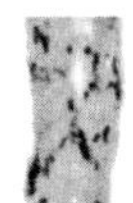 九店五六 62/凡五寅，～〔盜得〕

 九店五六 64/～啟夕閉

 九店五六 64/凡五辰，～〔盜不得〕

 九店五六 66/〔凡五〕午，～盜得，夕不得

 九店五六 68/凡五申，～〔盜得〕

 九店五六 68/凡五申，～〔盜得〕

 九店五六 69/～〔啟夕〕閉

 九店五六 70/〔凡〕五戌，～☒□，〔辰〕大瘳

 九店五六 71/～閉夕啟

 九店五六 71/凡五亥，～盜得

 慈利法書 1/地均於百姓，則～而昏安

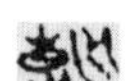 帛乙 8/有宵有～

㫃　部

旗(羿)

羿

 王家咀 484/巫馬～(旗)曰

旌(䍐)

䍐

望山二 13/隼～(旌)

望山二 13/秦縞之坪～(旌)

旃

望山二 45/二～(旌)

游(遊)

遊

夕陽坡 1/王居於蔵郢之～(游)宮

旟

天卜 15－1/應奮以大英爲邸～(陽)君勝貞

晶 部

曐(曐、星)

曐

九店五六 79/乙～(星)□☑

星

帛甲 1/日月～辰

帛甲 7/～辰不炯

帛五 17/日～

帛攻 1：2/〔如〕一～流，入焉

帛攻 2：2/如～一流

帛攻 11/一～從北

帛商捐/相～光

曑

帛甲 3/不得其～(参)職

帛乙 2/～(参)化

晨(晨)

晨

帛乙 7/毋使百神、風雨、～(晨)禕亂作

月 部

月

望山一 1/獻馬之～

望山一 2/獻馬之～

望山一 4/獻馬之～

望山一 6/〔荆〕夷之～

望山一 7/荆夷之～

望山一 8/爨～

望山一 9/爨～

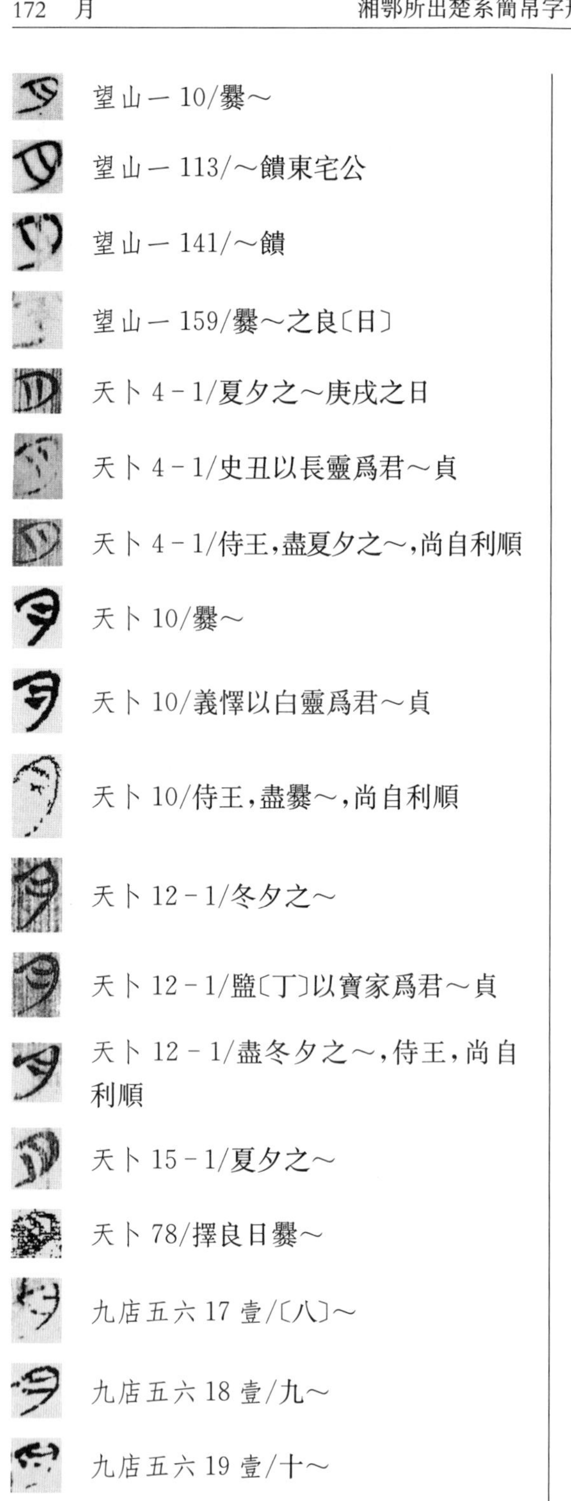

望山一 10/爨～

望山一 113/～饋東宅公

望山一 141/～饋

望山一 159/爨～之良〔日〕

天卜 4－1/夏夕之～庚戌之日

天卜 4－1/史丑以長靈爲君～貞

天卜 4－1/侍王,盡夏夕之～,尚自利順

天卜 10/爨～

天卜 10/義懌以白靈爲君～貞

天卜 10/侍王,盡爨～,尚自利順

天卜 12－1/冬夕之～

天卜 12－1/鹽〔丁〕以寶家爲君～貞

天卜 12－1/盡冬夕之～,侍王,尚自利順

天卜 15－1/夏夕之～

天卜 78/擇良日爨～

九店五六 17 壹/〔八〕～

九店五六 18 壹/九～

九店五六 19 壹/十～

九店五六 20 壹/爨～

九店五六 39 壹/凡秋三～,庚、辛、壬、癸不吉

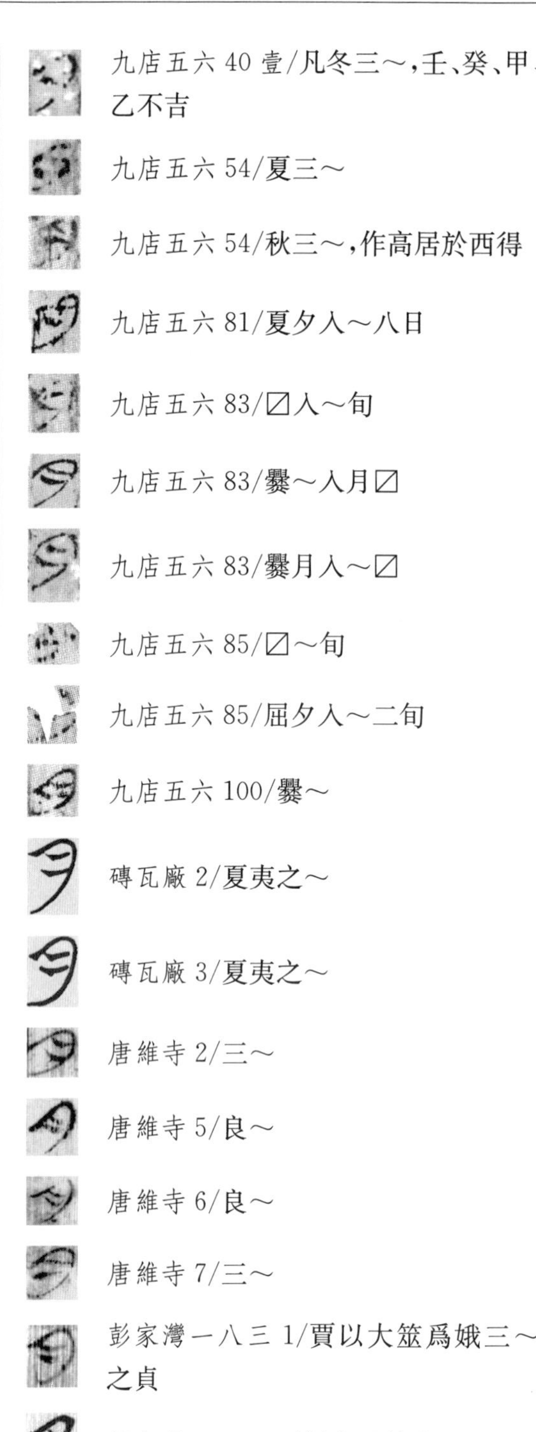

九店五六 40 壹/凡冬三～,壬、癸、甲、乙不吉

九店五六 54/夏三～

九店五六 54/秋三～,作高居於西得

九店五六 81/夏夕入～八日

九店五六 83/☐入～旬

九店五六 83/爨～入月☐

九店五六 83/爨月入～☐

九店五六 85/☐～旬

九店五六 85/屈夕入～二旬

九店五六 100/爨～

磚瓦廠 2/夏夷之～

磚瓦廠 3/夏夷之～

唐維寺 2/三～

唐維寺 5/良～

唐維寺 6/良～

唐維寺 7/三～

彭家灣一八三 1/賈以大筮爲娥三～之貞

彭家灣一八三 6/擇良日於春三～

彭家灣一八三 8/遠夕之～

彭家灣一八三 8/從遠夕之～以就夏夷

 彭家灣一八三 8/三～幾中尚毋有大咎

 彭家灣一八三 10/三～幾中尚毋有大咎

 彭家灣二六四/爨～

 夕陽坡 1/荆夷之～

 帛甲 1/～則贏絀

 帛甲 2/李歲□～

 帛甲 2/入～七日、八日

 帛甲 3/是失～閏之勿行

 帛甲 3/一～

 帛甲 3/二～

 帛甲 3/三～

 帛甲 4/四～

 帛甲 4/五～

 帛甲 6/是～以婁

 帛甲 7/唯十又二～

 帛丙五 2/～在□□

 帛五 12/不出一～

 帛五 29/八～

 帛攻 2：2/□～

 帛殘碎/～三

朔

 九店五六 78/荆夷～於營室

 帛五 3/不出五～

 帛五 42/□門上～

有　部

有

 望山二 45/一～(盍)

朙　部

朙(明)

明

 卉茅之外 2/焉能聰～

 帛甲 9/五政乃～

囧　部

盟(盥、𥄶)

盥

 安崗一 3/三～(盲)童

𥄶

 望山一 78/與～(盟)詛

 九店五六 34/利以除～(盟)詛

夕　部

夕

望山一 184/～

 九店五六 60/〔朝〕閉～啟

 九店五六 61/朝啟～閉

 九店五六 62/〔朝〕閉～啟

 九店五六 64/朝啟～閉

 九店五六 66/〔凡五〕午,朝盜得,～不得

 九店五六 68/〔朝〕閉～啟

 九店五六 71/朝閉～啟

 九店五六 71/朝盜得,晝得,～不得

 磚瓦廠 2/庚子之～

 磚瓦廠 3/庚子之～

 帛乙 8/有晝有～

夜

 天卜 40/占之:吉,～中有續

 天卜 40/～過半有閒

 楊家灣 17/□～

夢

帛乙 1/～夢墨墨

外

天卜 4-2/且有～(閒)惡

天卜 10/諆然有～(閒)慼,有祟,説之

天卜 34/稍～(閒)有惡,有祟,以其故説之

天卜 43/少有～(閒)慼,有祟

九店五六 31/是謂～陽日

九店五六 31/〔蹠〕四方野～

九店五六 32/是謂～害日

九店五六 32/蹠四方野～

九店五六 42/毋以舍人貨於～

慈利文物 12/～有辱

卉茅之外 1/草茅之～

多　部

多

九店五六 58/☑□居東南～惡☑

九店六二一 21/☑□□志～□□之☑

九店六二一 22/乃～得甬□不□□☑

九店六二一 23/☑生於～□福□☑

卉茅之外 2/～貌寡情

马　部

甬

 九店六二一 22/乃多得～□不□□▨

 九店六二一 26/▨～必以□爲▨

 塌冢 1/乃歸其～(俑),～(用)一豭豕與▨

 棗紙 15/遠民～(用)殘離

 慈利學報 8/▨鋈金大～皆□

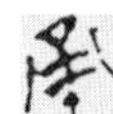 帛塊一正/□□□□可～

卤　部

粟

 王家咀 771/其布～倍它日矣

齊　部

齊

 望山一 1/～客張果

 九店六二一 14/▨事又器四放不軌焰窒～□▨

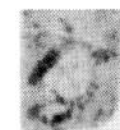 九店六二一 15/▨少則□之新焰～▨

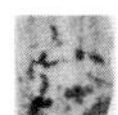 九店六二一 16/▨□食焰□□母□～▨

 彭家灣一八三 3/～客祝窔問王於蔵郢之歲

 彭家灣一八三 6/～客祝窔蹠楚之歲

 彭家灣一八三 8/～客祝窔問王於蔵郢之歲

 彭家灣一八三 10/～客祝窔蹠楚之歲

克　部

克

 棗紙 14/吾先君闔盧所以～入郢

 棗紙 15/我先王是以～入〔郢〕

 慈利漫步 2/子孫之不司戰尚～黽

禾　部

秀

 九店五六 27/利以穿户～(牖)

稷(禝)

禝

 九店五六 13 貳/立社～(稷)

采

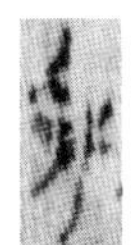 九店五六 36/是謂～日

年

 九店五六 26/邦君得～

 仰天湖 38/楚孝敓之～

秋(稂、昳)

稂

 望山二 13/丹～(繡)之□

 望山二 47/二瑟,皆～(繡)衣

 望山二 50/其一瑟丹～(繡)之阩絕

 望山二 58/丹～(繡)之宫

 九店五六 39 壹/凡～(秋)三月,庚、辛、壬、癸不吉

 九店五六 90/～(秋)不可以西徙

 安崗一 10/騳～(繡)之福

 安崗一 10/騳～(繡)□□

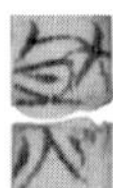 唐維寺 7/將至～(秋)三月

昳

 帛甲 1/春夏～(秋)冬

 帛丙九 3/玄司～(秋)

秦

 望山二 13/一～縞之中干

 望山二 13/～縞之坪旌

 天卜 12－1/～客公孫紻問王於葳郢之歲

 天卜 13－1/～客公孫紻問王於葳郢之歲

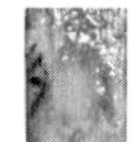 丁家咀二 1/～客虢戎蹠楚之歲

 望山橋 1/～客亮成問王於葳郢之戠

 唐維寺 8/～客

䄙

 九店五六 1/敔～之四擔

 九店五六 1/敔～之五擔

 九店五六 1/敔～之六擔

 九店五六 2/敔～之八擔

 九店五六 3/敔～之十擔一擔

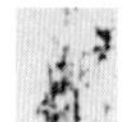 九店五六 3/敔～之十擔二擔

秷

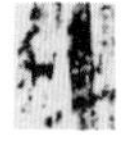 九店五六 1/篙二～

 九店五六 1/篙二～又五秭

稵

 九店五六 1/篙三～

九店五六 2/～

九店五六 2/舊四～

九店五六 3/舊五～又五秭

九店五六 3/舊六～

九店五六 4/舊五～又六秭

九店五六 12/▨□三～▨

秝　部

兼

慈利選編 3/女能然～受天之福

米　部

粱(粆)

粆

磚瓦廠 1/某聶與僕兄之不□□□競～(粱)而殺之

糗(饃)

饃

安崗一 3/～(糗)十囊

安崗一 11/～(糗)

安崗一 11/～(糗)

糧

九店五六 44/〔攝幣〕、芳～以讀讀某於武夷之所

九店五六 44/君饗受某之攝幣、芳～

粉(粭)

粭

九店五六 7/～(粉)三半一參

九店五六 8/～(粉)三半一參

粧

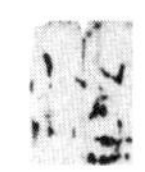
望山一 145/▨～粨▨

糖

彭家灣一八三 11/逡許～之祟

糯(穰、糭)

穰

安崗二 5/四□～(囊)

糭

仰天湖 34/有芏～(囊)

臼　部

臼

安崗一 19/～骰

舀

 港大 6/軌言則律～

凶　部

凶

港大 4/乃無～災

帛甲 7/作其下～

帛甲 13/土事勿從，～

帛丙一 2/壬子、丙子，～

帛丙五 3/不可以享祀，～

帛丙八 3/娶女，～

兇

 九店五六 28/利以解～(凶)，除不祥

 九店五六 65/有得，西～(凶)，〔南見〕疾

 九店五六 67/〔未〕以東吉，有得，北～(凶)

 慈利文物 22/☐～五□☐

 帛商照 8/□～

嵩　部

嵩

 望山二 9/～翣襮

 望山二 48/一～戈

 望山二 50/一～環

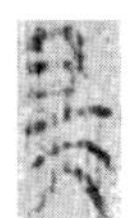 安崗一 2/一乘～轂

 安崗一 16/朱組于二～(端)

宀　部

家(豕)

豕

 望山一 1/范獲志以愴～(家)爲悼固貞

 望山一 7/魏豹以相～(家)〔爲悼固貞〕

 望山一 13/〔魏〕豹以寶～(家)爲悼固貞

 望山一 14/☐□以寶～(家)爲悼固貞

 望山一 15/☐以寶～(家)爲悼固〔貞〕

 望山一 16/☐寶～(家)☐

天卜 12－1/鹽〔丁〕以寶～(家)爲君月貞

 天卜 27/范獲志習之以承～(家)

 天卜 43/陳郢習之以新寶～(家)

 九店五六 15 貳/徙～(家)

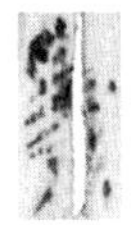 九店五六 17 貳/徙～(家)室

 九店五六 21 貳/～(嫁)子

 九店五六 24 貳/凡𢼸日，利以～(嫁)女

 九店五六 29/利以爲室～(家)

 九店五六 29/～(嫁)女

 九店五六 41/～(嫁)女

 龍會河 201/以扞王～(家)

 彭家灣一八三 10/范獲志以相～(家)爲娥也貞

 帛丙二 2/不可以～(嫁)女娶臣妾

宅(厇、宔)

厇

 望山一 113/東～(宅)公

 嚴倉記席 1/其一長十又一～(尺)三寸

 嚴倉記席 1/其一長十又一～(尺)八寸

嚴倉記席 2/長九～(尺)二寸

嚴倉記席 3/屯九～(尺)二寸

嚴倉記席 4/長九～(尺)二寸

嚴倉記席 5/其一長八～(尺)六〔寸〕

嚴倉記席 5/廣五～(尺)六寸

嚴倉記席 5/其一長十～(尺)

嚴倉記席 5/廣六～(尺)三寸

 嚴倉記席 6/長十～(尺)

宔

卉茅之外 2/喉舌～(杜)塞

室(室、䆿)

室

望山一 24/有慼於躬身與宮～

望山一 75/有慼於躬身與宮～

 望山一 117/使□□於宮～

 望山二 48/紅繡之～

 天卜 15－1/既始居其新～，尚宜安長居之

 天卜 27/將少有慼於宮～

 九店五六 13 貳/築～

九店五六 17 貳/徙家～

九店五六 27/利於納～

九店五六 28/以寓人,奪之～

九店五六 29/利以爲～家

九店五六 41/利以納～

九店五六 49/☐居祭～之後

九店五六 53/□□於～東

九店五六 53/居是～☐

唐維寺 7/以其～之有疾之故

慈利文物 7/□□□□之四～

帛丙八 1/不可以築～

帛丙九 1/〔不〕可以築～

帛殘碎/～邦

垄

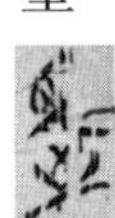
望山一 17/魏豹以寶～(室)爲悼固貞

向(㕣、㕣)

㕣

帛五 16/南北～(向)

㕣

九店五六 27/以祭門、行,～(饗)之

九店五六 44/君～(饗)受某之攝幣、芳糧

盗

九店五六 13 壹/～於申

九店五六 14 壹/～於酉

九店五六 15 壹/～於戌

九店五六 16 壹/～於亥

九店五六 17 壹/～於子

九店五六 17 貳/凡～日,利以娶妻

九店五六 18 壹/～於丑

九店五六 19 壹/～於寅

九店五六 20 壹/～於卯

九店五六 21 壹/～於辰

九店五六 22 壹/～於巳

九店五六 23 壹/～於午

九店五六 24 壹/～於未

慈利法書 7/～子曰:“吾聞□□☐”

安(安、女)

安

天卜 15－1/既始居其新室,尚宜～(安)長居之

 九店六二一 19/～(安)

 港大 5/孔子辭以禮遜～(焉)

女

 望山二 8/丹繡之軑～(安)

 望山二 23/𩣡繡聯縢之～(安)

 九店五六 45/居之～(安)壽

 九店五六 47/東、南高，二方下，是謂虛井，攻通，～(安)

 九店五六 47/中坦，中□，又穿～(洝)

 九店五六 49/𡍬於東北之北，～(安)

 九店六二一 34/事事～(安)順

 塌冢 2 反/▨亡又其所堵灰堵坘～(安)

 慈利文物 17/足以～(安)民

 慈利文物 19/～(安)

 慈利法書 1/地均於百姓，則朝而昏～(安)

 港大 8/子又～(焉)問

 帛攻 1：2/〔如〕一星流，入～(焉)

 帛殘紅/〔不〕出二日～(焉)

 帛殘紅/～(焉)□起

實

 慈利文物 11/～之土，□□，側□

容(公)

公

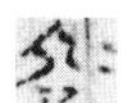 望山一 185/～(容)

 九店六二一 6/～(容)

 港大 1/《詩》云："其～(容)不改，出言〔有章〕。"

寳(竆、賲)

竆

 望山一 13/〔魏〕豹以～(寳)家爲悼固貞

賲

 望山一 14/以～(寳)家爲悼固貞

 望山一 15/以～(寳)家爲悼固〔貞〕

宰(宰、𡪩)

宰

 王家咀 738/子路爲季氏～

 王家咀 738/由也爲季氏～

䆝

王家咀 765/～(宰)我問德

守

王家咀 843/～也久不得見矣

宜

望山一 50/～禱□☐

天卜 15－1/既始居其新室,尚～安長居之

九店五六 45/～人民

九店五六 46/～人民、六擾

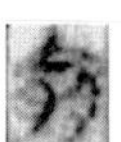

嚴倉卜筮 1/尚自～愢

慈利漫步 1/既履勿當～以坐

宵

帛乙 8/有～有朝

宿(㑆)

㑆

王家咀 852/請～(宿)

客

望山一 1/齊～張果

望山一 5/鄗～困芻

天卜 4－1/齊～申獲問王於葴郢之歲

天卜 10/齊～申獲問王於葴郢之歲

天卜 12－1/秦～公孫紻問王於葴郢之歲

天卜 13－1/秦～公孫紻問王於葴郢之歲

安崗一 1/周～南公瘫

丁家咀二 1/秦～虓戎蹠楚之歲

嚴倉卜筮 1/宋～左師昬蹠楚之歲

嚴倉卜筮 1/自宋～左師昬之歲荆夷

望山橋 1/秦～亮成問王於葴郢之戢

唐維寺 1/燕～臧賓

唐維寺 3/燕～臧之賓

唐維寺 4/燕～臧之賓

唐維寺 8/秦～

熊家灣 1/～

彭家灣一八三 1/宋～左師呼

彭家灣一八三 3/齊～祝窔問王於葴郢之歲

彭家灣一八三 6/齊～祝窔蹠楚之歲

彭家灣一八三 8/齊～祝窔問王於葴郢之歲

彭家灣一八三 10/齊～祝窔蹠楚之歲

寒

 帛乙 3/～氣

害

 九店五六 32/是謂外～日

 安崗一 7/漆～

宋

 望山二 60/一～需光之紑

 嚴倉卜筮 1/～客左師脣蹠楚之歲

 嚴倉卜筮 1/自～客左師脣之歲

 彭家灣一八三 1/～客左師呼

宗

 望山一 125/舉禱北～一環

 九店六二一 25/☒於～□□不☒

宔

 望山一 109/賽禱宮地～(主)一羖

 望山一 110/速祭公～(主)

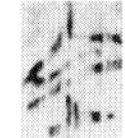 望山一 129/☒公～(主)既成

 天卜 29/擇日冬夕賽禱宮地～(主)一段

 唐維寺 2/地～(主)

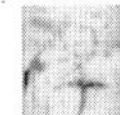 唐維寺 3/地～(主)

 唐維寺 5/土～(主)

宕

 嚴倉記席 4/☒～中

宮

 望山二 47/四膚,皆文～

 望山二 58/丹繡之～

窒

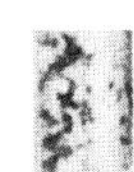 九店六二一 14/☒事又器四放不𣪘灼～齊□☒

宮　部

宮

 望山一 24/有慼於躳身與～室

 望山一 28/舉禱～行一白犬

 望山一 75/有慼於躳身與～室

 望山一 109/賽禱～地主一牯

 望山一 117/使□□於～室

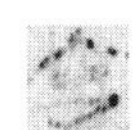 望山一 127/舉禱於～

天卜 27/將少有慼於～室

天卜 29/少有慼於～中

天卜 29/擇日冬夕賽禱～地主一羖

九店五六 48/凡～垑於西南之南，居之貴

九店五六 54/～正方，非正中，不吉

夕陽坡 1/王居於莪郢之游～

呂　部

郘

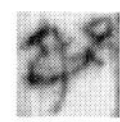
嚴倉卜筮 2/少有慼於～（躳）身

穴　部

竈（𥧡、㾢）

𥧡

望山一 139/祭～（竈）

㾢

望山一 140/☐祟祭～（竈）☐

竆（穿）

穿

九店五六 49/～（竆）居南、北，不利人民

窔

彭家灣一八三 3/齊客祝～問王於莪郢之歲

彭家灣一八三 6/齊客祝～蹠楚之歲

彭家灣一八三 8/齊客祝～問王於莪郢之歲

彭家灣一八三 10/齊客祝～蹠楚之歲

疒　部

疾

望山一 37/胸脅～

望山一 38/足骨～

望山一 39/足骨～

望山一 41/首～

望山一 42/首～

望山一 45/～少遲瘥

望山一 61/～遲瘥

望山一 66/☐～，丙、丁有閒

望山一 187/～

天卜 40/既背膺～，以心悶，尚毋以是故有大咎

 九店五六 28/利以祭門、行,除～

 九店五六 60/以入,見～

 九店五六 60/以有～☐

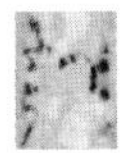 九店五六 63/北見～,西吉,南有得

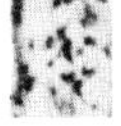 九店五六 65/有得,西凶,〔南見〕～

 九店五六 66/以有～,戌少瘳

 九店五六 67/以有～,子少瘳,卯大瘳

 九店五六 71/以有～,卯少瘳,巳大瘳

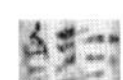 唐維寺 1/有肩背、髀髆、胸脅～

 唐維寺 2/～速瘥

 唐維寺 3/以其有肩背、髀髆、胸脅～之故

 唐維寺 4/媺以其有～之故

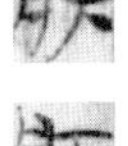 唐維寺 7/以其室之有～之故

 唐維寺 8/～

 彭家灣一八三 1/既以其有～,尚毋有咎

 彭家灣一八三 2/苟使娥之～速瘥,幾中賽之

 彭家灣一八三 3/～將又作

 彭家灣一八三 5/以其心悶、腹～之故,尚毋死

 彭家灣一八三 6/以其腹心之～,尚毋死

 彭家灣一八三 8/既有腹心之～

 彭家灣一八三 10/既有腹心之～

 慈利法書 4/弔死問～

病(㾙)

㾙

 唐維寺 5/産以其有～(病)之故

 唐維寺 6/産以其有～(病)之故

瘦(㾭)

㾭

 彭家灣二六四/～(嬰)齊之三世王父

痤(痓、瘥)

痓

 望山一 9/既～(痤),以悶心

 望山一 13/既～(痤),以心☐然,不可以復使遷身韍

瘥

 望山一 40/以～(痤),尚毋以其故有大咎

癰(瘖)

瘖

 安崗一 1/周客南公～(癰)

瘥(瘢)

瘢

 望山一 44/速～(瘥)

 望山一 45/疾少遲～(瘥)

 望山一 52/速～(瘥)

 望山一 61/疾遲～(瘥)

 望山一 62/遲～(瘥)

 望山一 63/少遲～(瘥)

 望山一 64/遲～(瘥)

 望山一 65/～(瘥)

 望山一 116/速～(瘥)

 望山一 150/述～(瘥)

 望山一 150/速～(瘥)

 望山一 151/述～(瘥)

 望山一 152/～(瘥)

 望山一 153/～(瘥)

 天卜 40/壬午～(瘥)

 唐維寺 2/疾速～(瘥)

 唐維寺 3/苟使産速～(瘥)

 彭家灣一八三 2/苟使娥之疾速～(瘥)

 彭家灣一八三 9/少遲～(瘥)

 彭家灣一八三 10/少有續，遲～(瘥)

 彭家灣二六四/速～(瘥)

痵

 天卜 40/既背膺疾，以心～(悶)，尚毋以是故有大咎

痢

 望山一 66/丙、丁有～(閒)

痼

 望山一 88/～以黃靈習之

瘼

彭家灣一八三 3/以其～且心悶，尚毋死

瘄(瘄、瘄)

瘄

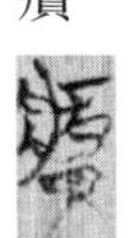
彭家灣一八三 9/少遲瘥,懼又～(續)

彭家灣一八三 10/少有～(續),遲瘥

瘄

望山一 62/有～(續)

望山一 65/有～(續)

天卜 5－2/無咎,少有～(續)

天卜 40/占之：吉,夜中有～(續)

癢

望山一 17/既心悶,以～,善欬

冖 部

冠(昇)

昇

望山二 49/一大～(冠)

望山二 61/一小紡～(冠)

望山二 62/二獬～(冠)

九店五六 13 貳/～(冠)

九店五六 36/利以～(冠)

九店五六 36/帶劍,～(冠),吉

九店五六 41/凡成日,利以娶妻、嫁女、～(冠)

安崗一 5/一獬～(冠)

安崗二 2/一帛～(冠)

安崗二 2/一縞～(冠)

冃 部

同

望山一 88/～祟

塌冢 25/正發蜜太壯悰～韋

慈利選編 9＋7/四曰～惡相助

帛甲 7/出入□～

冢

望山二 6/貍貘之～

望山二 13/～毛之首

望山二 23/魚鞁之～

冃　部

冒(冒、絹)

冒

 安崗一 1/軀～

絹

 仰天湖 8/緹布之～(帽)

㒳　部

兩

 望山二 6/丹重繡之～童

 望山二 9/～馬

 天策 2/～馬之革轡

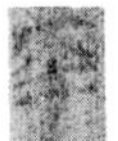 天策 6/～馬之樸翆袂

 安崗一 17/～馬之銀面

 望山橋 6/～輢

网　部

网(罔)

罔

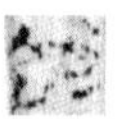 九店五六 14 貳/利以爲張～(網)

 九店五六 31/設～(網)

羅(羅、纚)

羅

 仰天湖 23/疏～緟之繆

纚

 仰天湖 23/疏～(羅)之帶

巾　部

巾(幁)

幁

 安崗一 3/～(巾)笶

望山二 49/啻～(巾)二十二

帥(阫、陫)

阫

望山二 9/紫韋之～(帥)

陫

望山二 6/紫韋之～(帥)

帶(繻、黹)

繻

 望山二 48/七劍～(帶)

 望山二 49/三革～(帶)

 望山二 49/一緄～(帶)

 望山二 50/一革～(帶)

 望山二 50/一緄～(帶)

 九店五六 13 貳/～(帶)劍

 九店五六 36/～(帶)劍

 安崗一 4/一革～(帶)

 安崗一 4/一緄～(帶)

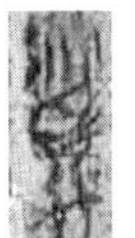 安崗一 4/縞～(帶)

 安崗一 15/縞～(帶)

 仰天湖 14/一組～(帶)

 仰天湖 17/革～(帶)

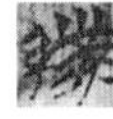 仰天湖 23/疏羅之～(帶)

𦅓

 安崗二 1/一雜然之緄～(帶)

 安崗二 1/一朱～(帶)

 安崗二 2/一□緅～(帶)

 安崗二 2/縞～(帶)

常(常、𦃠)

常

 九店五六 109/～(裳)

 丁家咀一 1/紫錦之～(裳)

𦃠

 九店五六 36/製衣～(裳)

幒(裒)

裒

 安崗一 11/五紡～(幒)

 安崗一 11/四縞～(幒)

席(笞、筵)

笞

 望山二 20/▨之～(席)

 望山二 21/純緂～(席)

 望山二 22/緄～(席)

 望山二 49/～(席)十又二

 曹家崗 7/二纑～(席)

 嚴倉記席 1/☐～(席)

 嚴倉記席 2/☐～(席)

 嚴倉記席 3/☐～(席)

 嚴倉記席 3/二筵～(席)

 嚴倉記席 4/一筵～(席)

 仰天湖 20/一紫錦之～(席)

 仰天湖 21/一純筵～(席)

 仰天湖 21/一㒻～(席)

筵

 安崗二 1/七～(席)

布

 九店五六 20 貳/製～褐

 安崗二 4/一～□

 王家咀 771/其～粟倍它日矣

 仰天湖 8/緹～之帽

市　部

市

望山二 13/白～

帇

帛甲 6/申之以～降

白　部

白

望山一 28/舉禱宫行一～犬

望山一 119/～犬

望山二 9/～鞣之綏

望山二 12/～金之葩瑤

望山二 13/～市

望山二 18/～金之阩戠

望山二 19/～金之交

 望山二 37/～☐

 望山二 38/～金之勿

 望山二 38/～金☐

 望山二 39/～金☐

 望山二 41/☐～柔☐

 望山二 48/五魯～(帛)之籅

 天卜 10/義懌以～靈爲君月貞

 天卜 29/習之以～靈

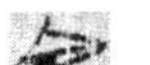 天策 4/戴～毛

 天策 7/翠首～毛之真

 安崗二 1/魯～(帛)之麿

 安崗二 2/二魯～(帛)之紽

 安崗二 2/一～(帛)冠

 慈利法書 2/解其氣擊龍紱～徒以視之厲士

 帛乙 5/～木

 帛五 7/～箵

 帛五 32/〔其〕色～

 帛攻 1：3/西方～

 帛塊二正/量～二戠

皅

 望山二 12/白金之～(葩)瑤

淅　部

淅

 九店五六 44/君饗受某之攝～(幣)、芳糧

卷　八

人　部

人

 望山一176/使攻解於下之～不壯死

 九店五六16貳/和～民

 九店五六17貳/入～

 九店五六21貳/入～

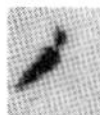 九店五六24貳/見～

 九店五六28/以寓～，奪之室

 九店五六30/逃～不得

 九店五六31/逃～不得

 九店五六34/逃～不得

 九店五六35/生子，男必美於～

 九店五六41/利以入～民

 九店五六42/凡不吉日，利以見公王與貴～

 九店五六42/利以取貨於～之所

 九店五六42/毋以舍～貨於外

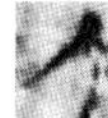 九店五六45/宜～民

 九店五六46/宜～民、六擾

 九店五六49/窮居南、北，不利～民

 九店五六57/▨水居之□，婦～正

 磚瓦廠1/仔門之里～

 磚瓦廠2/僕未知其～

 磚瓦廠3/今僕督～李□敢告於視日

 磚瓦廠 3/僕不知其～

 磚瓦廠 4/☐□□～李捭敢告於☐

 安崗一 1/列尹命執事～爲之藏

 高臺 1/☐有一婦～從鄢言☐

 彭家灣一八三 11/解溺～

 王家咀 484/子新去夫魯，～其惑子

 王家咀 483/魯～詹因辭曰

 港大 2/其～天且劓

 帛甲 5/草木民～

 帛甲 12/民～弗知

保(保、呆)

保

 望山一 17/魏豹以～(寶)室爲悼固貞

 天卜 12－1/鹽〔丁〕以～(寶)家爲君月貞

 天卜 13－1/鹽丁以長～(寶)爲邸陽君番勝貞

 天卜 43/陳郢習之以新～(寶)家

 丁家咀二 27/至其～

呆

 望山一 197/～(寶)家

 丁家咀二 27/至其～(保)

仁(忎)

忎

 港大 3/三～(年)而劃於膺

傑

帛攻 6/□又～

佗

望山一 18/許～

 望山一 93/許～占之曰：吉

 彭家灣一八三 12/懼又～所黿

備

望山一 54/～(佩)玉一環

 望山一 109/～(佩)玉一環

 望山一 109/～(佩)玉一環

 望山一 130/～(佩)玉一環

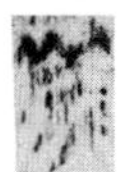 望山二 50/～(佩)一□□□

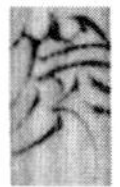 唐維寺 7/蔽～(佩)玉一環

帛甲 10/□敬唯～(服)

帛乙 5/山陵～傾

傾(鈌)

鈌

帛乙 5/山陵備～(傾)

帛乙 6/彼九天則大～(傾)

亙

 望山二 57/一紅繡之～屨

敚

 九店五六 13 壹/～於卯

 九店五六 14 壹/～於辰

 九店五六 15 壹/～於巳

 九店五六 16 壹/～於午

 九店五六 17 壹/～於未

 九店五六 18 壹/～於申

 九店五六 19 壹/～於酉

九店五六 20 壹/～於戌

 九店五六 21 壹/～於亥

 九店五六 22 壹/～於子

 九店五六 23 壹/～於丑

 九店五六 24 壹/～於寅

 九店五六 24 貳/凡～日,利以嫁女

 九店五六 35/生子,男必～(美)於人

作(厏、復、复)

厏

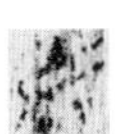 九店五六 25/～(作)事,不果

 九店五六 31/利以行～(作)

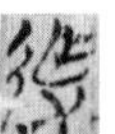 九店五六 32/不利以行～(作)

 九店五六 32/是故謂不利於行～(作)

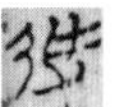 九店五六 33/以～(作)卯事,不吉

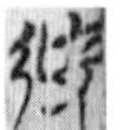 九店五六 38 貳/凡五卯,不可以～(作)大事

 九店五六 45/凡相坦、樹邦、～(作)邑之道

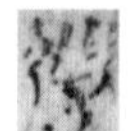 九店五六 54/秋三月,～(作)高居於西得

 九店五六 37 貳/凡五子,不可以～(作)大事

𠆩

塌冢 24/☑情～(作)紳罣交分訓☑

乍

龍會河 201/俾～(作)輔

彭家灣一八三 3/疾將又～(作)

侵(戠)

戠

帛丙十一 1/利～(侵)伐

傳(𨕖)

𨕖

帛乙 3/乃上下騰～(轉)

帛乙 7/以～(轉)相□

倍(伓)

伓

望山一 183/～

唐維寺 1/有肩～(背)、髀髆、胸脅疾

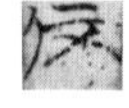

唐維寺 3/以其有肩～(背)、髀髆、胸脅疾之故

倀

九店五六 36/～(長)者吉

九店五六 38 貳/非其身，～(長)子受其咎

九店五六 46/蓋西北之宇，亡～(長)子

帛乙 4/～(長)曰青□幹

俄

望山橋 5/～(義)懌占之

偃(㑒)

㑒

望山二 23/豚～(偃)晉

望山二 48/二莞～(筵)

天策 2/長～(偃)

嚴倉記席 3/二～(筵)席

伐

帛丙十一 1/利侵～

帛五 36/以～

帛商照 1/東～是

帛商照 11/～君首

咎

望山一 40/尚毋以其故有大～

望山一 44/毋以其故有～

望山一 46/尚毋有～

望山一 61/無大～

望山一 73/～

天卜 5－2/尚毋有～

天卜 5－2/無～,少有續

天卜 40/既背膺疾,以心悶,尚毋以是故有大～

九店五六 29/以見邦君,不吉,亦無～

九店五六 37 貳/其身有大～

九店五六 38 貳/非其身,長子受其～

嚴倉卜筮 1/尚毋有～

彭家灣一八三 1/既以其有疾,尚毋有～

彭家灣一八三 1/恒貞吉,無～,有祟

彭家灣一八三 5/有祟見於親～(舅)與親姑

彭家灣一八三 9/三月幾中尚毋有大～

彭家灣一八三 10/三月幾中尚毋有大～

彭家灣一八三 10/占之:恒貞無～

帛乙 2/～而之達

帛丙一 3/帥有～

帛丙九 2/乃～

像

帛甲 10/天～是則

倜

天策 4/～示

仔

磚瓦廠 1/～門之里人一贇告僕

促

仰天湖 23/～(疏)羅之帶

仰天湖 23/～(疏)羅纓之繆

佸

夕陽坡 2/～(造)让尹

偽

帛乙 1/厥女～偽

㑓

仰天湖 21/一～席

㒺

帛五 7/其虫～

七　部

真

望山二 54/一湯～(鼎)

天策 7/翠首白毛之～

曹家崗 1/四～(鼎)

 彭家灣二六四/～卜筮爲色真

匕　部

匕

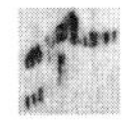 望山二 47/四金～

 望山二 56/埮～

 安崗一 3/二～

卓

天卜 13－3/禱～公順至惠公大牢,樂之,百之,贛

 天卜 27/舉禱～公順至惠公大牢

从　部

從

 九店六二一 2/自出福是～内自悲□□□□□□

 嚴倉記席 1/□席,～(縱)紋屯二十又四

 嚴倉記席 2/～(縱)紋十又九

 嚴倉記席 3/～(縱)紋屯十又七

 嚴倉記席 4/～(縱)紋十又七

 嚴倉記席 6/～(縱)紋十又六

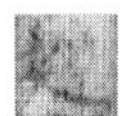 高臺 1/□有一婦人～鄢言□

棗紙 15/我先王～之走

彭家灣一八三 8/～遠夕之月以就夏夷

帛甲 13/土事勿～,凶

帛五 3/利以一日～

帛五 3/□旬一日～

帛攻 1：2/～□□

帛攻 1：3/墨～北方

帛攻 2：1/～乙酉之日以至己卯之日

帛攻 2：2/入則～子至

帛攻 3/～庚子之日以至丙午

帛攻 4/～乙卯之日〔以至辛酉之日〕

帛攻 5/～〔之〕曰死氣

帛攻 6/□□～

帛攻 9：2/□～庚

帛攻 11/一星～北

并

望山二 2/其～檽,丹重繡之䙝

北　部

北

望山一 76/～方有祟

望山一 115/册於東石公、社、～子、行

望山一 116/舉禱～子

望山一 117/王之～子

望山一 118/～子冢豕，酒食

望山一 125/舉禱～宗一環

望山一 126/舉禱～☒

九店五六 45/～方高，三方下

九店五六 46/蓋西～之宇，亡長子

九店五六 46/～、南高，二方下

九店五六 46/東～有□□☒

九店五六 47/東、～高，二方下

九店五六 49/垑於東～之北，安

九店五六 49/垑於東北之～，安

九店五六 49/窮居南、～，不利人民

九店五六 49/居西～利

九店五六 50/垑於西～

九店五六 51/垑於東～之東

九店五六 53/廩居西～，不吉

九店五六 54/☒□西～貧

九店五六 54/敨於～得

九店五六 56/東～之宇，西南之☒

九店五六 61/西亡行，～〔吉〕，南有得

九店五六 62/～吉，西亡行，南有得

九店五六 63/～見疾，西吉，南有得

九店五六 66/～得，西聞言，南〔凶〕

九店五六 67/〔未〕以東吉，有得，～凶

九店五六 73/西、～見☒

九店五六 91/不可以～徙

九店五六 93/以西～行

九店五六 113/得～□□□□☒

塌冢 3/弍～進□祀薦以之西父己

唐維寺 2/～方牂玉一環

唐維寺 3/～方

唐維寺 6/～方

唐維寺 7/～方

帛丙一 3/～征

帛五 16/南～向

帛攻 1：3/墨從～方

帛攻 4/弇～方

帛攻 11/一星從～

丘　部

丘(丠)

丠

王家咀 483/魯孔～(丘)

虚

 九店五六 47/東、南高，二方下，是謂～井

 慈利選編 1/☐～其民，必逡就☐

㐺　部

眾

 九店五六 15 貳/聚～

 九店五六 28/聚～

 夕陽坡 1/越湋君蠃將其～以歸楚之歲

 慈利文物 26/不□□而至～乃□亡☐

 慈利選編 5/□之～寡不身則☐

 帛丙十一 2/可以聚～

聚

 望山一 38/以～(驟)欨，足骨疾

 望山一 39/～(驟)欨

 九店五六 15 貳/～眾

 九店五六 28/～眾

 九店五六 45/土田～(驟)得

 九店五六 46/～□見吉

 帛丙十一 2/可以～眾

𡈼　部

徵(㞷)

㞷

 望山一 192/～

 帛五 11/其音～(徵)

重　部

重(砫)

砫

 望山二 2/丹～(重)繡之純

 望山二 2/丹～(重)繡之裍

 望山二 6/丹～(重)繡之䵦冃

 望山二 6/丹～(重)繡之兩童

 望山二 23/丹～(重)繡之裏

量

 帛塊二正/～白二戠

臥 部

監

 望山二 48/一大～(鑑)

 望山二 53/二～(鑑)

身 部

身

 望山一 13/不可以復使遷～鞁

 九店五六 37 貳/其～有大咎

 九店五六 38 貳/非其～,長子受其咎

 九店五六 94/丁巳終其～

 嚴倉卜筮 2/少有慼於躳～

 慈利法書 3/其～果死,則免於辠

 慈利法書 3/如其～不▨

 慈利選編 5/□之衆寡不～則▨

帛甲 7/土～無翼

衣 部

衣

 望山二 47/二瑟,皆繡～

 望山二 49/緹～

 望山二 49/丹繡之～

 望山二 49/紫～

 望山二 49/一緗～

 九店五六 20 貳/凡盍日,利以製～裳

 九店五六 36/製～裳

 嚴倉簽牌 2/堇君之～一笥

 仰天湖 1/一紡～

 仰天湖 2/中君之一緹～

 仰天湖 3/左馬之緹～

 仰天湖 4/一緹～

 仰天湖 5/一結～

 仰天湖 6/甲～

 仰天湖 11/一～,錦純,錦□▨

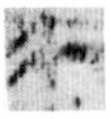

表

 九店五六 36/～�

裏(裏、絟)

裏

望山二 2/丹繡之～

望山二 2/丹組之屋,紡～

望山二 6/丹重繡之鼇目,黄～

望山二 8/丹繡之軑安,生紶之～

望山二 10/丹組之～

望山二 12/赭膚之～

望山二 23/丹重繡之～

望山二 47/一丹繡之茵,緑～

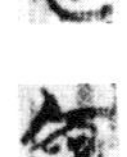
望山二 59/縞～

望山二 60/縞～

望山二 61/縞～

絟

仰天湖 1/緑～(裏)

仰天湖 20/一紫錦之席,黄～(裏)

仰天湖 22/有縞～(裏)

祑(紩)

紩

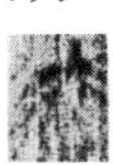
天策 6/兩馬之樸翠～(祑)

襡

帛甲 9/建極～(屬)民

衾

丁家咀一 1/☐～

褭

安崗一 4/紫～

安崗一 6/一□弓～

衰

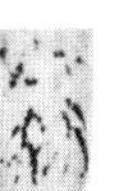
九店五六 96/生於寅～

九店五六 96/亡於巳～

褱

安崗一 10/夬～(韘)□之

褯

安崗一 2/～(龙)旂

裩

安崗一 9/☐紛之～

褎

安崗一 4/三类～

襤(䙝)

䙝

安崗一 10/䴮繡之～(襤)

裘　部

裘(求)

求

九店六二一 1/智寺終☐☐☐～求毋☐☒

老　部

老

望山一 120/☒先～童、祝〔融〕

望山一 122/～童

壽

九店五六 45/居之安～

九店五六 46/西方高，三方下，其中不～

孝

王家咀 852/孔子曰："天下之刑八，不～☒"

仰天湖 38/楚～敓之年

耇

彭家灣一八三 1/恒～(祈)福

耆

唐維寺 5/産以其有病之～(故)

唐維寺 6/産以其有病之～(故)

毛　部

毛

望山二 13/冢～之首

望山二 49/皆赤☐☐☐頸素冢之～夬

天策 4/戴白～

天策 7/翠首白～之真

斛

望山二 45/二～

氈

望山橋 7/貍～(貘)之攝

尸 部

尸(𡰥)

𡰥

彭家灣一八三 9/少～(遲)瘥

彭家灣一八三 10/少有續,～(遲)瘥

港大 5/▨之～(仁)

居(凥、𡰻)

凥

望山二 45/二～𣏕

九店五六 35/～有食

九店五六 43/尔～復山之基

帛五 6/～木

帛五 7/～木

帛五 17/～□

帛五 25:2/～金

帛五 27:1/～水

帛五 34/～水

帛五 34/～土

帛塊一正/得～

帛商照 4/文得～

帛商照 4/文得～

帛商照 7/文得～

𡰻

彭家灣一八三 3/鄦～(居)以黿黽爲娥貞

彭家灣一八三 5/鄦～(居)以校靈爲娿也貞

彭家灣一八三 6/我～(居)以惐靈爲娥也貞

彭家灣一八三 7/埜～(居)占之:吉

彭家灣一八三 8/義～(居)以長靈爲娥貞

屋

望山二 2/丹組之～

望山二 15/紡～

屎(𡳐)

𡳐

望山二 31/革～(綏)紃

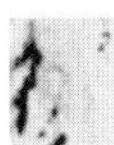
九店五六 17 貳/～(徙)家室

五里牌 13/在長～

 五里牌 14/在長～

 五里牌 18/其二在長～

屌

 慈利法書 4/～(弔)死問疾

尺　部

尺

 望山一 132/己未之日～

尾　部

屈

 九店五六 23 壹/～夕

 九店五六 77/～夕

 九店五六 85/～夕

 九店五六 91/～夕

 帛月内/～夕

 帛五 16/～夕

履　部

履

 慈利漫步 1/既～勿當宜以坐

舟　部

朕

帛乙 3/乃上下～(騰)轉

方　部

方

望山一 76/北～有祟

望山一 77/南～有祟

天卜 27/且有惡於東～田邑與兵甲之事

天策 3/一～橹

九店五六 3/～一

九店五六 4/～七

九店五六 4/～、㕁首一

九店五六 4/～☐

九店五六 5/～三

九店五六 6/～☐

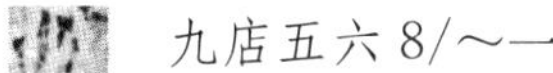

九店五六 8/～一

九店五六 9/～四

九店五六 31/〔蹠〕四～野外

九店五六 32/蹠四～野外

九店五六 45/北～高，三方下

九店五六 45/北方高，三～下

九店五六 46/西～高，三方下

九店五六 46/西方高，三～下

九店五六 46/北、南高，二～下

九店五六 47/東、南高，二～下

九店五六 47/西～□□□貧

九店五六 47/東、北高，二～下

九店五六 54/宫正～，非正中，不吉

九店六二一 17/▨□陳炣～内▨

望山橋 6/～軒

唐維寺 2/北～

唐維寺 3/北～

唐維寺 6/北～

唐維寺 7/北～

夕陽坡 2/以王命賜舒～御歲籲

帛甲 2/降于下～

帛甲 4/乃有鼠～

帛攻 1：3/西～白

帛攻 1：3/墨從北～

帛攻 2：1/弇南～

帛攻 3/弇西～

帛攻 3/務攻西～

帛攻 4/弇北～

帛攻 6/□～其

帛攻 8/～

儿　部

亮

望山橋 1/秦客～成問王於蔵郢之歲

先　部

先

望山一 90/賽禱～▨

望山一 112/～君

望山一 120/▨～老童、祝〔融〕

望山一 124/楚～既禱

望山一 133/▨～君▨

望山一 134/▨於～▨

秉紙 14/吾～君闔盧所以克入郢

秉紙 15/右我～王

秉紙 15/我～王從之走

秉紙 15/我～王是以克入〔郢〕

見　部

見

望山一 49/有～祟

望山一 50/有～祟

望山一 77/與啻啻～

九店五六 24 貳/～人

九店五六 29/以～邦君,不吉

九店五六 42/凡不吉日,利以～公王與貴人

九店五六 46/聚□～吉

九店五六 60/以入,～疾

九店五六 63/北～疾,西吉,南有得

九店五六 73/西、北～□□▨

唐維寺 2/有祟～

唐維寺 3/有祟～

唐維寺 4/有祟～於君之所

唐維寺 5/～産將擇良月良日

唐維寺 6/～産將擇良月良日

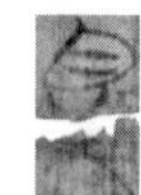
唐維寺 7/有祟～

彭家灣一八三 3/有祟～於三世王父

彭家灣一八三 5/有祟～於親舅與親姑

彭家灣一八三 6/有祟～於娥之親父、親母

王家咀 852/守也久不得～矣

慈利文物 12/吾～子於此止矣

帛甲 12/不～陵□

帛丙五 2/以匿不～

視(貝)

貝

磚瓦廠 2/～(視)日

磚瓦廠 3/今僕㝬人李□敢告於～(視)日

慈利文物 23/▨□是□□□～(視)堇□以▨

慈利法書 2/解其氣擊龍紩白徒以～(視)之厲士

帛塊一背/～(視)

觀

望山一 109/～

望山一 174/～

嚴倉卜筮 1/～珊以長靈爲大司馬悼愲貞

親

慈利法書 4/弟相愛也,則～戚不廢

覞

磚瓦廠 2/～(盜)殺僕之兄李舂

磚瓦廠 3/～(盜)殺僕之兄李舂

䚦

唐維寺 3/～(遠)夕之月

彭家灣一八三 6/～(遠)夕之月

彭家灣一八三 10/～(遠)夕之月

欠 部

欠

帛塊二背/～

欽

帛甲 11/不～(禁)□行

欲

九店五六 43/今日某將～食

安崗一 7/竹～

慈利文物 2/越王句踐將～勿伐□乃□

慈利選編 4/吾～與之遨天之衷

港大 6/不～☐

欿

五里牌 3/在區～(棫)

五里牌 4/在區～(棫)

五里牌 5/在區～(棫)

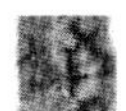
五里牌 6/在區～(棫)

五里牌 7/在區～(棫)

 五里牌 12/在區～(棫)

歐(欨)

欨

帛丙五 1/曰：～(臯)

帛丙五 4/～(臯)出睹

歆

 帛五 23/〔其〕味～(辛)

歕

 望山一 17/善～

 望山一 37/以不能食，以心悶，以～，胸脅疾

 望山一 38/以驟～，足骨疾

 望山一 39/驟～

卷　九

頁　部

頁

 仰天湖 18/玉～(首)

頸

 望山二 49/皆赤□□□～素豕之毛夬

項

 望山二 12/纓纕～

 望山二 13/纓纕～

顧(募)

募

 慈利選編 5/□之衆～(寡)不身則▨

 卉茅之外 2/多貌～(寡)情

頪

 望山一 145/▨粃～▨

百　部

百

 望山二 37/▨金之□～(首)
與“首”爲一字,其他字形參“首”字。

脜

 九店五六 40 貳/不可以畜六牲～(擾)

 九店五六 40 貳/帝之所以戮六～(擾)之日

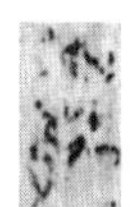 九店五六 46/宜人民、六～(擾)

䳒

 望山二 48/一匡□～

面　部

面

 望山二 12/鋯～

 望山二 13/鋯～

 安崗一 17/兩馬之銀～

首　部

首

 望山一 41/～疾

 望山一 42/～疾

 望山二 13/翡翠之～

 望山二 13/豕毛之～

 天策 2/～遺

 天策 7/翠～白毛之真

 帛丙十一 2/刑～事

 帛商照 11/伐君～

䫏

 丁家咀二 3/黄□～以御筮爲婁☐

須　部

須

 唐維寺 1/樂尹～盂産

彡　部

彡(敭)

敭

 望山一 9/鄧遣以小～(籌)爲悼固貞

望山二 40/～

望山二 45/一～(彡)程

望山二 47/～(彡)杯

望山二 47/一小～(彡)羽箑

 望山二 6/漆～(彡)勒

 望山二 11/軥、杠皆～(彡)

 五里牌 13/～(彡)勺二

弱(㣇)

㣇

 彭家灣一八三 6/～(溺)者

 彭家灣一八三 7/解於～(溺)者

文　部

文

 王家咀 484/夫～、武猶有毁

髟　部

髮(𢇍)

𢇍

帛攻 1：2/～(務)弇〔東方〕

帛攻 1：2/〔甲子〕之日～(務)攻

帛攻 1：3/以中～(務)諸侯

帛攻 2：1/～(務)攻南〔方〕

帛攻 3/～(務)攻西方

司　部

司

望山一 54/～命

望山一 55/～命

望山一 56/～〔命〕

望山一 128/～命

天卜 78/舉禱袪一犆，～命、司〔禍各〕一犆

天卜 78/舉禱袪一犆，司命、～〔禍各〕一犆

九店五六 43/命尔～兵死者

九店六二一 8/贜免□□之～勞□□☒

九店六二一 19/心口～□

安崗二 2/一～(笥)䏬斲

嚴倉卜筮 1/觀珊以長靈爲大～馬悼愲貞

唐維寺 2/～命

唐維寺 3/～命

唐維寺 5/～命

彭家灣一八三 11/后土、～命各一羖

彭家灣一八三 12/后土、～命各一羖

五里牌 17/三十～(笥)

慈利文物 24/王乃命有～大令於☒

慈利漫步 2/子孫之不～戰尚克黽

慈利漫步 2/君命～徒爲☒

帛乙 2/以～土壤

帛丙三 3/痛～春

帛丙六 3/且～夏

帛丙九 3/玄～秋

帛丙十二 3/荼～冬

詞(詒)

詒

天卜 15－1/既～(始)居其新室，尚宜安長居之

港大 5/孔子～(辭)以禮遜焉

卩　部

卲

夕陽坡 1/士尹～(昭)王之上

㓼

望山二 6/～(漆)彫勒

天卜 40/郘還以～(漆)著爲君貞

五里牌 10/～(漆)杯十合

色　部

色

彭家灣二六四/真卜筮爲～貞

彭家灣二六四/嬰齊之三世王父爲～祟

帛五 7/其～墨

帛五 32/〔其〕～白

帛塊一背/黃～

𦫷

熊家灣 1/～爲娌貞

𦫺

九店五六 20 貳/～(校)衬

卯　部

卿

九店五六 26/□神～(饗)之

勹　部

旬

九店五六 85/☑月～

九店五六 85/二～

九店五六 86/～

帛五 3/□～一日從

帛五 13/～

帛五 17/一～

帛五 34/～一日

帛殘紅/～二〔□〕□

帛殘黑/□一～

帛塊二背/出八～

帛商捐/□～

帛商捐/二～

匈(䏚、鵴、脟)

䏚

望山一 37/～(胸)脅疾

鵴

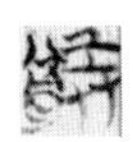

唐維寺 1/有肩背、髀髆、～(胸)脅疾

脟

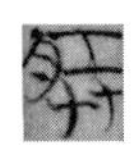

唐維寺 3/以其有肩背、髀髆、～(胸)脅疾之故

豖(豜)

豜

望山一 116/肥～(豖)

茍　部

敬

卉茅之外 2/民故弗～

卉茅之外 2/～戒以持

帛甲 9/～之哉

帛甲 10/毋弗或～

帛甲 10/□～唯服

帛甲 11/～之毋忒

由　部

禺

望山二 15/～純

五里牌 14/也一～(偶)

厶　部

厶

望山一 119/舉禱大夫之～(私)巫

丁家咀二 27/或禱於～(私)巫

山　部

山

望山一 96/～川

九店五六 43/尓居復～之基

帛甲 2/～陵其廢

帛甲 11/～川

帛乙 3/～陵不衛

帛乙 3/乃命～川四海

帛乙 3/以涉～陵

帛乙 5/～陵備傾

峨

望山橋 2/蒼～懌以軴靈爲中廄尹貞

丞

唐維寺 1/樂尹須～産

广　部

廱

帛攻 5/□～之溺人

廏

望山橋 2/蒼峨懌以軒靈爲中～尹貞

廁

九店六二一 3/敗其□□□□之～

庶

九店五六 47/黄帝□□～民居之▨

九店五六 53/日出～(炙)之

安崗一 11/～(炙)雞一箕

厂　部

厲

慈利法書 2/解其氣擊龍紌白徒以視之～士

厭(曆)

曆

帛甲 6/～(厭)爲之正

帛甲 8/～(厭)以爲則

厎

帛甲 4/亡～望□歲

石　部

石

望山一 115/册於東～公、社、北子、行

九店六二一 29/～

王家咀 852/公孫～問:“刑幾?”

長　部

長

望山二 64/～王孫

天卜 4－1/史丑以～靈爲君月貞

天卜 13－1/盬丁以～寶爲邸陽君番勝貞

天卜 15－1/既始居其新室,尚宜安～居之

天策 2/～偃

嚴倉記席 1/其一～十又一尺三寸

嚴倉記席 1/其一～十又一尺八寸

 嚴倉記席 2/～九尺二寸

 嚴倉記席 2/～八〔尺〕

 嚴倉記席 4/～九尺二寸

 嚴倉記席 5/其一～八尺六〔寸〕

 嚴倉記席 5/其一～十尺

 嚴倉記席 6/～十尺

 嚴倉卜筮 1/觀琊以～靈爲大司馬悼愲貞

 彭家灣一八三 8/義居以～靈爲娥貞

 五里牌 13/在～房

 五里牌 14/在～房

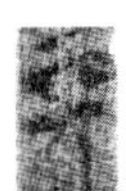 五里牌 18/其二在～房

 帛丙十一 4/辜分～

勿　部

勿

 望山二 38/白金之～

 安崗一 11/四～

 慈利文物 2/越王句踐將欲～伐□乃□

 慈利漫步 1/既履～當宜以坐

 帛甲 3/是失月閏之～行

 帛甲 11/民～用□□

 帛甲 13/土事～從

昜

 望山二 15/柱～馬

 望山二 16/柱～馬

 望山二 63/奉～(陽)公

 天卜 13－1/鹽丁以長寶爲邸～(陽)君番勝貞

 九店五六 26/是謂～(陽)日

 九店五六 31/是謂外～(陽)日

 仰天湖 1/許～(陽)公

 帛丙十 1/〔曰〕：～(陽)

 帛丙十 3/～(陽)□義

而　部

而

 九店五六 19 貳/無爲～可

 九店五六 22 貳/無爲～可

 九店五六 34/無爲～可

 九店六二一 7/～

 磚瓦廠 1/某聶與僕兄之不□□□競梁～殺之

 唐維寺 2/因其禽～罷禱焉

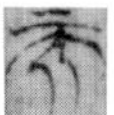 唐維寺 3/因其禽～罷禱焉

 唐維寺 7/擇良日～賽之

 王家咀 484/～桓、僖如毀者也而不毀

 王家咀 483/而桓、僖如毀者也～不毀

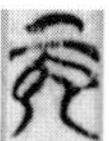 王家咀 771/小子鳴鼓～攻之可矣

 慈利文物 16/□□□□之中者～☑

 慈利文物 26/不□□～至衆乃□亡☑

 慈利法書 1/地均於百姓，則朝～昏安

 慈利漫步 1/一鼓～□，□鼓而□，三而☑

 慈利漫步 1/一鼓而□，□鼓～□，三而☑

 慈利漫步 1/一鼓而□，□鼓而□，三～☑

 港大 3/三年～劃於膺

 港大 9/☑□好～重之以上下之約

 帛乙 2/□是斁，～踐是格

 帛乙 2/咎～之達

豕　部

豕

 望山二 45/一～梡

 望山二 51/一～盎

 九店五六 49/居西北利，不利～

豭(豠)

豠

 望山一 109/賽禱宮地主一～(豭)

 丁家咀二 27 背/一～(豭)

 塌冢 1/用一～(豭)豢與☑

豢(豢、豩)

豢

 望山一 116/肥～

 天卜 4－2/速賽禱惠公特～，饋之

 唐維寺 4/産以志其食之幾肥～

豨

 望山橋 5/特～(豢)

豠(猪)

猪

 丁家咀二 29 背/～(豠)

 望山橋 5/特～(豠)

 彭家灣一八三 2/特～(豠)

 彭家灣一八三 9/賽禱集正君、葴辶尹各特～(豠)、酒食

 彭家灣一八三 11/賽禱集莊君特～(豠)、酒食

豸　部

豹(鼩)

鼩

 望山一 7/魏～(豹)以相家☐

 望山一 13/〔魏〕～(豹)以寶家爲悼固貞

 望山一 17/魏～(豹)以寶家爲悼固貞

 望山一 54/魏～(豹)

 望山一 63/輿魏～(豹)之祟

 望山一 94/魏～(豹)占之曰：吉

 望山一 99/☐〔魏〕～(豹)占☐

 嚴倉記席 2/皆素加～(豹)之純

 嚴倉記席 3/屯素加～(豹)之純

貘(鼳)

鼳

 望山二 8/貍～(貘)之韔

豻(鼾)

鼾

 望山二 29/～(豻)

望山橋 7/～(豻)韔、箙

貍(鼬)

鼬

 望山二 6/～(貍)貘之冢

望山二 8/～(貍)貘之韔

望山二 38/☐□～(貍)之檏

望山橋 7/～(貍)貘之攝

舄　部

舄

仰天湖 23/～舡

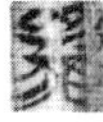 仰天湖 32/～膚一偶

 仰天湖 35/一～□

卷　十

馬　部

馬

望山一 1/獻～之月

望山一 2/獻～之月

望山一 1/獻～之月

望山一 4/獻～之月

望山一 138/祭～

望山二 9/兩～

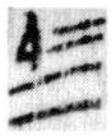

望山二 15/杜昜～

望山二 16/杜昜～

天卜 34/繼車～於悲中

天策 2/兩～之革轡

天策 6/兩～之樸翠袂

九店五六 21 壹/〔獻〕～

九店五六 36/□車～

九店五六 77/獻～

九店五六 78/獻～

安崗一 17/兩～之銀面

嚴倉卜筮 1/觀珊以長靈爲大司～悼愲貞

熊家灣 1/獻～之月

彭家灣一八三 5/獻～之月

王家咀 484/巫～旗曰

仰天湖 3/左～之緹衣

慈利選編 2/〼～茲與王士五〼

駟

天策 1/革鞭，一綏，～

駝

高臺 3/僕～造告郯陵公、鄧公〼

鳥　部

鳥

塌冢 3/式北進□祀～(薦)以之西父己

鹿　部

鹿

九店六二一 19/～腸

麇

九店五六 3/～一

九店五六 4/～一

九店五六 9/～一

九店五六 10/～一

麃

望山二 13/角～(鑣)

麗

棗紙 15/遠民用殘～(離)

麈

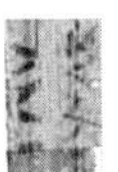

安崗一 2/尨～(旄)

安崗一 2/□～(旄)之干

安崗二 1/魯帛之～(旄)

犬　部

犬

望山一 28/舉禱宮行一白～

望山一 119/白～

狀(牐)

牐

望山一 11/苛愴以～(狀)▨

犮

安崗一 2/一乘～車

獵(轤)

轤

九店五六 31/以田～(獵),獲

獲(隻)

隻

九店五六 31/以田獵,～(獲)

獻

 望山一 1/～馬之月

 望山一 2/～馬之月

 望山一 4/～馬之月

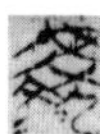 望山一 95/～占之曰：吉

 九店五六 77/～馬

 九店五六 78/～馬

 熊家灣 1/～馬之月

 彭家灣一八三 5/～馬之月

猷

 王家咀 484/夫文、武～(猶)有毀

鼠　部

鼠

 帛甲 4/乃有～方

 帛甲 8/廢四興～

 帛甲 12/是則～至

鼫

 安崗一 1/～冒

能　部

能

 望山一 37/不～食

 望山一 38/不～食

 王家咀 738/無～改於其德

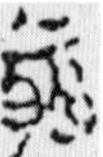 慈利選編 3/女～然兼受天之福

卉茅之外 2/焉～聰明

卉茅之外 3/孰～食之

火　部

火

 九店五六 39 貳/帝以命益齎禹之～

帛丙二 3/不～

帛殘紅/～□得

燬

 帛丙十 1/不〔可〕～(毀)事

然

 望山一 43/既倉～

 天卜 10/諆～有間慼,有祟,說之

灰

 塌冢 2 反/☐亡又其所堵～堵𡋯安☐

熬(爂)

爂

 安崗一 11/～(熬)魚一箕

 安崗一 11/～(熬)□一□

 安崗一 11/～(熬)肉一□

爕(焚)

焚

 龍會河 272/乃舂戕於～桃

 仰天湖 18/其～柜

烖(材、炇)

材

 港大 4/乃無凶～(災)

炇

 王家咀 765/聞桓、僖～(災)

光

 望山二 10/衛霝～之純

 望山二 12/霝～之童

 望山二 13/霝～之童

 望山二 13/二霝～之中干

 望山二 47/一霝～之裾

 望山二 48/霝～之純

 望山二 48/霝～之純

 望山二 48/霝～之純

 望山二 50/其一瑟霝～之阩絕

 望山二 61/一宋霝～之紑

 帛商捐/相星～

熱(寘)

寘

 帛乙 3/～(熱)氣

㶴

九店六二一 14/▨事又器四放不䡇～窒齊□▨

九店六二一 15/▨少則□之新～齊▨

九店六二一 16/▨□食～□□母□齊▨

九店六二一 17/▨□陳～方内▨

九店六二一 18/～

炎　部

炎

帛乙 6/～帝

赤　部

赤(赤、烾)

赤

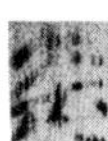
望山二 49/皆～□□□頸素豕之毛丸

嚴倉記席 2/衛～錦之韜

嚴倉簽牌 1/～錦十二尋

帛乙 5/～木

烾

望山二 38/～(赤)金桶

望山二 40/～(赤)金□▨

九店五六 4/〔舊十〕擔又三擔三～(赤)二參

九店五六 5/三～(赤)二參

九店五六 6/〔舊□〕擔三擔三～(赤)二參

赭(䐗)

䐗

望山二 11/～(赭)膚之純

望山二 12/～(赭)膚之裹

大　部

大

望山一 9/尚毋爲～尤

望山一 10/簡～王

望山一 28/簡～王

望山一 40/尚毋以其故有～咎

望山一 54/～水佩玉一環

望山一 55/～水一環

望山一 61/無～咎

望山一 69/壬、癸～有瘳

望山一 106/簡～王

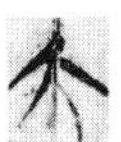
望山一 108/簡～〔王〕

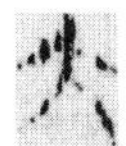
望山一 131/～水

望山二 45/一～房

望山二 47/一～羽篁

望山二 47/一～竹篁

望山二 48/一～鑑

望山二 49/一～冠

天卜 13－3/禱卓公順至惠公～牢

天卜 15－1/應奮以～英爲邸陽君勝貞

天卜 27/舉禱卓公順至惠公～牢

天卜 40/尚毋以是故有～咎

天策 5/～轄之杆

九店五六 13 貳/凡建日,～吉

九店五六 21 貳/凡城日,～吉

九店五六 27/～吉

九店五六 28/～事

九店五六 30/以祭,小～吉

九店五六 31/～吉

九店五六 36/利以～祭

九店五六 37 貳/凡五子,不可以作～事

九店五六 37 貳/其身有～咎

九店五六 38 貳/凡五卯,不可以作～事

九店五六 54/～吉

九店五六 62/午少瘳,申～〔瘳〕

九店五六 63/〔以入,必有〕～死

九店五六 63/以〔有疾〕,未〔少〕瘳,申～〔瘳〕

九店五六 67/以有疾,子少瘳,卯～瘳

九店五六 70/〔凡〕五戌,朝☐□,〔辰〕～瘳

九店五六 71/以有疾,卯少瘳,巳～瘳

九店五六 75/～瘳,死生在子

丁家咀二 29/又説於～水

嚴倉卜筮 1/觀珊以長靈爲～司馬悼愲貞

唐維寺 2/～吉

唐維寺 4/告又～神食祙

唐維寺 5/～神

彭家灣一八三 1/賈以～筮爲娥三月之貞

彭家灣一八三 9/三月幾中尚毋有～咎

彭家灣一八三 10/三月幾中尚毋有～咎

彭家灣一八三 11/～水一牂

彭家灣一八三 12/舉禱於～水一牂

王家咀 765/～德毋逾閑

仰天湖 7/～纀之□

仰天湖 20/～緹之純

 慈利文物 24/王乃命有司～令於▨

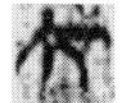 慈利學報 8/▨鋅金～甬皆□

 帛乙 6/彼九天則～傾

 帛丙四 1/不可以作～事

 帛丙七 1/～不順于邦

 帛丙八 3/其邦有～亂

 帛五 34/□～起

夾

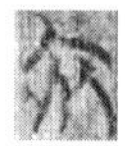 安崗一 4/二～

亦　部

亦

 九店五六 29/以見邦君,不吉,～無咎

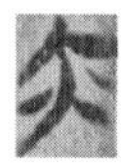 港大 9/～曰▨

夨　部

吳

 安崗一 4/一～䞈劍

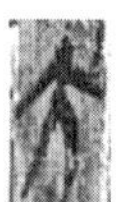 安崗一 15/一～䞈妻文

 龍會河 201/□王～(娛)德

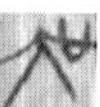 棗紙 15/天賜衷于～,右我先王

夭　部

夭

帛甲 2/□□～(妖)

帛甲 5/五～(妖)之行

帛甲 6/□□上～(妖)

帛甲 10/唯天作～(妖)

交　部

交

望山二 18/黄生角之～

望山二 19/白金之～

九店五六 27/是謂～日

塌冢 24/情作紳罣～分訓▨

 仰天湖 35/骨～□於中

 慈利選編 4/吾欲與之～(邀)天之衷

壺　部

壺(壺、瓠、鈲)

壺

 帛五 13/其皿～

望山二 46/四～(壺)

安崗一 3/二友～(壺)

安崗二 5/二削～(壺)

鈲

安崗一 12/一偶～(壺)

([illegible])五里牌 4/～(壺)四

仰天湖 30/二蔡～(壺)

㚔　部

睪(睪、臭)

睪

天卜 29/～(擇)日冬夕賽禱宫地主一羖

天卜 29/～(擇)日冬夕至嘗於社特牛,饋之

天卜 34/～(擇)良日歸玉玩

天卜 78/～(擇)良日爨月

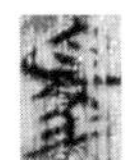
塌冢 24/情作紳～交分訓☐

彭家灣一八三 6/～(擇)良日於春三月

港大 6/民雖～(懌)

臭

唐維寺 5/見産將～(擇)良月良日

唐維寺 6/見産將～(擇)良月良日

執

安崗一 1/列尹命～事人爲之藏

亢　部

亢

帛乙 7/共工～(更)之

亣　部

奚(系)

系

天策 5/～(奚)

安崗一 11/炙～(雞)一筭

夫　部

夫

九店五六 26/小～四成

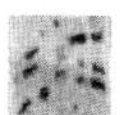 九店五六 116/君子居之□～□□□

 九店六二一 27/☑～鄰逃☑

 安崗一 15/鹽芒之～需

 安崗一 15/縞～需

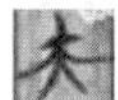 棗紙 14/唯～雞父之遠荆

 王家咀 484/子新去～魯,人其惑子

 王家咀 484/～文、武猶有毁

 王家咀 483/～天毁之也

帛甲 9/四□～(無)恙

立　部

立

 望山一 22/爵～(位)

 望山一 23/未有爵～(位)

 九店五六 13 貳/～社稷

 龍會河 269/莊王即～(位)十又五〔歲〕

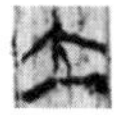 龍會河 272/成王即～(位)五歲

 卉茅之外 2/久～不倦

堂

 慈利漫步 1/既履勿～(當)宜以坐

囟　部

囟

 望山一 117/～(使)□□於宫室

 望山二 31/五～之紃

 望山二 60/五～之純

 天卜 43/～(使)攻解於不辜強死者

 九店五六 44/～(使)某來歸食故

 彭家灣一八三 2/苛～(使)娥之疾速瘥,幾中賽之

鼠

 九店五六 25/以～田邑,吝

 安崗一 4/一□～

 安崗一 5/一～

思　部

思

 望山一 13/不可以復～(使)遷身鞁

 望山一 176/～(使)攻解於下之人不壯死

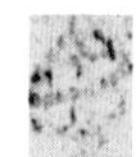 望山一 177/☑～(使)攻☑

九店六二一 10/～(使)以縕□天張則☐

龍會河 201/王其□～元弟

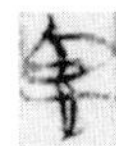
唐維寺 3/苟～(使)産速瘥

帛乙 6/～(使)保奠四極

帛乙 7/毋～(使)百神、風雨、晨禕亂作

帛乙 8/～(使)有宵有朝

心　部

心

望山一 9/既痤,以悶～

望山一 13/既痤,以～□然

望山一 17/既～悶,以癀

望山一 36/既～□☐

望山一 37/以～悶

望山一 38/以～悶

天卜 40/以～悶

九店五六 78/冬夕～☐

九店六二一 19/～口司□

九店六二一 20/～

唐維寺 1/以悶～之故

彭家灣一八三 3/以其瘽且～悶,尚毋死

彭家灣一八三 5/以其～悶、腹疾之故,尚毋死

彭家灣一八三 6/以其腹～之疾,尚毋死

彭家灣一八三 8/既有腹～之疾

彭家灣一八三 10/既有腹～之疾

志

望山一 1/范獲～

望山一 26/幾中有喜於～☐

望山一 28/☐～事,以其故説之

天卜 27/范獲～習之以承家

天卜 43/舉禱社特牛,樂之,蔽～

天卜 78/蔽～

九店五六 26/乃盈其～

九店五六 27/有～百事

九店五六 47/居之不盈～

九店五六 50/三增三沮不相～

九店六二一 21/☐□□～多□□之☐

情

塌家 24/～作紳罣交分訓☐

卉茅之外 2/多貌寡～

悳

龍會河 201/□王娱～(德)

王家咀 765/宰我問～(德)

王家咀 765/大～(德)毋逾閑

王家咀 765/小～(德)出入可也

王家咀 771/無能改於其～(德)

港大 1/☑民～(德)一

帛甲 5/凡歲～匿

帛甲 6/唯～匿之歲

帛甲 7/唯李～匿

帛甲 9/是謂～匿

帛甲 9/群神乃～

忻(忻)

忻

唐維寺 6/將～(忻)禩其一褂環

恭

帛甲 8/～民未知

慶

望山一 2/苛～

想

楊家灣 32/～

懼(懼、愳)

懼

九店六二一 13/恐～

愳

彭家灣一八三 9/少遲瘥，～(懼)又續

彭家灣一八三 12/～(懼)又佗所竈

㤅

慈利法書 4/弟相～(愛)也，則親戚不廢

懈(㦓)

㦓

彭家灣一八三 11/～(解)溺人

惑

王家咀 484/子新去夫魯，人其～子

恚

九店五六 78/夏夷～(奎)

九店五六 80/☐□～(奎)

慍(𢜣)

𢜣

帛乙 2/爲～(瘟)爲厲

惡

天卜 4－2/且有閒～

天卜 27/且有～於東方田邑與兵甲之事

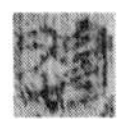
天卜 34/稍閒有～,有祟,以其故説之

愴

望山一 1/范獲志以～家爲悼固貞

望山一 1/既～☐

望山一 11/苛～以牄☐

望山一 172/苛～

天卜 5－2/鄭～占之：吉

悲

天卜 34/繼車馬於～中

九店六二一 2/自出福是從内自～□□□□□☐

惻

望山一 19/以軒～爲悼固〔貞〕

帛甲 10/天像是～(則)

忧(𢝊)

𢝊

唐維寺 1/尚毋爲～(尤)

唐維寺 1/不爲～(尤)

感

慈利法書 4/弟相愛也,則親～(戚)不廢

恐(忎)

忎

九店六二一 13/～(恐)懼

惕

王家咀 738/君子～(易),此辱矣

懌(⿱臭心)

⿱臭心

天卜 9－2/義～(懌)占之：恒貞吉

天卜 10/義～(懌)以白靈爲君月貞

安崗一 3/☐～(懌)

望山橋 2/蒼峨～(懌)以軒靈爲中廄尹貞

望山橋 5/義～(懌)

悗(悖)

悖

望山一 9/既痤，以～(悶)心

望山一 38/心～(悶)

唐維寺 1/以～(悶)心之故

彭家灣一八三 3/以其瘽且心～(悶)，尚毋死

彭家灣一八三 5/以其心～(悶)、腹疾之故，尚毋死

揔

嚴倉卜筮 1/尚自宜～

悤

望山一 1/～(悼)固

望山一 3/～(悼)固

望山一 9/～(悼)固

望山一 10/～(悼)固

望山一 13/～(悼)固

望山一 14/～(悼)固

望山一 15/～(悼)固

望山一 17/～(悼)固

望山一 19/～(悼)固

望山一 20/～(悼)固

望山一 21/～(悼)固

望山一 29/～(悼)固

望山一 36/～(悼)固

望山一 88/～(悼)王

望山一 109/～(悼)王

望山一 110/～(悼)王

望山一 111/～(悼)王

望山橋 3/〔舉〕禱於～(悼)王

嚴倉卜筮 1/觀珊以長靈爲大司馬～(悼)愲貞

夕陽坡 2/～(悼)哲王之愄

惓

九店五六 15 貳/凡敓日,～瞿之日,不利以祭祀

安崗一 3/二合～(盞)

恙

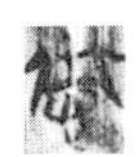
仰天湖 15/一～(舊)鞮屨

惐(惐、㥏、悤)

惐

望山一 73/少有～(慼)於☐

望山一 75/有～(慼)於躳身與宫室

天卜 4-1/少有～(慼)〔於〕躳身

天卜 9-2/稍有～(慼)於趾,有祟,以其故説之

天卜 10/諆然有閒～(慼),有祟,説之

天卜 27/將少有～(慼)於宫室

天卜 29/少有～(慼)於宫中

㥏

望山一 24/小有～(慼)

望山一 74/將有～(慼)於躳身與☐

嚴倉卜筮 2/小有～(慼)於躳身

悤

天卜 43/少有閒～(慼),有祟

悰

塌冢 25/正發蜜太壯～同韋

悃

夕陽坡 2/悼哲王之～

愲

嚴倉卜筮 1/觀珊以長靈爲大司馬悼～貞

夕陽坡 2/以王命賜舒方御歲～(饑)

慽(慽)

慽

彭家灣一八三 6/我居以～(慽)靈爲娥也貞

㥯

望山一 50/～(續)

卷十一

水　部

水

望山一 54/大～佩玉一環

望山一 55/大～

望山一 130/⧄～,佩玉一環

望山一 131/大～

九店五六 27/行～事

九店五六 57/⧄～居之□,婦人正

丁家咀二 29/又説於大～

彭家灣一八三 11/大～一牂

彭家灣一八三 12/舉禱於大～一牂

帛乙 1/□□～□

帛丙六 1/～師不□

帛五 17/～皿

帛五 27：1/居～

帛五 34/居～

溺

彭家灣一八三 11/解～人

沁

帛乙 4/四曰～墨榦

淵(𣶒)

𣶒

帛甲 2/有～(淵)厥湣

帛甲 7/出自黃～(淵)

淺

帛甲 5/以□四～(踐)之常

淒

九店五六 39 貳/帝以命益～(齎)禹之火

澞(溲)

溲

夕陽坡 1/越～(澞)君贏

瀧

帛乙 3/～汩滔澫

滔

帛乙 3/瀧汩～澫

渴(洵)

洵

帛甲 2/有淵厥～(渴)

汙

九店五六 47/中坦,中□,又～(窍)洝

湯(湯、鷀)

湯

望山二 54/一～鼎

鷀

帛甲 2/天柱將作～(蕩)

泰(太)

太

望山一 54/舉禱～佩玉一環

望山一 78/▨□於父～

塌冢 25/正發蜜～壯悰同韋

彭家灣一八三 11/賽禱～一牂

彭家灣一八三 12/舉禱於～一牂

汩

帛乙 3/瀧～滔澫

浧

九店五六 26/乃～(盈)其志

流

帛攻 1：2/〔如〕一星～,入焉

帛攻 2：2/如星一～

澫

帛甲 11/山川～(瀨)谷

帛乙 3/瀧汩滔～

林 部

涉

帛乙 3/以～山陵

川　部

川

望山一 96/山～

九店六二一 6/～

帛甲 11/山～瀨谷

帛乙 3/乃命山～四海

帛丙七 1/不可以～□

巟

卉茅之外 2/豈敢～(荒)怠

州

帛乙 5/九～不平

永　部

羕

帛甲 2/天地作～(祥)

帛丙十 3/陽□～

谷　部

谷(浴)

浴

帛甲 11/山川瀨～(谷)

夂　部

冬(夂)

夂

天卜 12－1/～(冬)夕之月

天卜 12－1/盡～(冬)夕之月，侍王，尚自利順

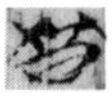

天卜 29/擇日～(冬)夕賽禱宮地主一羖

天卜 29/擇日～(冬)夕至嘗於社特牛，饋之

九店五六 40 壹/凡～(冬)三月，壬、癸、甲、乙不吉

九店五六 77/～(冬)夕

九店五六 78/～(冬)夕

唐維寺 2/至～(冬)三月擇良日賽之

唐維寺 8/至～(冬)夕之月

帛甲 1/春夏秋～(冬)

帛丙十二 3/荼司～(冬)

帛五 8/至～(冬)至

帛月外/～(冬)〔夕〕

帛月内/～(冬)夕

雨　部

雨

帛甲 3/有霧霜～土

帛甲 3/天～彭彭

帛甲 8/時～進退

帛乙 1/風～是於

帛乙 7/毋使百神、風～、晨禕亂作

帛五 12/～

帛商捐/□□不～

帛商照 5/～作□

雹(靁)

靁

帛乙 1/曰古□嬴～(包)戲

霝

望山二 10/衛～光之純

望山二 12/～光之童

望山二 12/緶組之～

望山二 13/～光之童

望山二 13/二～光之中干

望山二 47/一～光之裾

望山二 48/～光之純

望山二 48/～光之純

望山二 48/～光之純

望山二 50/其一瑟～光之阩絶

望山二 60＋61/一宋～光之紎

天卜 4－1/史丑以長～(靈)爲君月貞

天卜 5－2/舉禱巫豬豕、～(靈)酒，棧鐘樂之

九店五六 94/丁亥有～(靈)

嚴倉卜筮 1/觀珊以長～(靈)爲大司馬悼愲貞

望山橋 2/蒼峨懌以軒～(靈)爲中廄尹貞

帛乙 6/則毋敢叡天～(靈)

霜(雭、尳)

雭

帛甲 3/有霧～(霜)雨土

尳

望山二 49/一～(緗)衣

霚(雺)

雺

帛甲 3/有～(霧)霜雨土

需

安崗一 15/鹽芒之夫～

 安崗一 15/縞夫～

𩂣

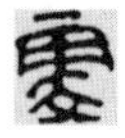 帛乙 1/出自□～

雲　部

雲(云)

云

 帛丙一 1/～(雲)則至

黔(侌、䨺)

侌

 九店五六 29/是謂～(陰)日

 九店五六 96/～(陰)陽

䨺

 九店五六 33/是謂～(陰)日

魚　部

魚

 望山二 23/～鞁之冢

 安崗一 11/熬～一筭

 安崗一 14/□□～之豉屨

 塌冢 7/斂之～□

緐

 安崗二 1/一雜然之～(緄)帶

龍　部

龍

望山二 2/～杊

望山二 4/～□

九店五六 108/～日

慈利法書 2/解其氣擊～紌白徒以視之厲士

帛丙四 2/～其□

飛　部

龔(䶅)

䶅

 帛甲 7/土身無～(翼)

非　部

非

望山一 86/☐敓～祭祀

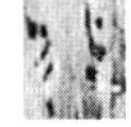

九店五六 37 貳/～其身，長子受其咎

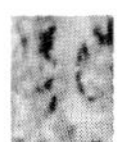

九店五六 54/宮正方，～正中，不吉

九店五六 71/以入，有得，～□乃引

帛乙 6/～(彼)九天則大傾

卷十二

乙部

孔

王家咀 483/魯～丘

不部

不

望山一 9/～入食

望山一 13/～可以復使還身軷

望山一 37/～能食

望山一 38/～能食

望山一 39/～死

望山一 51/～得福

望山一 53/～爲□□☐

望山一 54/～死

望山一 57/～

望山一 59/～死

望山一 60/～死

望山一 78/與～辜

望山一 176/使攻解於下之人～壯死

天卜 43/使攻解於～辜強死者

九店五六 14 貳/凡䞤日，～利以□□

九店五六 15 貳/凡敓日，惓瞾之日，～利以祭祀

九店五六 18 貳/凡工日，～吉

九店五六 22 貳/凡復日，～吉

九店五六 25/作事，～果

九店五六 25/以亡貨，～稱

九店五六 28/利以解凶，除～祥

九店五六 29/以見邦君，～吉

九店五六 30/逃人～得

九店五六 31/逃人～得

 九店五六 32/～利以行作

 九店五六 32/是故謂～利於行作

 九店五六 32/～吉

 九店五六 33/以作卯事，～吉

 九店五六 33/是故～利以行□

 九店五六 34/生子，男～留

 九店五六 34/逃人～得

 九店五六 36/幼子者～吉

 九店五六 37 壹/甲、乙、丙、丁～吉

 九店五六 37 貳/凡五子，～可以作大事

 九店五六 37 貳/～成，必毀

 九店五六 38 壹/丙、丁、庚、辛～吉

 九店五六 38 貳/凡五卯，～可以作大事

 九店五六 39 壹/庚、辛、壬、癸～吉

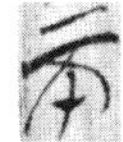 九店五六 39 貳/午～可以樹木

 九店五六 39 貳/凡五亥，～可以畜六牲擾

 九店五六 40 壹/凡冬三月，壬、癸、甲、乙～吉

 九店五六 41/凡～吉日，利以見公王與貴人

 九店五六 43/～周之野

九店五六 45/幽悏～出

九店五六 46/西方高，三方下，其中～壽

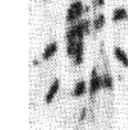 九店五六 46/北、南高，二方下，～可居

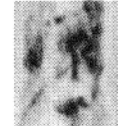 九店五六 47/居之～盈志

 九店五六 48/～可以□

 九店五六 48/凡□～可以蓋□之牆

 九店五六 49/窮居南、北，～利人民

 九店五六 49/居西北利，～利豕

 九店五六 50/～利於子

 九店五六 50/三增三沮～相志

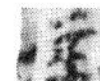 九店五六 50/壀於東南，～利於□▨

 九店五六 53/廩居西北，～吉

 九店五六 54/宮正方，非正中，～吉

 九店五六 56/▨□～築，東北之宇，西南之▨

 九店五六 66/〔凡五〕午，朝盜得，夕～得

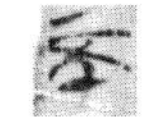 九店五六 71/朝盜得，晝得，夕～得

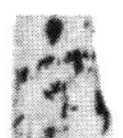 九店五六 89/～可以南〔徙〕

 九店五六 90/秋～可以西徙

 九店五六 97/歲之後□□其□～死▨

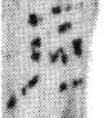 九店五六 101/～可

 九店五六 110/～可以▨

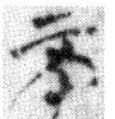 九店五六 111/皆～吉

 九店六二一 11/～

 九店六二一 12/～□□□以▨

 九店六二一 14/▨事又器四放～䡄炰窒齊□▨

 九店六二一 25/於宗□□～▨

磚瓦廠 1/某聶與僕兄之～□□□競粱而殺之

 磚瓦廠 1/僕～敢告

 磚瓦廠 3/僕～知其人

 塌冢 4/▨之其以～之▨

 唐維寺 1/～爲尤

唐維寺 3/～爲尤

彭家灣一八三 3/占之：吉，～死

 王家咀 483/而桓、僖如毁者也而～毁

 王家咀 843/～得，汝死乎

 王家咀 852/守也久～得見矣

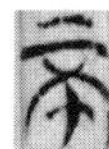 王家咀 852/孔子曰："天下之刑八，～孝▨"

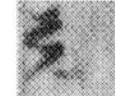 慈利文物 21/▨□王～出檜

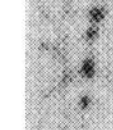 慈利文物 26/～□□而至衆乃□亡▨

 慈利法書 8/～門

 慈利法書 3/如其身～▨

 慈利法書 4/弟相愛也，則親戚～廢

 慈利漫步 2/子孫之～司戰尚克黽

 慈利選編 9+7/五曰遠宅～薄

 慈利選編 5/□之衆寡～身則▨

 港大 1/《詩》云："其容～改，出言〔有章〕。"

 港大 6/～欲▨

 卉茅之外 2/舊立～倦

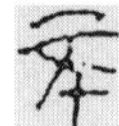 卉茅之外 2/血氣～通

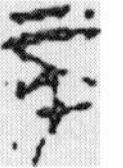 卉茅之外 3/～知其若茲

 帛甲 1/～得其常

 帛甲 3/～得其參職

 帛甲 7/星辰～炯

 帛甲 11/～禁□行

 帛甲 11/民祀～臧

帛甲 12/～見陵□

帛乙 3/山陵～衛

帛乙 5/九州～平

帛丙一 1/～可以□殺

帛丙二 2/～可以嫁女、娶臣妾

帛丙二 3/～火

帛丙二 3/得～成

帛丙四 1/～可以作大事

帛丙五 1/以匿～見

帛丙五 2/～可以享祀

帛丙六 1/～可出師

帛丙六 1/水師～□

帛丙六 2/～可以享

帛丙七 1/～可以川□

帛丙七 1/大～順于邦

帛丙八 1/～可以築室

帛丙八 2/～可以作

帛丙八 2/～脊不復

帛丙八 2/不脊～復

帛丙十 1/～〔可〕毀事

帛丙十 2/～義于四▨

帛丙十一 3/戮～義

帛丙十二 1/～可以攻〔城〕

帛五 3/～出五朔

帛五 4/～〔出〕一日

帛五 12/～出一月

帛五 29/～解兵

帛五 37/～利以出

帛攻 7/□寇～□

帛塊二正/～利以

帛商捐/□□～雨

至　部

至

望山二 38/哭～

天卜 13－3/禱卓公順～惠公大牢，樂之，百之，贛

天卜 27/舉禱卓公順～惠公大牢

天卜 29/擇日冬夕～嘗於社特牛，饋之

安崗一 14/二～夬

丁家咀二 27/～其保

丁家咀二 27/～其保

唐維寺 2/～冬三月擇良日賽之

唐維寺 7/將～秋三月

唐維寺 8/～冬夕之月

彭家灣一八三 2/順～親父葳辶尹

 慈利文物 26/不□□而～衆乃□亡▨

 帛甲 12/是則鼠～

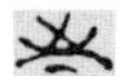 帛乙 5/～于覆天旁動

 帛丙一 1/雲則～

 帛五 8/～冬至

 帛五 8/至冬～

 帛五 42/日～

 帛攻 1：2/從庚午之日以～甲子之日

 帛攻 2：1/從乙酉之日以～己卯之日

 帛攻 2：1/〔從乙〕酉之日以～己卯之日

 帛攻 2：2/入則從子～

 帛攻 3/〔庚子〕之日以～丙午之日

 帛攻 4/乙卯之日以～辛〔酉之日〕

帛攻疑/□～樊□又

西 部

西

 九店五六 45/蓋～南之宇

 九店五六 46/～方高，三方下

 九店五六 46/蓋～北之宇，亡長子

 九店五六 47/～方□□□貧

 九店五六 48/凡宮垑於～南之南，居之貴

九店五六 49/居～北利

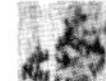 九店五六 49/居～南□▨

九店五六 50/垑於～北

九店五六 50/～□君□

 九店五六 53/廪居～北，不吉

 九店五六 54/▨□～北貧

 九店五六 54/秋三月，作高居於～得

 九店五六 56/東北之宇，～南之▨

  九店五六 59/▨□之□□□之～，居之福

九店五六 61/～亡行，北〔吉〕，南有得

 九店五六 62/北吉，～亡行，南有得

 九店五六 63/北見疾，～吉，南有得

 九店五六 65/有得，～凶，〔南見〕疾

 九店五六 66/北得，～聞言，南〔凶〕

 九店五六 73/～、北見▨

 九店五六 77/享月在～

 九店五六 90/秋不可以～徙

 九店五六 92/不可以～南行

 九店五六 93/▨□□以～北行

 九店五六 112/～

 九店五六 115/～

帛甲 4/～國有吝

帛攻 3/弁～方

帛攻 3/務攻～方

鹵　部

鹹

帛五 11/其味～

鹽　部

鹽(鹽)

鹽

天卜 12－1/～(鹽)丁以寶家爲君月貞

天卜 13－1/～(鹽)丁以長寶爲邸陽君番勝貞

天卜 34/～(鹽)丁習之以新承命

天卜 78/迻～(鹽)丁之祟

安崗一 15/～(鹽)芒之夫需

户　部

户(戾)

戾

九店五六 27/利以穿～(户)牖

房

望山二 45/一大～

望山二 45/一～几

九店五六 78/獻馬～

戹

望山二 6/衡～(軛)

門　部

門

望山一 178/～既成

九店五六 20 貳/爲～閭

九店五六 27/以祭～、行，饗之

九店五六 28/利以祭～、行，除疾

磚瓦廠 1/仟～之里人一贇告僕

帛五 42/□～上朔

閼

九店五六 60/〔朝〕～(閉)夕啟

九店五六 61/朝啟夕～(閉)

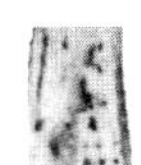
九店五六 62/〔朝〕～(閉)夕啟

九店五六 64/朝啟夕～(閉)

九店五六 68/〔朝〕～(閉)夕啟

九店五六 69/朝〔啟夕〕～(閉)

九店五六 71/朝～(閉)夕啟

閒(閖、刅)

閖

望山一 70/始～(閒)

慈利學報 6/諸侯毀子九～(閒)

刅

望山一 67/己未有～(閒)

天卜 40/夜過半有～(閒)

閔(㝵)

㝵

望山二 47/四膚,皆～(文)宫

望山二 48/二～(文)笄

嚴倉記席 1/☐席,縱～(紋)屯二十又四

嚴倉記席 2/縱～(紋)十又九

嚴倉記席 3/縱～(紋)屯十又七

嚴倉記席 4/縱～(紋)十又七

嚴倉記席 6/縱～(紋)十又六

仰天湖 35/有～(文)竹柄

耳　部

聯(聑)

聑

望山二 2/騑繡～(聯)縢之䩕貝

望山二 2/騑繡～(聯)縢之䙓

望山二 2/丹繡～(聯)縢之䙓

望山二 3/騑繡～(聯)縢之純

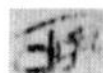
望山二 7/騑繡～(聯)☐

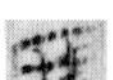
望山二 10/☐□～(聯)縢之軑動

望山二 22/騑繡～(聯)縢之☐

望山二 23/騑繡～(聯)縢之安

望山二 24/☐～(聯)縢之䙓

聖

望山一 10/～(聲)桓〔王〕

望山一 88/～(聲)王

望山一 109/～(聲)桓王

望山一 110/～(聲)王

望山一 111/～(聲)王

聰

卉茅之外 2/焉能～明

職

帛甲 3/不得其參～

聞(聒、䎽)

聒

望山一 5/郙客困芻～(問)王

望山一 6/〔郙客〕困〔芻〕～(問)王

望山一 7/〔郙客困〕芻～(問)王

望山一 8/〔郙客困芻〕～(問)王

天卜 4－1/齊客申獲～(問)王於葳郢之歲

天卜 10/齊客申獲～(問)王於葳郢之歲

天卜 12－1/秦客公孫紻～(問)王於葳郢之歲

天卜 13－1/秦客公孫紻～(問)王於葳郢之歲

九店五六 31/逃人不得,無～(聞)

九店五六 66/北得,西～(聞)言,南〔凶〕

望山橋 1/秦客亮成～(問)王於葳郢之歲

唐維寺 1/燕客臧賓～(問)王

唐維寺 3/燕客臧之賓～(問)王於葳郢之歲

唐維寺 4/燕客臧之賓～(問)王於葳郢之歲

王家咀 852/公孫石～(問):“刑幾?”

慈利選集 6＋4/越邦之中病者,吾～(問)☐

䎽

望山一 1/齊客張果～(問)〔王〕

望山一 107/～歸玉於簡〔大王〕

望山一 159/～爨月之良〔日〕

彭家灣一八三 3/齊客祝窔～(問)王於葳郢之歲

彭家灣一八三 8/齊客祝窔～(問)王於葳郢之歲

聶(聑、聟)

聑

望山橋 7/貍貘之～(攝)

⿱聑土

九店五六 44/君饗受某之～(攝)幣、芳糧

磚瓦廠 1/某～(聶)與僕兄之不□□□競粱而殺之

𦣝 部

巸

九店五六 43/尔居復山之～(基)

手 部

擇(斁)

斁

唐維寺 2/至冬三月～(擇)良日賽之

承(氶)

氶

天卜 27/范獲志習之以～(承)家

天卜 34/鹽丁習之以新～(承)命

天策 5/〼羽之～(承)

卉茅之外 1/役敢～(承)行

失(逵)

逵

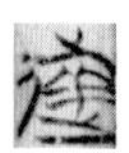
唐維寺 1/縊～(失)

唐維寺 2/～(失)占之

唐維寺 4/縊～(失)

帛甲 1/亂～(失)其行

帛甲 1/贏絀～(失)□

帛甲 3/是～(失)月閏之勿行

帛甲 3/是〔謂〕～(失)終

捲(⿰扌关)

⿰扌关

卉茅之外 2/久立不～(倦)

捭

磚瓦廠 4/〼□□人李～敢告於

安崗一 6/～□與𧍒矢二十介

唐維寺 1/有肩背、～(髀)髆、胸脅疾

唐維寺 3/以其有肩背、～(髀)髆、胸脅疾之故

拒(拒、抶)

拒

唐維寺 3/以其有肩背、髀～(髆)、胸脅疾之故

抶

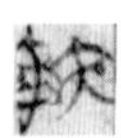
唐維寺 1/有肩背、髀抶〈拒〉(髆)、胸脅疾

⿰扌方

仰天湖 35/有文竹～(柄)

巫　部

脊(脨)

脨

帛丙八 2/不～(脊)不復

女　部

女

望山二 2/～乘

九店五六 19 貳/～(如)以祭祀,必有三□

九店五六 24 貳/凡散日,利以嫁～

九店五六 25/～(如)有弟,必死

九店五六 29/嫁～

九店五六 30/生子,男吉,～必出其邦

九店五六 35/～(如)遠行,剉

九店五六 41/嫁～

九店五六 43/某敢以其妻□妻～(汝)

王家咀 484/而桓、僖～(如)毁者也而不毁

王家咀 843/不得,～(汝)死乎

楊家灣 16/□～

慈利法書 3/～(如)其身不▨

慈利選編 3/～能然兼受天之福

港大 7/▨之～晏嬰也

帛甲 4/～(如)日月既亂

帛甲 5/～(如)□□□邦所

帛乙 1/厥～僉僉

帛乙 1/□□□～

帛乙 2/曰～填

帛丙二 1/曰:～(如)

帛丙二 2/不可以嫁～、娶臣妾

帛丙二 4/～(如)必武

帛丙三 2/分～

帛丙四 2/娶～爲邦笑

帛丙四 3/余娶～

帛丙八 3/娶～

帛五 19/～

帛攻 1:2/～(如)以攻城

帛攻 2:2/～(如)星一流

帛攻 5/～(如)以守〔城〕

帛攻 7/～(如)

帛攻 8/～(如)以

帛塊一正/～

帛塊一正/～以

帛塊二正/～□

妁

 楊家灣 34/～

妻

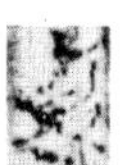 九店五六 13 貳/利以娶～

 九店五六 17 貳/凡寍日,利以娶～

 九店五六 21 貳/娶～

 九店五六 29/娶～

 九店五六 41/凡成日,利以娶～

 九店五六 43/某敢以其～□妻汝

 九店五六 43/某敢以其妻□～汝

 九店五六 110/⧄～,不可以⧄

 安崗一 15/一吴狦～文

 帛丙三 2/〔娶〕～

婦

 九店五六 57/⧄水居之□,～人正

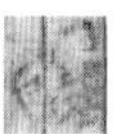 高臺 1/⧄有一～人從鄢言⧄

母

 天卜 5-2/尚～(毋)有咎

九店六二一 16/⧄□食焒□□～□齊⧄

嚴倉卜筮 1/尚～(毋)有咎

嚴倉卜筮 1/～(毋)有龘惡

塌冢 2 正/以其亡～之故

彭家灣一八三 3/以其癉且心悶,尚～(毋)死

彭家灣一八三 5/以其心悶、腹疾之故,尚～(毋)死

彭家灣一八三 6/以其腹心之疾,尚～(毋)死

彭家灣一八三 6/有祟見於娥之親父、親～

彭家灣一八三 7/禱於其親父、親～肥殺、酒食

帛甲 8/～(毋)動群民

帛甲 10/～(毋)弗或敬

帛甲 11/敬之～(毋)忒

帛乙 6/則～(毋)敢叡天霝

帛乙 7/～(毋)使百神、風雨、晨禕亂作

姑

彭家灣一八三 5/有祟見於親舅與親～

帛丙十一 1/曰:～(辜)

帛丙十一 4/～(辜)分長

娥

 彭家灣一八三 1/賈以大筮爲～三月之貞

彭家灣一八三 2/苟使～之疾速瘥,幾中賽之

彭家灣一八三 3/䢼居以韊龜爲～貞

彭家灣一八三 6/我居以懴靈爲～也貞

彭家灣一八三 6/有祟見於～之親父、親母

彭家灣一八三 8/義居以長靈爲～貞

彭家灣一八三 10/范獲志以相家爲～也貞

妸

彭家灣一八三 5/䢼居以校靈爲～也貞

好

港大 9/▨□～而重之以上下之約

嬰(䙲)

䙲

港大 7/▨之女晏～(嬰)也

婁(㛹、嘍)

㛹

望山二 11/𨇤～

九店六二一 9/出□～□□□□▨

丁家咀二 3/黄□䋥以御筮爲～▨

丁家咀二 15/以～君之□之故,舉禱▨

嘍

帛甲 6/是月以～(婁)

妥

望山二 9/白鞣之～(綏)

望山橋 7/緄～(綏)

㛥

唐維寺 4/～以其有疾之故

㜽

九店五六 46/～

娌

熊家灣 1/𡴑爲～貞

熊家灣 1/～

毋　部

毋

望山一 9/尚～爲大尤

望山一 39/尚～死

望山一 40/尚～以其故有大咎

望山一 41/尚～☐

望山一 44/～以其故有咎

望山一 46/尚～有咎

望山一 51/～以其故説

望山一 195/～

天卜 40/既背膺疾,以心悶,尚～以是故有大咎

九店五六 42/～以舍人貨於外

九店六二一 1/☐智寺終□□□求～□☐

唐維寺 1/尚～爲尤

唐維寺 3/尚～爲尤

彭家灣一八三 1/既以其有疾,尚～有咎

彭家灣一八三 9/三月幾中尚～有大咎

彭家灣一八三 9/～出幾中

彭家灣一八三 10/三月幾中尚～有大咎

彭家灣一八三 11/～出幾中

王家咀 765/大德～逾閑

民　部

民

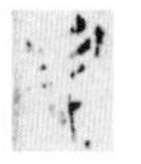
九店五六 16 貳/和人～

九店五六 41/利以入人～

九店五六 45/宜人～

九店五六 46/宜人～、六擾

九店五六 47/黄帝□□庶～居之☐

九店五六 49/窮居南、北,不利人～

棗紙 15/遠～用殘離

慈利文物 17/足以安～

慈利選編 1/☐虛其～,必迻就☐

港大 1/☐～德一

港大 6/～雖懌

卉茅之外 2/～故弗敬

帛甲 5/草木～人

帛甲 8/恭～未知

帛甲 8/毋動群～

帛甲 9/建極屬～

帛甲 10/下～之式

帛甲 11/～勿用□□

帛甲 11/～祀不臧

帛甲 12/～則有穀

帛甲 12/～人弗知

帛甲 12/～少有□

丿　部

弗

王家咀 771/由也～吾徒也已

弁茅之外 2/民故～敬

帛甲 10/毋～或敬

帛甲 12/民人～知

厂　部

弋

安崗一 4/～五十

帛甲 11/敬之毋～(忒)

帛乙 4/四神相～(代)

䅿

望山一 91/藿～習之以黄靈

乁　部

也

高臺 2/□謂:“鄢既逾～。”

彭家灣一八三 5/擲居以校靈爲妸～貞

彭家灣一八三 6/我居以𢡺靈爲娥～貞

彭家灣一八三 10/范獲志以相家爲娥～貞

王家咀 765/小德出入可～

王家咀 483/而桓、僖如毀者～而不毀

王家咀 483/夫天毀之～

王家咀 738/由～爲季氏宰

王家咀 771/由～弗吾徒也已

王家咀 771/由～弗吾徒也已

王家咀 843/守～久不得見矣

王家咀 852/孔子曰:“無食～已!”

五里牌 14/～一偶

慈利法書 4/弟相愛～,則親戚不廢

港大 7/□之女晏嬰～

氏　部

氏

王家咀 738/子路爲季～宰

王家咀 738/由也爲季～宰

戉

塌冢 6/⧄□～(厥)社□⧄

帛甲 2/有淵～(厥)渴

帛乙 1/～(厥)女魚魚

戈 部

戈

望山二 48/一峕～

安崗一 4/三～

五里牌 7/金～八

戎

丁家咀二 1/秦客虢～蹠楚之歲

戟(找)

找

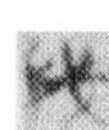
慈利文物 4/一鼓：前行□之，後行舉～(戟)

戰

慈利漫步 2/子孫之不司～尚克黽

慈利選集 6＋4/⧄善矣，未可以～

或

九店五六 28/必～亂之

安崗一 9/～一□

安崗一 10/～一

安崗一 15/雕膚于～

丁家咀二 27/～禱於私巫

丁家咀二 27/以己未之日～禱於□⧄

彭家灣一八三 3/疾將～(又)作

彭家灣一八三 9/少遲瘥，懼～(又)續

港大 8/子～(又)焉問

帛甲 10/毋弗～敬

戮(𣨼)

𣨼

帛丙十一 3/～(戮)不義

武

九店五六 43/敢告□綸之子～夷

九店五六 44/〔攝幣〕、芳糧以譴讀某於～夷之所

龍會河 201/～王

王家咀 484/夫文、～猶有毁

慈利文物 4/鼓□～進▨

帛丙一 3/～□□其徹

帛丙二 4/如必～

戠

望山一 110/聲王、悼王、東郚公,各～(特)牛

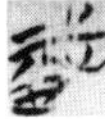
望山一 112/～(特)牛

望山一 112/～(特)牛

望山一 132/君～(特)牛

望山一 199/～(特)

望山二 18/白金之阩～

天卜 4－2/速賽禱惠公～(特)豢,饋之

天卜 43/舉禱社～(特)牛,樂之,蔽志

望山橋 2/～(特)牛

望山橋 3/～(特)牛

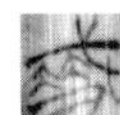
望山橋 4/～(特)牛

望山橋 5/～(特)豢

望山橋 5/～(特)狃

彭家灣一八三 9/賽禱集正君、葳辻尹各～(特)狃、酒食

彭家灣一八三 11/賽禱集莊君～(特)狃、酒食

戔

棗紙 15/遠民用～(殘)離

慈利文物 2/越王句～(踐)

慈利法書 5/越王句～(踐)

𢦚

帛塊二正/量白二～

戊

仰天湖 36/一周(雕)～

𢧢(𢦒)

𢦒

安崗一 1/～(列)尹

𢧐

望山橋 4/舉禱於～王

龍會河 269/乃春～於蔑

龍會河 272/乃春～於棼桃

戉　部

戉

慈利文物 2/～(越)王句踐

 慈利選集 6＋4/～(越)邦之中病者，吾問☐

我　部

我

東紙 15/右～先王

東紙 15/～先王從之走

東紙 15/～先王是以克入〔郢〕

彭家灣一八三 6/～居以㦽靈爲娥也貞

王家咀 765/宰～問德

慈利文物 12/外有辱，是～

義

天卜 10/～懌以白靈爲君月貞

天卜 9－2/～懌占之：恒貞吉

彭家灣一八三 8/～居以長靈爲娥貞

帛丙十 2/去不～于四☐

帛丙十一 3/戮不～

琴　部

瑟(𤦪、𣜃)

𤦪

望山二 47/二～(瑟)，皆繡衣

望山二 49/二～(瑟)，一梡

 望山二 50/其一～(瑟)丹繡之阩絶

 望山二 50/其一～(瑟)霝光之阩絶

 安崗二 2/一絲紙之王～(瑟)之綎屨

𣜃

 安崗一 4/一～(瑟)

 安崗二 1/一～(瑟)

亡　部

亡

望山二 49/九～(盲)童

望山二 49/其四～(盲)童皆緹衣

望山二 49/其三～(盲)童皆丹繡之衣

望山二 49/其二～(盲)童皆紫衣

望山二 65/☐之～□☐

九店五六 25/以～貨，不稱

九店五六 61/西～行，北〔吉〕，南有得

九店五六 62/北吉，西～行，南有得

九店五六 87/☐往，～

九店五六 94/丁巳終其身，～□☐

九店六二一 4/乃～其□

塌冢 2 正/以其～母之故

王家咀 738/～(無)能改於其德

王家咀 843/孔子曰:"～(無)食已!"

王家咀 852/孔子曰:"～(無)食也已!"

慈利文物 26/不□□而至衆乃□～☒

港大 2/～(無)初有終

帛甲 1/草木～(無)常

帛甲 3/～奉□□其邦

帛甲 4/～厎望□歲

帛甲 7/土身～(無)翼

帛甲 8/～(無)有常極

帛甲 12/～(無)有相擾

帛乙 1/～章弼弼

乍

帛甲 2/天地～(作)祥

帛甲 2/天柱將～(作)蕩

帛甲 7/～(作)其下凶

帛甲 10/唯天～(作)福

帛甲 10/唯天～(作)妖

帛乙 5/四神乃～(作)

帛乙 7/毋使百神、風雨、晨禕亂～(作)

帛丙一 2/～(作)□

帛丙四 1/不可以～(作)大事

帛丙八 2/不可以～(作)

帛商照 5/雨～(作)□

望

帛甲 4/亡厎～□歲

匚部

區

五里牌 3/在～械

五里牌 4/在～械

五里牌 5/在～械

五里牌 6/在～械

五里牌 7/在～械

五里牌 8/在～械

五里牌 12/在～械

匿

帛甲 5/凡歲悳～

帛甲 6/唯悳～之歲

帛甲 7/唯李悳～

帛甲 9/是謂悳～

帛丙五 1/以～不見

匚部

匩

望山二 48/一～(匡)□簪

匜(鉈)

鉈

望山二 46/二～(匜)

安崗一 3/一～(匜)

仰天湖 24/一～(匜)

匣(筸)

筸

仰天湖 37/皆藏於一～(匣)之中

仰天湖 41/藏於五～(匣)□◪

匫

望山二 9/皆有～

匰

塌冢 10/◪贛～□◪

曲部

曲

安崗一 6/一～弓

安崗一 8/一～弓

弓部

弓

安崗一 6/五張～

安崗一 6/一曲～

安崗一 6/一□～褱

安崗一 8/一曲～

張

望山一 1/齊客～果

九店五六 14 貳/利以爲～網

九店六二一 10/使以繿□天～則◪

九店六二一 31/～

安崗一 6/五～弓

彊(弜)

弜

天卜 43/使攻解於不辜～(強)死者

引

九店五六 71/以入,有得,非□乃～

弩(弩、弦)

弩

安崗一 7/八～矢

安崗一 8/一～

弦

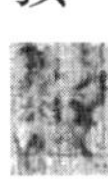
安崗一 6/一～(弩)

彊

九店五六 43/〔皋〕! 敢告□繳之子武～(夷)

九店五六 44/〔攝幣〕、芳糧以譴讀某於武～(夷)之所

弜　部

弼

帛乙 1/亡章～弼

系　部

孫

望山二 64/長王～

望山一 89/賽禱王～巢

望山一 119/王～喿

天卜 12－1/秦客公～紻問王於葳郢之歲

天卜 13－1/秦客公～紻問王於葳郢之歲

港大 5/孔子辭以禮～(遜)焉

繇

王家咀 738/～(由)也爲季氏宰

王家咀 771/～(由)也弗吾徒也已

帛甲 9/帝曰:“～(猷),敬之哉!”

帛甲 11/帝將～(由)以亂

卷十三

糸　部

繭(絸)

絸

安崗二 1/組紡紫縑之进～

純

望山二 2/丹重繡之～

望山二 3/騂繡聯縢之～

望山二 8/□～

望山二 9/絕～

望山二 10/衛霝光之～

望山二 11/赭膚之～

望山二 12/騂繡之～

望山二 14/錦～

望山二 15/禹～

望山二 17/絕～

望山二 20/錦～

望山二 21/～緂席

望山二 23/皆錦～

望山二 48/霝光之～

望山二 48/霝光之～

望山二 48/霝光之～

望山二 59/紅繡之～

望山二 60/五囟之～

望山二 61/素冢之～

安崗一 9/紫～之縉

安崗一 10/素～之縉

 嚴倉記席 2/皆素加豹之～

 嚴倉記席 3/屯素加豹之～

 嚴倉記席 6/皆青結之～

 望山橋 6/革靳,生錦之～

 仰天湖 2/緹～

 仰天湖 3/錦～

 仰天湖 7/緹～

 仰天湖 11/一衣,錦～

 仰天湖 20/大緹之～

 仰天湖 21/一～筵席

 仰天湖 22/錦～

繢

 安崗二 1/舊～

 安崗二 2/紫～

 安崗二 4/一羊□初錦之～郍

紀(絽)

絽

絽 帛甲 4/是謂亂～(紀)

紡

 望山二 2/丹組之屋,～裏

 望山二 15/～屋

 望山二 49/席十又二,皆～襡

 望山二 61/一小～冠

 安崗一 1/～蓋

 安崗一 11/五～幒

 安崗一 13/膚～▨

 安崗二 1/組～紫縑之进緄

 安崗二 2/一絲紙～緄屨

 仰天湖 1/一～衣

絶(𢇍、㡭、𠜂)

𢇍

 天策 8/～(絶)鞍纓

㡭

 望山二 9/～(絶)純

 望山二 50/其一瑟丹繡之阩～(絶)

 望山二 50/其一瑟霝光之阩～(絶)

⿰⿷匚幺刂

 望山二 15/～(絶)𡉘

 望山二 17/～(絶)純

 九店五六 34/是謂～(絶)日

縕(⿰糸呈)

⿰糸呈

 九店六二一 10/使以～(縕)□天張則▨

 仰天湖 10/▨□繯～(縕)□□▨

帛甲 1/月則～(贏)絀

帛甲 1/～(贏)絀失□

約

望山二 32/纀～

 望山二 33/纀～

 望山二 34/□～

 港大 9/重之以上下之～

繯

 仰天湖 10/▨□～縕□□▨

結

 九店五六 21 貳/利以～言

九店五六 25/是謂～日

 安崗一 15/玉～刀□賅

 安崗一 15/玉～刀□賅

 安崗一 17/襄綎之弁、～

 仰天湖 5/一～衣

繃(纒)

纒

 天策 3/紫～(繃)

終(⿰糸弁、⿱宀廾)

⿰糸弁

 帛甲 3/是〔謂〕失～(終)

⿱宀廾

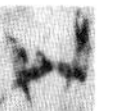 九店五六 94/丁巳～(終)其身

 九店六二一 1/智寺～(終)□□□求毋□▨

 港大 2/無初有～(終)

縑

 安崗二 1/組紡紫～之进緄

縞

 望山二 59/～裏

 望山二 61/～裏

 安崗一 4/～帶

 安崗一 9/六～□

 安崗一 11/四～幒

 安崗一 12/一～襡

 安崗一 15/～帶

 安崗一 15/～夫需

 安崗一 19/～□

 安崗二 2/一～紝

 仰天湖 2/綺～之紃

 仰天湖 22/有～裏

 仰天湖 33/一鑑,有繰～

繪

 仰天湖 7/〔一〕紫□之～(袷)

絹(絹)

絹

 望山二 2/～(䮁)繡聯縢之袒

 望山二 2/～(䮁)繡聯縢之純

 望山二 21/～(䮁)☐

緑

 望山二 47/一丹繡之茵,～裏

 仰天湖 1/～裏

 帛五 29/其～環

絑

 安崗一 10/～(朱)韋之屖

 安崗二 1/一～(朱)帶

絀

 帛甲 1/月則贏～

 帛甲 1/贏～失□

緹(鍉)

鍉

 望山二 49/其四盲童皆～(緹)衣

紫

望山二 6/～韋之帥

望山二 6/～黄之組

望山二 9/～韋之帥

望山二 9/～□

望山二 9/～韋之□□

望山二 11/～蓋

望山二 11/～▨

望山二 12/～轡

望山二 12/一～蓋

望山二 13/～轡

望山二 15/～褀

望山二 19/～登

望山二 32/～鞁

望山二 33/～▨

望山二 49/其二盲童皆～衣

天策 3/～繃

安崗一 4/～裛

安崗一 9/～純之緍

安崗一 15/～□

安崗二 1/組紡～縑之进緄

安崗二 2/～績

丁家咀一 1/～錦之裳

仰天湖 7/〔一〕～□之袷

仰天湖 12/有～綊

仰天湖 20/一～錦之席

紅

望山二 48/二～繡之韍

望山二 48/～繡之室

望山二 57/一～繡之俹屨

望山二 59/～繡之純

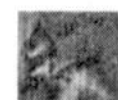

仰天湖 7/～組之綫

仰天湖 16/～組之綫

仰天湖 17/～組

繅

 仰天湖 33/一鑑,有～縞

綊

 望山二 21/純～席

纓(綅)

綅

 望山二 12/～(纓)纀項

望山二 13/～(纓)纀項

 望山二 35/～(纓)笲

 望山二 48/組～(纓)

 望山二 62/二組～(纓)

天策 4/～(纓)組之綴十又六

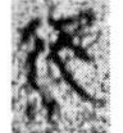 天策 7/翠羸～(纓)

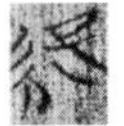 天策 8/絶鞍～(纓)

 仰天湖 25/～(纓)組之繐

紻(紻、緓)

紻

 天卜 12－1/秦客公孫～問王於蔵郢之歲

天卜 13－1/秦客公孫～問王於蔵郢之歲

緓

天策 8/韇、韅、～(鞅)

緄

望山二 6/～鞙

望山二 22/～席

望山二 49/一～帶

望山二 50/一～帶

安崗一 1/～綏

安崗一 4/一～帶

望山橋 7/～綏

紳(紳、緤、繟、神)

紳

望山二 6/緄～(鞙)

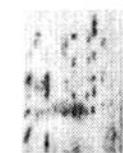 望山二 23/昳～

緤

 安崗二 4/十素王錦之～(紳)

繣

天卜 4－1/齊客～(申)獲問王於葴郢之歲

天卜 10/齊客～(申)獲問王於葴郢之歲

堨冢 24/情作～(紳)罣交分訓▨

帛甲 6/～(申)之以霝降

神

安崗一 8/▨～

組(組、䋿、縷)

組

望山二 2/黃纓～之綴三十

望山二 7/黃纓～之綴十又八

望山二 8/黃纓～之繻

望山二 8/～綴

望山二 9/纓～之童

望山二 12/纓～之需

望山二 14/黃纓～之□

望山二 19/黃纓～▨

望山二 23/黃纓～之綴

望山二 23/黃纓～之綴

望山二 27/▨～之綴

望山二 48/～纓

望山二 48/～綴

望山二 60/～綏

望山二 61/～綏

望山二 62/二～纓

天策 4/纓～之綴十又六

安崗一 19/二～□

嚴倉記席 6/斳～之□▨

仰天湖 7/紅～之綫

仰天湖 16/紅～之綫

仰天湖 25/纓～之繐

䋿

安崗一 9/～(組)

安崗一 10/～(組)維

安崗一 10/二～(組)贅

 安崗一 10/二～(組)贊

縷

 仰天湖 14/一～(組)帶

 仰天湖 17/紅～(組)

紟(絵)

絵

 望山二 14/～(錦)純

 望山二 20/～(錦)純

 望山二 23/皆～(錦)純

 安崗二 1/一初王～(錦)之□

 安崗二 4/一羊□初～(錦)之繢郙

 安崗二 4/十素王～(錦)之紳

 丁家咀一 1/紫～(錦)之裳

 嚴倉記席 2/衛赤～(錦)之韜

 嚴倉簽牌 1/赤～(錦)十二尋

 望山橋 6/革靳，生～(錦)之純

 望山橋 6/素～(錦)

王家咀 843/公夏乘遺一橐～(錦)

仰天湖 3/～(錦)純

 仰天湖 3/～(錦)紃

 仰天湖 4/～(錦)□□紃

 仰天湖 11/一衣，～(錦)純

 仰天湖 11/一衣，錦純，～(錦)□□

 仰天湖 13/皆又(有)～(錦)巾

 仰天湖 18/一楑柜，有～(錦)韜

 仰天湖 20/一紫～(錦)之席

 仰天湖 22/～(錦)純

紃

望山二 6/～縫

望山二 6/皆～

望山二 12/～綏

望山二 13/～綏

望山二 31/五囟之～

望山二 31/革綏～

 望山二 32/～奉

緟(纏)

纏

港大 9/～(重)之以上下之約

纕

安崗一 3/糗十～(囊)

縷

望山二 49/一生絲之～(屨)

望山二 49/一繡～(屨)

望山二 57/一紅繡之峘～(屨)

安崗一 3/二緹～(屨)

仰天湖 15/一新鞮～(屨)

仰天湖 15/一舊鞮～(屨)

仰天湖 15/皆有苴疏～(屨)

仰天湖 15/新～(屨),句

縫(綘)

綘

望山二 6/糿～(縫)

仰天湖 9/緰～(縫)

仰天湖 16/緰～(縫)

組

望山二 2/丹～之屋

望山二 6/紫黄之～

望山二 10/丹～之裏

仰天湖 23/緍～

絇

仰天湖 23/生～(緱)

仰天湖 42/～

縢(絣)

絣

望山二 2/駝繡聯～(縢)之釐冃

望山二 2/駝繡聯～(縢)之裑

望山二 2/丹繡聯～(縢)之裑

望山二 3/駝繡聯～(縢)之純

望山二 10/▨□聯～(縢)之軑勭

望山二 22/駝繡聯～(縢)之▨

望山二 23/駝繡聯～(縢)之安

望山二 24/☐聯～(縢)之裍

維(維、維)

維

安崗一 10/組～

維

帛五 23/其～(維)琥

緐(絣)

絣

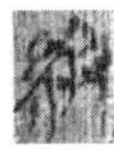
安崗一 17/襄緂之～(弁)、結

綊

仰天湖 12/有紫～

紛

天策 8/～約

安崗一 9/□～之裩

綃

帛甲 12/歲則無～

緡(緊)

緊

安崗一 9/紫純之～(緡)

安崗一 9/芽～(緡)

安崗一 10/素純之～(緡)

絡

天策 3/菓～

紙

安崗二 2/一絲～之王瑟之緼屨

安崗二 2/一絲～紡緼屨

繆(繆)

繆

仰天湖 23/疏羅緹之～(繆)

綏

望山二 31/～

望山二 60/組～(綫)

望山二 61/組～(綫)

天策 1/革鞭,一～,駟

天策 3/革～

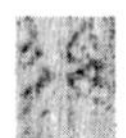
天策 6/□韋之～

安崗一 1/緄～(縌)

仰天湖 7/紅組之～(縌)

仰天湖 16/紅組之～(縌)

緅

安崗一 12/二～襡

安崗二 2/一□～帶

紌

九店五六 36/表～

慈利法書 2/解其氣擊龍～白徒以視之厲士

紼

望山二 48/二紅繡之～(韍)

紎

望山二 61/一宋靁光之～

紖

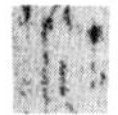
望山二 48/～(丹)繡之襡

紻

九店五六 109/～

絅

仰天湖 2/～(綺)縞之綳

絀

望山二 8/丹繡之軑安,生～之裏

望山二 25/生～之▨

望山二 30/▨芋之～

嚴倉記席 6/皆青～之純

絟

仰天湖 2/中君之一～(緹)衣

仰天湖 3/左馬之～(緹)衣

仰天湖 4/一～(緹)衣

仰天湖 8/～(緹)布之帽

絈

安崗一 14/～

紽

安崗二 2/二魯帛之～

 安崗二 2/一縞～

絔

 仰天湖 23/～組

綖(縉)

縉

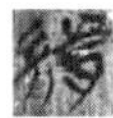 安崗一 17/裏～(綖)之弁、結

絙

 安崗一 3/二～屨

 安崗二 2/一絲紙紡～屨

緩

 仰天湖 21/一純～(筵)席

綉

 仰天湖 18/一楔柜,有錦～(韜)

絨

 安崗二 2/一～

緒

 安崗二 4/一～(緄)縲

綪(繕)

繕

 仰天湖 2/綺縞之～(紃)

 仰天湖 3/錦～(紃)

 仰天湖 4/錦□□～(紃)

縺

 天卜 34/～(繼)車馬於悲中

緂

 望山二 2/騑～(繡)聯縢之釐貝

 望山二 2/騑～(繡)聯縢之裑

 望山二 2/丹～(繡)之裏

 望山二 2/丹重～(繡)之純

 望山二 2/丹～(繡)聯縢之裑

 望山二 2/丹重～(繡)之裑

 望山二 3/騑～(繡)聯縢之純

 望山二 6/丹重～(繡)之釐貝

 望山二 6/丹重～(繡)之兩童

望山二 7/騑～(繡)聯☐

 望山二 8/丹～(緂)之軑安

 望山二 8/丹～(緂)之鳌貝

 望山二 12/䮃～(緂)之純

 望山二 16/䮃～(緂)□

 望山二 22/䮃～(緂)聯縢之□

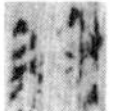 望山二 23/䮃～(緂)聯縢之安

 望山二 23/丹重～(緂)之裏

 望山二 30/䮃～(緂)□

 望山二 47/一丹～(緂)之茵

 望山二 48/二紅～(緂)之戟

 望山二 48/紅～(緂)之室

 望山二 48/丹～(緂)之裯

 望山二 48/丹～(緂)之裯

 望山二 49/一～(緂)屨

 望山二 49/丹～(緂)之衣

 望山二 57/一紅～(緂)之栕屨

 望山二 59/紅～(緂)之純

緕

 望山一 28/～(佩)玉一環

緽

 望山二 2/䮃緂聯縢之～(裑)

 望山二 2/丹緂聯縢之～(裑)

 望山二 2/丹重緂之～(裑)

 望山二 15/約～(裑)

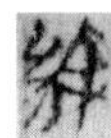 望山二 24/□聯縢之～(裑)

縺

 安崗一 17/兩馬之～(鋃)面

 仰天湖 13/皆有錦～(巾)

 仰天湖 19/五芏～(巾)

繷

 仰天湖 20/一紫錦之席，～(黄)裏

縈

 安崗一 7/矢二～

總

望山二 6/豚絲～

綹

仰天湖 25/纓組之～

緹

仰天湖 2/～純

仰天湖 7/～純

仰天湖 20/大～之純

仰天湖 23/疏羅～之繆

纀

望山二 12/纓～項

望山二 13/纓～項

望山二 32/～約

望山二 33/～約

仰天湖 7/大～之□

繣

望山二 48/丹繡之～(襡)

望山二 48/丹繡之～(襡)

望山二 49/席十又二,皆紡～(襡)

曹家崗 7/二～席

嚴倉記席 6/一□□之～(襡)

綸

九店五六 43/敢告□～之子武夷

仰天湖 9/～縫

仰天湖 16/～縫

縲

安崗二 4/一緄～

繻

望山二 8/黃緶組之～

絲　部

絲

望山二 6/豚～總

望山二 49/一生～之屨

安崗二 2/一～紙之王瑟之緼屨

安崗二 2/一～紙紡緹屨

望山橋 8/青～之邊

轡

望山二 12/紫～

望山二 13/紫～

望山二 29/童～

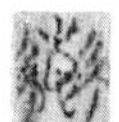
天策 2/兩馬之革～

虫　部

虫

帛五 7/其～㒰

帛五 29/其～□

蜀

安崗一 12/二緅～(襡)

安崗一 12/一縞～(襡)

蚘(蚘、蚤)

蚘

唐維寺 3/尚毋爲～(尤)

唐維寺 3/不爲～(尤)

蚤

望山一 9/尚毋爲大～(尤)

螸(螸、蝥)

螸

安崗一 6/～四筵

蝥

彭家灣二六四/嬰～(齊)之三世王父

蠹

帛甲 12/無有相～(擾)

䖵　部

蜜(寍)

寍

塌冢 25/正發～(蜜)太壯悰同韋

風　部

風

帛乙 1/～雨是於

帛乙 7/～雨

它　部

它

王家咀 771/其布粟倍～日矣

黿　部

黿

望山一 88/痀以黄～(靈)習之

望山一 91/☐□藿犽習之以黄～(靈)

望山一 92/～(靈)

天卜 10/義懌以白～(靈)爲君月貞

天卜 29/習之以白～(靈)

彭家灣一八三 5/鄴居以校～(靈)爲妸也貞

彭家灣一八三 6/我居以惐～(靈)爲娥也貞

彭家灣一八三 8/義居以長～(靈)爲娥貞

䵷

彭家灣一八三 3/鄴居以鼃～爲娥貞

鼅

嚴倉卜筮 1/毋有～惡

彭家灣一八三 12/☐懼又佗所～

鼃

彭家灣一八三 3/鄴居以～䵷爲娥貞

黽　部

黽

慈利漫步 2/子孫之不司戰尚克～

卵　部

卵

望山二 46/二～缶

望山二 46/～盞

望山二 53/二～缶

二 部

二(二、弍)

二

望山一 55/舉禱於～天〔子〕

望山一 146/筍～箄

望山二 13/～霝光之中干

望山二 44/～

望山二 45/～昏

望山二 45/～斗

望山二 45/～居梟

望山二 46/～卵缶

望山二 46/～盤

望山二 46/～匜

望山二 47/～金勺

望山二 47/～瑟,皆繡衣

望山二 48/～紅繡之戟

望山二 48/～葦圓

望山二 48/～文笄

望山二 48/～簣莞

望山二 48/～莞筵

望山二 48/～竹笥

望山二 49/啻頓二十～

望山二 49/席十又～

望山二 49/～盲童

望山二 49/～瑟

望山二 50/～櫛

望山二 51/～□

望山二 52/～□

望山二 53/～鼾

望山二 53/～鑑

望山二 53/～卵缶

望山二 53/～團□

望山二 54/～合盞

望山二 55/～□

望山二 58/☐衛以～膚

望山二 62/～獬冠

望山二 62/～組纓

九店五六 1/雈～秮

九店五六 1/雈～秮又五秭

九店五六 3/敔秵之十擔～擔

九店五六 4/〔雈十〕擔又三擔三赤～參

九店五六 5/三赤～參

九店五六 6/〔雈□〕擔三擔三赤～參

九店五六 46/北、南高,～方下

九店五六 47/東、南高,～方下

九店五六 47/東、北高,～方下

九店五六 85/屈夕入月～旬

九店五六 109/～

曹家崗 2/～榪鐪

曹家崗 3/～羽箟

曹家崗 4/～汲瓶

曹家崗 6/～釿

曹家崗 7/～綯席

安崗一 2/一乘犮車,有～□童

安崗一 3/～犮壺

安崗一 3/～合盞

安崗一 3/～匕

安崗一 3/～梶

安崗一 3/～絙屨

安崗一 4/～夾

安崗一 7/矢～綮

安崗一 9/～十又八

安崗一 10/～組贅

安崗一 10/～組贅

安崗一 12/～緅襡

安崗一 14/～

安崗一 14/～

安崗一 14/～至夬

安崗一 16/朱組于～端

安崗一 19/～組□

安崗一 20/～

安崗二 1/～□鉤

安崗二 2/～戀

安崗二 2/～魯帛之紞

安崗二 2/～羽膚

安崗二 4/～□之組綴

安崗二 5/～

安崗二 5/～

安崗二 5/～削□

安崗二 5/～削壺

安崗二 5/～

嚴倉記席 2/長九尺～寸

嚴倉記席 3/～筵席

嚴倉記席 3/屯九尺～寸

嚴倉記席 4/長九尺～寸

嚴倉簽牌 1/赤錦十～尋

望山橋 7/～

五里牌 6/箕～

五里牌 9/弩弓～

五里牌 13/彫勺～

五里牌 18/其～在長㞐

仰天湖 8/緹布之帽～偶

仰天湖 13/棗箕一十～箕

仰天湖 16/緰縫,有～環

仰天湖 30/～蔡壺

帛甲 3/～月

帛甲 7/唯十又～月

帛乙 4/～曰朱四單

帛五 4/～日

帛五 9/～歲

帛五 25：3/～軍中

帛五 39/～歲

帛殘紅/〔不〕出～日焉

帛殘紅/旬～〔□〕□

帛塊二正/量白～戠

帛商捐/～旬

弍

堨冢 3/～北進□祀薦以之酉父己

亟

唐維寺 3/～(恒)貞吉

帛乙 6/使保奠四～(極)

恒(亙、⿱亙心、⿱亙日)

亙

望山一 9/占之，～(恒)〔貞吉〕

望山一 35/～(恒)貞吉

望山一 39/占之，～(恒)貞吉

望山一 40/占之，～(恒)貞〔吉〕

望山一 45/占之，～(恒)貞吉

望山一 49/～(恒)貞吉

天卜 34/占之：～(恒)貞吉

天卜 43/占之：～(恒)貞吉

嚴倉卜筮 1/占之：～(恒)貞吉

嚴倉卜筮 2/～(恒)舉禱於□

唐維寺 1/～(恒)貞吉

彭家灣一八三 1/～(恒)貞吉，無咎，有祟

彭家灣一八三 1/～(恒)祈福

彭家灣一八三 9/占之：～(恒)貞吉

彭家灣一八三 10/占之：～(恒)貞無咎

帛甲 8/無有常～(極)

帛甲 8/以□三～(極)

帛甲 9/建～(極)屬民

⿱亙心

天卜 4－1/占之：～(恒)貞吉

天卜 5－2/占之：～(恒)貞吉

天卜 9－2/義懌占之：～(恒)貞吉

天卜 27/占之：～(恒)貞吉

⿱亙日

天卜 10/占之：～(恒)貞吉

天卜 29/占之：～(恒)貞吉

竺

九店五六 13 貳/～(築)室

九店五六 56/▨□不～(築)，東北之宇，西南之▨

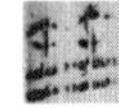仰天湖 35/有文～(竹)柄

凡

九店五六 13 貳/～建日，大吉

九店五六 14 貳/～竷日，不利以□□

九店五六 15 貳/～敓日，憸矍之日，不利以祭祀

九店五六 16 貳/～坪日，利以祭祀

九店五六 17 貳/～寍日，利以娶妻

九店五六 18 貳/～工日，不吉

九店五六 19 貳/～坐日，無爲而可

九店五六 20 貳/～盍日，利以製衣裳

九店五六 21 貳/～城日，大吉

九店五六 22 貳/～復日，不吉

九店五六 23 貳/～簹日，可以爲小社

九店五六 24 貳/～散日，利以嫁女

九店五六 37 貳/～五子，不可以作大事

九店五六 38 貳/～五卯，不可以作大事

九店五六 39 壹/～秋三月，庚、辛、壬、癸不吉

九店五六 39 貳/～五亥，不可以畜六牲擾

九店五六 40 壹/～冬三月，壬、癸、甲、乙不吉

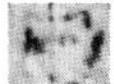九店五六 41/～成日，利以娶妻

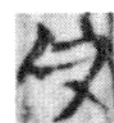九店五六 41/～吉日，利以祭祀、禱祠

九店五六 41/～不吉日，利以見公王與貴人

九店五六 45/～相墠、樹邦、作邑之道

九店五六 48/～宮垑於西南之南，居之貴

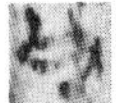九店五六 48/～□不可以蓋□之牆

九店五六 57/～坦南□▨

九店五六 60/～五子，朝〔盜得〕

九店五六 61/～五〔丑〕▨

九店五六 62/～五寅，朝〔盜得〕

九店五六 63/～五〔卯，朝盜得〕

九店五六 64/～五辰，朝〔盜不得〕

九店五六 65/～〔五巳，朝盜得〕

九店五六 68/～五申，朝〔盜得〕

九店五六 69/～五酉▨

九店五六 71/～五亥，朝盜得

九店五六 86/～

九店五六 97/～亡日□辰少日必得

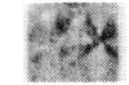九店六二一 38/～

慈利選編 9+7/～此九者，政之因

帛甲 5/～歲悳匿

土 部

土

望山一 54/后～

望山一 55/后～

望山一 56/后～

九店五六 45/～田驟得

九店五六 46/北、南高,二方下,不可居,是謂□～

九店五六 55/□～少

唐維寺 5/～主

彭家灣一八三 11/后～、司命各一羖

彭家灣一八三 12/后～、司命各一羖

慈利文物 11/實之～,□□,側□

慈利文物 21/實之～

帛甲 3/有霧霜雨～

帛甲 7/～身無翼

帛甲 12/～事勿從

帛五 34/居～

地(墬、坨)

墬

望山一 109/賽禱宮～(地)主一豭

天卜 29/擇日冬夕賽禱宮～(地)主一羖

塌冢 9/▨以～(地)▨

唐維寺 2/～(地)主

唐維寺 3/～(地)主

帛甲 2/天～(地)作祥

坨

慈利法書 1/～(地)均於百姓

堣

九店五六 28/以～(寓)人,奪之室

九店五六 32/必無～(遇)寇盜

仰天湖 8/緹布之帽二～(偶)

仰天湖 31/羽𢊍一～(偶)

仰天湖 32/䴍𢊍一～(偶)

坪

望山二 13/秦縞之～旌

望山一 176/▨殺～樂

九店五六 13 壹/～於未

九店五六 14 壹/～於申

九店五六 15 壹/～於酉

 九店五六 16 壹/～於戌

 九店五六 16 貳/凡～日，利以祭祀

 九店五六 17 壹/～於亥

 九店五六 18 壹/～於子

 九店五六 19 壹/～於丑

 九店五六 20 壹/～於寅

 九店五六 21 壹/～於卯

 九店五六 22 壹/～於辰

 九店五六 23 壹/～於巳

 九店五六 24 壹/～於午

 帛乙 5/九州不～(平)

 帛商捐/左～(平)軺

均

 慈利法書 1/地～於百姓

堵

 塌冢 2 反/☐亡又其所～灰堵㘾安

 塌冢 2 反/☐亡又其所堵灰～㘾安

帛乙 2/以司～(土)壤

堂

 九店五六 53/～吉

坐(㘸)

㘸

 九店五六 13 壹/～(坐)於戌

 九店五六 14 壹/～(坐)於亥

 九店五六 15 壹/～(坐)於子

 九店五六 16 壹/～(坐)於丑

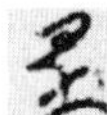 九店五六 17 壹/～(坐)於寅

 九店五六 18 壹/～(坐)於卯

 九店五六 19 壹/～(坐)於辰

 九店五六 19 貳/凡～(坐)日，無爲而可

 九店五六 20 壹/～(坐)於巳

 九店五六 21 壹/～(坐)於午

 九店五六 22 壹/～(坐)於未

 九店五六 23 壹/～(坐)於申

 九店五六 24 壹/～(坐)於酉

安崗一 4/一～(坐)䡅

 慈利漫步 1/既履勿當宜以～(坐)

填

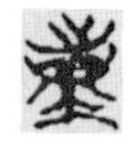 帛乙 2/曰女～

坦

 九店五六 45/凡相～(墠)、樹邦、作邑之道

 九店五六 47/中～,中□,又穿洝

 九店五六 57/凡～南□☒

墨

 帛乙 1/夢夢～墨

 帛乙 4/四曰沁～榦

 帛乙 5/～木

 帛五 7/其色～

 帛攻 1：3/～從北方

型

 王家咀 852/公孫石問:"～(刑)幾?"

 王家咀 852/天下之～(刑)八

帛丙十一 2/～(刑)首事

城

 望山一 129/☒公主既～(成)☒

望山一 178/門既～(成)

九店五六 13 壹/～於子

九店五六 14 壹/～於丑

九店五六 15 壹/～於寅

九店五六 16 壹/～於卯

九店五六 17 壹/～於辰

 九店五六 18 壹/～於巳

 九店五六 19 壹/～於午

 九店五六 20 壹/～於未

 九店五六 21 壹/～於申

 九店五六 21 貳/凡～日,大吉

 九店五六 21 貳/～(成)言

 九店五六 22 壹/～於酉

 九店五六 23 壹/～於戌

 九店五六 24 壹/～於亥

 九店五六 26/百事順～(成)

 九店五六 26/小夫四～(成)

 九店五六 37 壹/庚、辛～(成)日

 九店五六 38 壹/壬、癸～(成)日

 九店五六 39 壹/甲、乙～(成)日

 九店五六 40 壹/丙、丁～(成)日

 九店五六 41/凡～(成)日,利以娶妻

 九店五六 41/利以～(成)事

 九店五六 37 貳/不～(成),必毀

 帛丙十一 1/可以攻～

 帛攻 1：2/始生～

 帛攻 1：2/〔如〕以守～

 帛攻 1：2/如以攻～

增

 九店五六 50/三～三沮不相志

墍(壔)

壔

 望山二 9/～(彫)韔

垑

 九店五六 48/凡宮～於西南之南,居之貴

 九店五六 49/～於東北之北,安

 九店五六 50/～於西北

 九店五六 50/～於東南,不利於□☐

 九店五六 51/～於東北之東

 九店五六 52/～於☐

毀

 九店五六 37 貳/不成,必～

 王家咀 484/夫文、武猶有～

 王家咀 484/而桓、僖如～者也而不毀

 王家咀 483/而桓、僖如毀者也而不～

 王家咀 483/夫天～之也

 慈利學報 6/諸侯～子九閒

圩

 望山二 56/一～

坂

 仰天湖 16/一～韋之韓

至

 慈利選編 9+7/五曰遠～(宅)不薄

坧

埽冢 2 反/☒亡又其所堵灰堵～安

埶

彭家灣一八三 7/～居占之：吉

埬

望山一 124/☒□～既禱

埮

帛乙 2/□是叚，而～(踐)是格

堆

望山二 13/～(隼)旌

埮

望山二 56/～匕

墿

仰天湖 9/～韋之□

韡

慈利漫步 4/於陵則衡，退則巽，～則□

堇　部

堇

安崗一 10/～□

嚴倉簽牌 2/～君之衣一笥

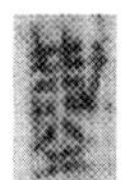

慈利文物 23/☒□是□□□視～□以☒

里　部

里

磚瓦廠 1/仟門之～人一賫告僕

釐(𡍭)

𡍭

王家咀 765/聞桓、～(僖)災

王家咀 484/而桓、～(僖)如毀者也而不毀

野(埜)

埜

望山一 156/～(野)齋

九店五六 31/〔蹠〕四方～(野)外

九店五六 32/蹠四方～(野)外

九店五六 32/～(野)事

九店五六 43/不周之～(野)

田　部

田

天卜 27/且有恶於東方～邑與兵甲之事

九店五六 25/以鼠～邑，吝

九店五六 31/以～獵，獲

九店五六 41/利以納～邑

九店五六 45/土～驟得

甸

安崗一 1/一乘～車

畜

望山二 37/皆有～鐶

九店五六 39 貳/凡五亥，不可以～六牲擾

帛丙三 2/～牲

帛五 11/其～□

帛五 34/其～□

帛商捐/其～□

畱(畱、畂)

畱

望山一 7/～(荆)夷之月

望山一 29/自～(荆)〔夷〕☐

望山一 30/以就集歲之～(荆)〔夷〕

望山一 32/自～(荆)夷以☐

望山一 33/～(荆)夷

九店五六 77/～(荆)夷

九店五六 87/～(荆)夷

九店五六 88/～(荆)夷

嚴倉卜筮 1/～(荆)夷□□□□之日

嚴倉卜筮 1/自宋客左師脣之歲～(荆)夷

嚴倉卜筮 1/以就來歲之～(荆)夷

棗紙 14/唯夫鷄父之遠～(荆)

棗紙 15/～(荆)師走，我先王從之走

夕陽坡 1/～(荆)夷之月

帛殘碎/～(荆)夷

畂

帛塊二正/□行必以□□左～

舊

九店五六 1/～二秳

九店五六 1/～二秳又五秭

九店五六 1/～三稄

 九店五六 1/～三☐

 九店五六 2/～四稯

 九店五六 3/～五稯又五秭

 九店五六 3/～六稯

 九店五六 3/～

 九店五六 4/～五稯又六秭

 九店五六 4/～四〔擔〕

 九店五六 4/～二十擔

 九店五六 5/～□擔

 九店五六 7/～四十擔六擔

 九店五六 10/～四

 安崗二 1/～纉

黄 部

黄

 望山一 88/痼以～靈習之

 望山一 91/☐□藿䋣習之以～靈

 望山二 2/～緶組之綴三十

 望山二 6/紫～之組

 望山二 6/丹重繡之鞪肙，～裏

 望山二 6/～緶組之綴十又八

 望山二 8/～緶組之繻

 望山二 10/～緶組之綴

 望山二 13/～末

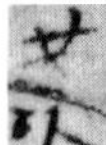 望山二 14/～緶組之□☐

 望山二 18/～生角之交

 望山二 19/～緶組☐

 望山二 23/～緶組之綴

 望山二 23/～緶組之綴

 望山二 28/～緶☐

 望山二 42/～

 九店五六 47/～帝□□庶民居之□

 丁家咀二 3/～□䋨以御筮爲婁□

 仰天湖 27/～䢵之矢八

帛甲 7/出自～淵

帛乙 4/三曰翏～難

帛乙 5/～木

 帛五 34/其服～

帛五 34/乘～□

帛攻 6/□其～

 帛塊一背/～色

男　部

男

 九店五六 30/生子，～吉

 九店五六 34/生子，～不留

 九店五六 35/生子，～必美於人

力　部

勝(𥨒)

𥨒

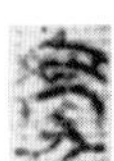 天卜 13－1/鹽丁以長寶爲邸陽君番～(勝)貞

 天卜 15－1/應奮以大英爲邸陽君～(勝)貞

動(𨗨)

𨗨

帛乙 5/至于覆天旁～(動)

勞(褮)

褮

 九店六二一 8/贖免□□之司～(勞)□□□

加

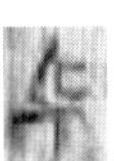 嚴倉記席 2/皆素～豹之純

 嚴倉記席 3/屯素～豹之純

勇(𢦒)

𢦒

 天策 9/一齒軿，□～箟

卷十四

金部

金

望山二 12/白～之葩瑤

望山二 18/白～之阩戠

望山二 19/白～之交

望山二 37/☐～之□首

望山二 38/白～之勿

望山二 38/赤～桶

望山二 38/白～☐

望山二 39/白～☐

望山二 40/赤～☐

望山二 46/～器

望山二 47/四～匕

望山二 47/二～勺

望山二 50/一～鍪

安崗二 4/二～斤

五里牌 2/～□□

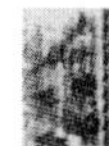
五里牌 3/～□

五里牌 7/～戈八

仰天湖 25/□～之鈞

仰天湖 26/□～之□

仰天湖 26/白～之銍

慈利學報 8/☐鎵～大甬皆□

帛五 5/□□～□

帛五 11/～□

帛五 25：2/居～

帛殘紅/□□於～

鑑

仰天湖 33/一～

鎬

 仰天湖 28/一～

鑿(䂢)

䂢

 九店五六 27/～(鑿)井

銍

 仰天湖 26/白金之～

鐘

 天卜 5－2/舉禱巫豬豕、靈酒,棧～樂之

鋋(鐕)

鐕

 天卜 5－2/舉禱巫豬豕、靈酒,～(棧)鐘樂之

釣

 望山二 12/白金之葩～(瑤)

 仰天湖 25/□金之～

鐶

 望山二 6/紃縫,有鍉～

 望山二 22/韅～

 望山二 37/皆有畜～

 唐維寺 6/將忻禝其一丱～(環)

 仰天湖 16/綸縫,有二～(環)

仰天湖 17/革帶,有玉～(環)

鋯

 望山二 12/～面

 望山二 13/～面

鎡

慈利學報 8/▨～金大甬皆□

鍺

 安崗一 15/一索～鯱敏

 仰天湖 23/一越～劍

鍉

望山二 6/紃縫,有～鐶

鑒

 安崗二 5/一～□

鑪

曹家崗 2/二檡～

鏊

望山二 50/一金～

鑼

仰天湖 13/～(棗)箕一十二箕

鑿

安崗一 3/一～

幵　部

幵

望山二 13/彤～(杆)

勺　部

勺(勺、雩)

勺

望山二 47/二金～

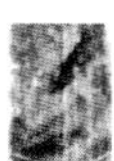
五里牌 13/彫～二

雩

天策 8/紛～(約)

几　部

几(几、机)

几

安崗一 4/一～

机

望山二 45/一房～(几)

望山二 47/一～(几)

凥

望山二 47/一需光之～(裾)

天卜 15－1/既始～(居)其新室，尚宜安長居之

天卜 15－1/既始居其新室，尚宜安長～(居)之

九店五六 45/君子～(居)之

九店五六 45/～(居)之安壽

九店五六 46/北、南高，二方下，不可～(居)

九店五六 47/～(居)之不盈志

九店五六 47/黄帝□□庶民～(居)之〼

九店五六 48/凡宫垞於西南之南，～(居)之貴

 九店五六 49/～(居)祭室之後

 九店五六 49/窮～(居)南、北,不利人民

 九店五六 49/～(居)西北利

 九店五六 49/～(居)西南□▨

 九店五六 53/廪～(居)西北,不吉

 九店五六 53/～(居)是室▨

 九店五六 54/秋三月,作高～(居)於西得

 九店五六 55/□□～(居)

 九店五六 57/▨水～(居)之□,婦人正

 九店五六 58/▨□～(居)東南多惡▨

 九店五六 59/▨□之□□□之西,～(居)之福

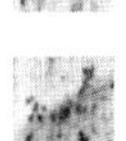 九店五六 116/君子～(居)之

 夕陽坡 1/王～(居)於蔵郢之游宮

 帛乙 1/～(居)于□□

且　部

且

 望山二 10/黄纓～(組)之綴

俎(俎、柤)

俎

 望山二 45/四皇～

柤

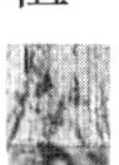 安崗一 3/四～(俎)

斤　部

斤

 安崗二 4/二金～

釿

 曹家崗 6/二～

所

 望山一 154/▨日～可以齋▨

 九店五六 42/利以取貨於人之～

 九店五六 40 貳/帝之～以戮六擾之日

 唐維寺 4/有祟見於君之～

 柬紙 14/吾先君闔盧～以克入郢

 彭家灣一八三 12/▨懼又佗～黿

慈利學報 6/～食□□□者

帛甲 5/如□□□邦～

 帛五 11/～以

帛攻 2：2/五～以知入

斷(剸)

剸

望山二 53/二～(團)□

新(新、新)

新

望山一 78/～(親)父

望山一 80/～(親)父

天卜 15－1/既始居其～室

天卜 34/鹽丁習之以～承命

天卜 43/陳郢習之以～寶家

九店六二一 15/☐少則□之～炣齊☐

九店六二一 30/☐～百☐

彭家灣一八三 2/順至～(親)父蔵辻尹

彭家灣一八三 3/～九月庚戌之日

彭家灣一八三 4/有祟見於三世王父,順及～(親)父

彭家灣一八三 5/有祟見於～(親)舅與親姑

彭家灣一八三 5/有祟見於親舅與～(親)姑

彭家灣一八三 6/有祟見於娥之～(親)父、親母

彭家灣一八三 6/有祟見於娥之親父、～(親)母

彭家灣一八三 7/禱於其～(親)父、親母肥殺、酒食

彭家灣一八三 7/禱於其親父、～(親)母肥殺、酒食

王家咀 484/子～去夫魯,人其惑子

慈利漫步 2/君乃～(親)命五官

新

仰天湖 15/一～(新)鞮屨

仰天湖 15/～(新)屨,句

斲

嚴倉記席 6/～組之□☐

矛　部

矛

仰天湖 26/一□～

帛五 7/其兵～

車　部

車

望山二 1/～與器之典

望山二 5/田～

天卜 34/繼～馬於悲中

九店五六 36/～馬

安崗一 1/一乘翟～

安崗一 1/一乘甸～

安崗一 2/一乘犮～

五里牌 15/☐□～一乘

軒

望山二 2/～反

望山二 7/～反

望山橋 6/方～

輿(轝)

轝

望山一 63/～(輿)魏豹之祟

轂(𨍓)

𨍓

安崗一 2/一乘耑～(轂)

輴(櫄)

櫄

安崗一 1/雕～(輴)

軥

望山二 11/～、杠皆彫

軍

慈利學報 8/三～皆☐

帛五 2/將～

帛五 12/～樊

帛五 25：3/二～中

帛攻 1：2/～

帛塊二背/□～□

範(軓)

軓

望山一 1/～(范)獲志

望山一 170/告～(范)獲〔志〕

天卜 27/～(范)獲志習之以承家

彭家灣一八三 10/～(范)獲志以相家爲娥也貞

軻

望山橋 6/兩～(輢)

輪

望山二 2/翟～

輊

望山一 19/以～(軖)惻爲悼固〔貞〕

望山橋 2/蒼峨懌以～(軖)靈爲中廄尹貞

輔

龍會河 201/俾作～

勆

望山二 10/☐☐聯縢之軾～

軾

望山二 8/丹繡之～安

望山二 9/反芋之坣～

望山二 10/☐☐聯縢之～勆

輛(輡)

輡

帛商捐/左平～(輛)

軼

帛五 7/〔白〕～

帛五 23/蒼～

轡

天策 9/一齒～，☐畝篋

轚

望山二 2/駹繡聯縢之～肙

望山二 6/丹重繡之～肙

望山二 8/丹繡之～〔肙〕

輊

天策 5/大～之杆

轚

安崗一 1/一乘～(翟)車

𠂤部

官

慈利漫步 2/君乃親命五～

𨸏　部

陵

望山一 116/蒧～君

慈利漫步 4/於～則衡，退則巽

帛甲 2/山～其廢

帛甲 12/不見～□

帛乙 3/山～不衛

帛乙 3/以涉山～

帛乙 5/山～備傾

降

帛甲 2/～于下方

帛甲 6/申之以霽～

帛乙 6/炎帝乃命祝融以四神～

陳（陳、陻）

陳

王家咀 843/孔子在～蔡

陻

天卜 43/～（陳）郢習之以新寶家

九店六二一 17/▨□～（陳）炣方内▨

唐維寺 7/～（陳）目篮之

王家咀 765/孔子在～（陳）

階

楊家灣 8/～

阩（隮）

隮

望山二 18/白金之～（阩）戠

望山二 50/其一瑟丹繡之～（阩）絶

望山二 50/其一瑟靁光之～（阩）絶

四　部

四（四、亖）

四

望山二 46/～壺

九店五六 1/敔䅋之～擔

九店五六 2/舊～稄

九店五六 4/舊～〔擔〕

九店五六 9/▨□又～秭

九店五六 9/方～

九店五六 10/舊～

九店五六 26/小夫～成

九店五六 31/〔䟺〕～方野外

九店五六 32/蹠～方野外

九店六二一 14/▨事又器～放不釞炣窒齊□▨

曹家崗 1/～鼎

曹家崗 5/～□杯

安崗一 3/～膚

安崗一 3/～笥

安崗一 3/～俎

安崗一 3/～飲杯

安崗一 6/盗～篁

安崗一 9/漆櫝～

安崗一 10/二十又～

安崗一 10/～□

安崗一 11/～縞幒

安崗一 11/～勿

安崗一 11/～笥

安崗二 1/組綴～

安崗二 5/～□囊

安崗二 5/～削□

安崗二 5/～〔組綴〕

嚴倉記席 1/▨席,縦紋屯二十又～

唐維寺殘簡背/～

五里牌 4/壺～

慈利文物 7/□□□□之～室

慈利選編 9+7/～曰同惡相助

帛甲 4/～月

帛甲 5/以□～踐之常

帛甲 8/廢～興鼠

帛甲 9/～□无恙

帛乙 2/是生子～

帛乙 3/乃命山川～海

帛乙 3/～神相代

帛乙 4/是唯～時

帛乙 4/二曰朱～單

帛乙 4/～曰沁墨榦

帛乙 5/～神乃作

帛乙 6/炎帝乃命祝融以～神降

帛乙 6/使保奠～極

帛乙 7/十日～時

帛乙 7/□□神則閏～□

帛丙十 2/除去不義于～▨

三

望山二 45/～(四)皇俎

望山二 45/～(四)皇豆

望山二 47/～(四)金匕

望山二 47/～(四)膚

望山二 49/～(四)盲童

叕　部

綴(䍬)

䍬

望山二 2/黄緟組之～(綴)三十

望山二 8/組～(綴)

望山二 23/黄緟組之～(綴)

望山二 23/黄緟組之～(綴)

望山二 27/☐組之～(綴)

望山二 48/組～(綴)

天策 4/纓組之～(綴)十又六

亞　部

亞(亞、䛩)

亞

望山一 168/～

九店五六 58/☐□居東南多～(惡)☐

嚴倉卜筮 1/毋有龖～(惡)

嚴倉卜筮 2/且有～(惡)於王事

䛩

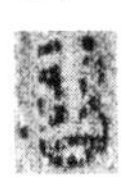慈利選編 9+7/四曰同～(惡)相助

五　部

五

望山二 31/～囟之紃

望山二 48/～魯帛之箕

望山二 60/～囟之純

九店五六 1/舊二秿又～秭

九店五六 1/敔秿之～擔

九店五六 3/舊～秿又五秭

九店五六 3/舊五秿又～秭

九店五六 4/舊～秿又六秭

九店五六 10/〔方〕～

九店五六 37 貳/凡～子，不可以作大事

九店五六 38 貳/凡～卯，不可以作大事

九店五六 39 貳/凡～亥，不可以畜六牲擾

九店五六 60/凡～子，朝〔盜得〕

九店五六 61/凡～〔丑〕☐

九店五六 62/凡～寅，朝〔盜得〕

九店五六 63/凡～〔卯,朝盜得〕

九店五六 64/凡～辰,朝〔盜不得〕

九店五六 68/凡～申,朝〔盜得〕

九店五六 69/凡～酉☐

九店五六 70/〔凡〕～戌,朝☐□,〔辰〕大瘳

九店五六 71/凡～亥,朝盜得

安崗一 11/～紡幒

安崗一 6/～張弓

嚴倉記席 5/廣～尺六寸

龍會河 269/莊王即位十又～〔歲〕

龍會河 272/成王即位～歲

仰天湖 19/～芏巾

仰天湖 29/～餗皿

仰天湖 41/藏於～匣

慈利漫步 2/君乃親命～官

慈利文物 22/☐兕～□☐

慈利選編 9+7/～曰遠宅不薄

慈利選編 2/☐馬茲與王士～☐

帛甲 4/～月

帛甲 5/～妖之行

帛甲 9/群神～正

帛甲 9/～政乃明

帛五 3/不出～朔

帛攻 2：2/～所以知人

六 部

六

望山二 46/～饋鼎

天策 4/纓組之綴十又～

九店五六 1/敔柵之～擔

九店五六 3/舊～稅

九店五六 4/舊五稅又～秭

九店五六 7/舊四十擔～擔

九店五六 39 貳/凡五亥,不可以畜～牲擾

九店五六 40 貳/帝之所以戮～擾之日

九店五六 46/宜人民、～擾

九店五六 82/～日

曹家崗 5/～梼杯

安崗一 9/～縞□

嚴倉記席 2/廣～寸

嚴倉記席 3/屯～寸

嚴倉記席 5/〔屯〕十又～

嚴倉記席 5/其一長八尺～〔寸〕

嚴倉記席 5/廣五尺～寸

嚴倉記席 5/廣～尺三寸

巖倉記席 6/縱紋十又～

仰天湖 40/～笥

七　部

七

望山二 48/～啻劍

望山二 48/～劍

九店五六 4/方～

曹家崗 5/～豆

安崗一 4/矰卅又～

安崗一 11/□□食～筭

安崗二 1/～席

巖倉記席 4/縱紋十又～

巖倉記席 3/縱紋屯十又～

九　部

九

望山二 49/～盲童

九店五六 18 壹/～月

安崗一 10/矰十又～

巖倉記席 2/長～尺二寸

巖倉記席 2/縱紋十又～

巖倉記席 4/長～尺二寸

巖倉記席 3/屯～尺二寸

慈利學報 6/諸侯毀子～閒

慈利選編 9+7/凡此～者,政之因

港大 2/～〔四〕

帛乙 5/～州不平

帛乙 6/彼～天則大傾

内　部

禽(膾、脍)

膾

望山一 52/速因其～(禽)禱之

脍

望山一 125/社□其故～(禽)

唐維寺 2/因其～(禽)而罷禱焉

唐維寺 3/因其～(禽)而罷禱焉

萬

帛乙 2/爲瘟爲～(厲)

禹(墨)

墨

九店五六 39 貳/帝以命益齎～(禹)之火

嘼　部

獸

帛攻 1：2/〔如〕以～(守)城

帛攻 5/如以～(守)城

甲　部

甲

望山一 71/～寅

望山一 113/～戌

望山一 137/～戌

望山一 138/～戌

望山一 138/～戌

望山一 155/～子

望山一 161/～子

望山一 163/～子

天卜 12－1/～寅之日

九店五六 37 壹/～、乙、丙、丁不吉

九店五六 38 壹/～、乙吉

九店五六 39 壹/～、乙成日

九店五六 40 壹/凡冬三月，壬、癸、～、乙不吉

塌冢 25/～乙啻

帛五 33/～

帛攻 1：2/～子之□

帛攻 1：2/～子之日

帛攻 12/～戌

帛塊一正/～

帛塊一正/～

乙　部

乙

望山一 1/～酉之日

望山一 2/～酉之日

望山一 4/獻馬之月～☑

望山一 68/☑～、丙少☑

望山一 90/～丑之日

望山一 160/～亥

望山一 162/～亥

望山一 164/～丑

望山一 165/～丑

九店五六 37 壹/甲、～、丙、丁不吉

九店五六 38 壹/甲、～吉

 九店五六 39 壹/甲、～成日

 九店五六 40 壹/凡冬三月，壬、癸、甲、～不吉

 九店五六 79/～星□☒

 埸冢 25/甲～啬

 帛攻 2：1/～酉之日

 帛攻 4/從～卯之日〔以至辛酉之日〕

 帛攻 4/～卯之日以至辛〔酉之日〕

 帛攻 12/～亥

 帛塊一正/～亥

丙　部

丙(㔷)

㔷

 望山一 9/～(丙)辰之日

 望山一 66/～(丙)、丁有閒

 望山一 68/☒乙、～(丙)少☒

天卜 13－1/十月～(丙)戌之日

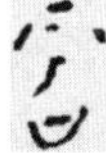 九店五六 37 壹/甲、乙、～(丙)、丁不吉

 九店五六 38 壹/～(丙)、丁、庚、辛不吉

 九店五六 39 壹/～(丙)、丁吉

 九店五六 40 壹/～(丙)、丁成日

 九店五六 80/～(丙)□□在營室

 九店五六 102/～(丙)戌

 九店五六 103/～(丙)辰

 望山橋 5/舉禱於王子～(丙)

 唐維寺 3/～(丙)午之日

 彭家灣一八三 6/～(丙)辰之日

 彭家灣一八三 8/～(丙)辰之日

 彭家灣一八三 10/～(丙)辰之日

 帛丙一 2/～(丙)子

 帛五 18/～(丙)子

 帛五 34/～(丙)

 帛攻 1：1/～(丙)寅

 帛攻 3/～(丙)午

 帛攻 3/～(丙)午之日

丁　部

丁

望山一 10/～巳之日

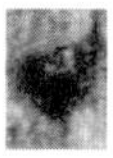

望山一 66/丙、～有間

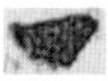

天卜 12－1/～占之：稍有〔慼於躳身〕

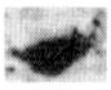

天卜 13－1/鹽～以長寶爲邸陽君番勝貞

天卜 34/鹽～習之以新承命

天卜 34/～占之：吉

天卜 78/逘鹽～之祟

九店五六 37 壹/甲、乙、丙、～不吉

九店五六 38 壹/丙、～、庚、辛不吉

九店五六 39 壹/丙、～吉

九店五六 40 壹/丙、～成日

九店五六 94/～亥

九店五六 94/～巳

九店五六 100/爨月～☐

九店五六 103/～丑

九店五六 103/～亥

九店五六 104/☐□之日辰～

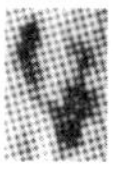

九店五六 105/壬丑、～□

彭家灣一八三 6/有祟見於娥之親父、親母，與其～厲

戊　部

成

望山橋 1/秦客亮～問王於葴郢之戢

龍會河 272/～王即位五歲

帛甲 10/～(誠)唯天〔象〕

帛丙二 3/得不～

己　部

己(己、㠯)

己

望山一 11/～酉之日

望山一 12/～酉之日

望山一 67/～未有間

望山一 89/～未之日

望山一 106/～巳内齋

望山一 132/～未之日卜

望山一 137/～巳

望山一 139/～巳

望山一 155/～巳

 望山一 167/～▨

 望山一 198/～▨

 望山二 55 背/～丑

 天卜 10/～酉之日

 天卜 15－1/～丑之日

 九店五六 95/～未

 九店五六 101/▨□□□□夕～壬

 九店五六 102/～

 九店五六 105/～丑

 丁家咀二 27/以～未之日或禱於□▨

 塌冢 3/弌北進□祀薦以之酉父～

 唐維寺 4/～酉

 夕陽坡 1/～丑之日

 帛攻 2：1/從乙酉之日以至～卯之日

 帛攻 2：1/〔從乙〕酉之日以至～卯之日

 帛商照 8/～出

㠯

 港大 8/恃之以爲～(己)勢

庚　部

庚

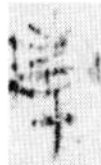 望山一 70/～申

 望山一 132/～申内齋

 天卜 4－1/夏夕之月～戌之日

 九店五六 37 壹/～、辛成日

 九店五六 38 壹/丙、丁、～、辛不吉

 九店五六 39 壹/～、辛、壬、癸不吉

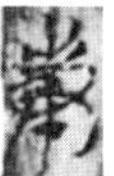 九店五六 40 壹/～、辛吉

 磚瓦廠 2/～子之夕

 磚瓦廠 3/～子之夕

 彭家灣一八三 3/新九月～戌之日

 港大 5/～(康)〔子〕

 帛五 16/～

 帛攻 1：2/～午之日

 帛攻 1：2/～〔午〕必入之

 帛攻 3/從～子之日以至丙午

 帛攻 9：2/□從～

辛　部

辛

 望山一 66/～

 望山一 67/～、壬瘥

 望山一 138/～未

 望山一 156/～未

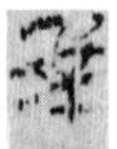 望山一 166/～未

 望山一 182/～

 望山二 1/～〔丑之日〕

 九店五六 37 壹/庚、～成日

 九店五六 38 壹/丙、丁、庚、～不吉

 九店五六 39 壹/庚、～、壬、癸不吉

 九店五六 40 壹/庚、～吉

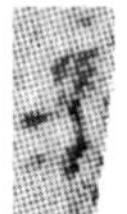 九店五六 106/～

 彭家灣一八三 1/～亥之日

 帛攻 4/乙卯之日以至～〔酉之日〕

辠

 慈利法書 3/自者，其身果死，則免於～

辥

 帛五 7/～

壬　部

壬

望山一 67/辛、～瘥

望山一 69/～、癸大有瘳

望山一 72/～申

天卜 40/～午瘥

九店五六 37 壹/～、癸吉

九店五六 38 壹/～、癸成日

九店五六 39 壹/庚、辛、～、癸不吉

九店五六 40 壹/凡冬三月，～、癸、甲、乙不吉

九店五六 95/～申

九店五六 101/☐□□□□夕己～

 九店五六 103/～□

 丁家咀二 3/九月～寅之日

丁家咀二 15/～寅之日

唐維寺 1/～戌之日

彭家灣二六四/～寅之日

帛丙一 2/～子

帛攻 13/～戌

帛殘黑/～以

帛塊一背/～子

癸　部

癸

望山一 6/～亥之日

望山一 7/～未之日

望山一 8/～丑〔之日〕

望山一 69/壬、～大有瘳

望山一 71/～丑

安崗一 1/～酉之日

彭家灣一八三 5/～巳之日

九店五六 37 壹/壬、～吉

九店五六 38 壹/壬、～成日

九店五六 39 壹/庚、辛、壬、～不吉

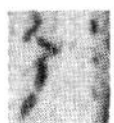

九店五六 40 壹/凡冬三月，壬、～、甲、乙不吉

子　部

子

望山一 115/册於東石公、社、北～、行

望山一 116/舉禱北～

望山一 117/王之北～

望山一 118/☐北～冢豕、酒食

望山一 155/甲～

望山一 161/甲～

望山一 163/甲～

望山一 193/～

望山一 203/～

九店五六 13 壹/城於～

九店五六 14 壹/盍於～

九店五六 15 壹/坐於～

九店五六 16 壹/工於～

九店五六 17 壹/窑於～

九店五六 18 壹/坪於～

九店五六 19 壹/敓於～

九店五六 20 壹/饕於～

九店五六 21 壹/建於～

九店五六 21 貳/嫁～

九店五六 22 壹/敚於～

九店五六 23 壹/蓸於～

九店五六 24 壹/復於～

九店五六 25/生～,無弟

九店五六 26/～、丑、寅

九店五六 27/～、丑、寅、卯

九店五六 28/酉、戌、亥、～

九店五六 29/戌、亥、～、丑

九店五六 30/亥、～、丑、寅

九店五六 30/生～,男吉

九店五六 31/～、丑、寅、卯

九店五六 32/〔酉〕、戌、亥、～

九店五六 34/亥、～、丑、寅

九店五六 34/生～,男不留

九店五六 35/～、丑、寅、卯

九店五六 35/生～,男必美於人

九店五六 36/酉、戌、亥、～

九店五六 36/幼～者不吉

九店五六 37 貳/凡五～,不可以作大事

九店五六 38 貳/非其身,長～受其咎

九店五六 43/敢告□繳之～武夷

九店五六 46/蓋西北之宇,亡長～

九店五六 50/不利於～

九店五六 60/凡五～,朝〔盜得〕

九店五六 64/死生才在～

九店五六 67/以有疾,～少瘳,卯大瘳

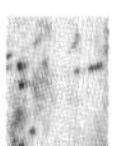
九店五六 75/大瘳,死生在～

磚瓦廠 2/庚～之夕

磚瓦廠 3/庚～之夕

望山橋 5/舉禱於王～丙

王家咀 484/～新去夫魯,人其惑子

王家咀 484/子新去夫魯,人其惑～

王家咀 738/君～易,此辱矣

 王家咀 738/～路爲季氏宰

 慈利文物 12/〼是～

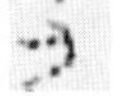 慈利文物 12/吾見～於此止矣

 慈利學報 6/諸侯毁～九閒

 慈利法書 7/寍～曰:"吾聞□□〼"

 港大 8/～又焉問

 帛乙 2/乃娶叡徙□～之子

 帛乙 2/乃娶叡徙□子之～

 帛乙 2/是生～四

 帛丙一 2/壬～

 帛丙一 2/丙～

 帛五 8/公～□

 帛攻 1：2/甲～之□

 帛攻 1：2/甲～之日

 帛攻 2：2/入則從～至

 帛攻 3/從庚～之日以至丙午

帛塊一背/壬～

挽(孪)

孪

 望山一 17/心～(悶)

 望山一 37/心～(悶)

 九店六二一 8/贖～(挽)□□之司勞□□〼

 慈利法書 3/其身果死,則～(免)於辠

縠

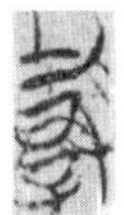 港大 10/〼□酒～〼

 帛甲 12/民則有～(縠)

季

 王家咀 738/子路爲～氏宰

 王家咀 738/由也爲～氏宰

 帛甲 7/歲～乃□

疑(悥)

悥

 九店五六 45/幽～不出

慈利選集 6＋4/〼善～(矣),未可以戰

𦥑　部

舂(𦥑)

𦥑

 磚瓦廠 2/李～(舂)

 磚瓦廠 3/盜殺僕之兄李～(沯)

厶　部

育(毓)

毓

 望山一 121/～熊

丑　部

丑

望山一 8/癸～

望山一 71/癸～

望山一 90/乙～之日

望山一 164/乙～

望山一 165/乙～

天卜 4－1/史～以長靈爲君月貞

 天卜 15－1/己～之日

九店五六 13 壹/復於～

 九店五六 14 壹/城於～

九店五六 15 壹/盍於～

九店五六 16 壹/坐於～

九店五六 17 壹/工於～

九店五六 18 壹/窞於～

九店五六 19 壹/坪於～

九店五六 20 壹/敓於～

九店五六 21 壹/饕於～

九店五六 22 壹/〔建於〕～

九店五六 23 壹/散於～

九店五六 24 壹/蓞於～

九店五六 25/亥、〔子〕、～

九店五六 26/子、～、寅

九店五六 27/子、～、寅、卯

九店五六 28/～、寅、卯、辰

九店五六 29/戌、亥、子、～

九店五六 30/亥、子、～、寅

九店五六 31/子、～、寅、卯

九店五六 32/～、寅、卯、辰

九店五六 33/〔戌、亥、子〕、～

九店五六 34/亥、子、～、寅

九店五六 35/子、～、寅、卯

 九店五六 36/～、寅、卯、辰

 九店五六 61/～,朝啟夕閉

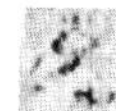 九店五六 63/死生在～

 九店五六 96/生於～即

 九店五六 103/丁～

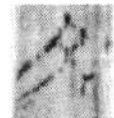 九店五六 105/壬～

 夕陽坡 1/己～之日

寅　部

寅

 望山一 71/甲～

 天卜 12-1/甲～之日

 九店五六 13 壹/簹於～

 九店五六 14 壹/復於～

 九店五六 15 壹/城於～

 九店五六 16 壹/盍於～

 九店五六 17 壹/坐於～

 九店五六 18 壹/工於～

 九店五六 19 壹/窯於～

 九店五六 20 壹/坪於～

 九店五六 21 壹/敓於～

 九店五六 22 壹/饕於～

 九店五六 23 壹/建於～

 九店五六 24 壹/散於～

 九店五六 26/子、丑、～

 九店五六 27/子、丑、～、卯

 九店五六 28/丑、～、卯、辰

 九店五六 29/～、卯、辰、巳

 九店五六 30/亥、子、丑、～

 九店五六 31/子、丑、～、卯

 九店五六 32/丑、～、卯、辰

 九店五六 33/～、卯、辰、巳

 九店五六 34/亥、子、丑、～

 九店五六 35/子、丑、～、卯

 九店五六 36/丑、～、卯、辰

 九店五六 62/～,〔朝〕閉夕啟

 九店五六 62/凡五～,朝〔盜得〕

 九店五六 65/死生在～

 九店五六 66/死生在～

 九店五六 67/死生在～

九店五六 96/生於～衰

丁家咀二 3/九月壬～之日

丁家咀二 15/壬～之日

彭家灣二六四/壬～之日

帛五 27：2/～

帛攻 1：1/丙～

卯　部

卯

九店五六 13 壹/敚於～

九店五六 14 壹/䈞於～

九店五六 15 壹/復於～

九店五六 16 壹/城於～

九店五六 17 壹/盍於～

九店五六 18 壹/坐於～

九店五六 19 壹/工於～

九店五六 20 壹/窞於～

九店五六 21 壹/坪於～

九店五六 22 壹/敓於～

九店五六 23 壹/𩞁於～

九店五六 24 壹/建於～

九店五六 27/子、丑、寅、～

九店五六 28/丑、寅、～、辰

九店五六 29/寅、～、辰、巳

九店五六 30/～、辰、巳、午

九店五六 31/子、丑、寅、～

九店五六 32/丑、寅、～、辰

九店五六 33/寅、～、辰、巳

九店五六 33/以作～事，不吉

九店五六 34/～、辰、巳、午

九店五六 35/子、丑、寅、～

九店五六 36/丑、寅、～、辰

九店五六 38 貳/凡五～，不可以作大事

九店五六 67/以有疾，子少瘳，～大瘳

九店五六 71/以有疾，～少瘳，巳大瘳

九店五六 96/生於～夬

帛攻 2：1/從乙酉之日以至己～之日

帛攻 2：1/〔從乙〕酉之日以至己～之日

帛攻 4/從乙～之日〔以至辛酉之日〕

帛攻 4/乙～之日以至辛〔酉之日〕

辰　部

辰(唇)

唇

望山一 9/丙～(辰)之日

 望山一 169/～(辰)

 九店五六 13 壹/建於～(辰)

 九店五六 14 壹/散於～(辰)

 九店五六 15 壹/蓞於～(辰)

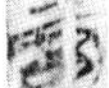 九店五六 16 壹/復於～(辰)

 九店五六 17 壹/城於～(辰)

 九店五六 18 壹/盍於～(辰)

 九店五六 19 壹/坐於～(辰)

 九店五六 20 壹/工於～(辰)

 九店五六 21 壹/窞於～(辰)

 九店五六 22 壹/坪於～(辰)

 九店五六 23 壹/敂於～(辰)

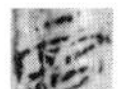 九店五六 24 壹/韼於～(辰)

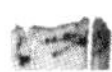 九店五六 27/～(辰)、巳、午、未

 九店五六 28/丑、寅、卯、～(辰)

 九店五六 29/寅、卯、～(辰)、巳

 九店五六 30/卯、～(辰)、巳、午

 九店五六 31/～(辰)、巳、午、未

 九店五六 32/丑、寅、卯、～(辰)

 九店五六 33/寅、卯、～(辰)、巳

 九店五六 34/卯、～(辰)、巳、午

 九店五六 35/～(辰)、巳、午、未

 九店五六 36/丑、寅、卯、～(辰)

 九店五六 64/凡五～(辰),朝〔盜不得〕

 九店五六 96/亡於～(辰)即

 九店五六 97/凡亡日□～(辰)少日必得

 九店五六 97/日少～(辰)□□

 九店五六 103/丙～(辰)

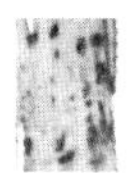 九店五六 104/☒□之日～(辰)丁☒

 嚴倉卜筮 1/宋客左師～蹠楚之歲

 嚴倉卜筮 1/自宋客左師～之歲荆夷

 彭家灣一八三 6/丙～(辰)之日

 彭家灣一八三 8/丙～(辰)之日

 彭家灣一八三 10/丙～(辰)之日

 帛甲 1/日月星～(辰)

 帛甲 7/星～(辰)不炯

辱

 王家咀 738/君子易,此～矣

 慈利文物 12/外有～

巳部

巳

望山一 10/丁～之日

望山一 106/己～内齋

望山一 137/甲戌、己～内齋

望山一 139/己～

望山一 155/己～、甲子之日内齋

九店五六 13 壹/饕於～

九店五六 14 壹/〔建於〕～

九店五六 15 壹/散於～

九店五六 16 壹/簪於～

九店五六 17 壹/復於～

九店五六 18 壹/城於～

九店五六 19 壹/盍於～

九店五六 20 壹/坐於～

九店五六 21 壹/工於～

九店五六 22 壹/窞於～

九店五六 23 壹/坪於～

九店五六 24 壹/敓於～

九店五六 25/～、午、未

九店五六 27/辰、～、午、未

九店五六 28/～、午、未、申

九店五六 29/寅、卯、辰、～

九店五六 30/卯、辰、～、午

九店五六 31/辰、～、午、未

九店五六 32/～、午、未、申

九店五六 33/寅、卯、辰、～

九店五六 34/卯、辰、～、午

九店五六 35/辰、～、午、未

九店五六 36/～、午、未、申

九店五六 71/以有疾,卯少瘳,～大瘳

九店五六 94/丁～

九店五六 96/亡於～衰

彭家灣一八三 5/癸～之日

王家咀 771/由也弗吾徒也～(已)

王家咀 843/孔子曰:“無食～(已)!”

王家咀 852/孔子曰:“無食也～(已)!”

仰天湖 9/☐墿韋之□,�縫。～(已)

仰天湖 16/一坂韋之韓,緣縫,有二環,紅組之繸。～(已)

仰天湖 21/一純筵席,一僴席。～(已)

仰天湖 23/一越鍺劍,生絥,縚組,冎航,□□。疏羅之帶,疏羅縕之繆。～(已)

仰天湖 24/一匩。～(已)

仰天湖 27/黄邨之矢八,有柗。~(巳)

仰天湖 28/一鎬。~(巳)

仰天湖 30/二蔡壺,皆有蓋。一□□。~(巳)

仰天湖 31/羽膚一偶。~(巳)

仰天湖 32/㬎膚一偶。~(巳)

仰天湖 35/一㬎□,有文竹柄,骨交□于中。~(巳)

目

望山一 1/范獲志~(以)愴家爲悼固貞

望山一 3/~(以)小籌爲悼固貞

望山一 7/魏豹~(以)相家〔爲悼固貞〕

望山一 9/鄧遣~(以)小籌爲悼固貞

望山一 9/既痤,~(以)悶心

望山一 11/苛愴~(以)狀☒

望山一 13/〔魏〕豹~(以)寶家爲悼固貞

望山一 13/既痤,~(以)心□然

望山一 13/不可~(以)復使遷身韍

望山一 14/~(以)寶家爲悼固貞

望山一 15/~(以)寶家爲悼固〔貞〕

望山一 17/魏豹~(以)寶室爲悼固貞

望山一 17/既心悶,~(以)瘽,善欬

望山一 18/許佗~(以)少☒

望山一 19/~(以)軠惻爲悼固〔貞〕

望山一 22/~(以)其未有爵位,尚速得事

望山一 24/有祟,~(以)其故說之

望山一 28/~(以)其故說之

望山一 30/~(以)就集歲之荆〔夷〕

望山一 32/自荆夷~(以)☒

望山一 33/〔自〕荆夷~(以)☒

望山一 37/~(以)不能食,以心悶,以欬,胸脅疾

望山一 37/以不能食,~(以)心悶,以欬,胸脅疾

望山一 37/以不能食,以心悶,~(以)欬,胸脅疾

望山一 38/~(以)心悶,不能食

望山一 38/~(以)驟欬,足骨疾

望山一 40/~(以)痤,尚毋以其故有大咎

望山一 40/尚毋~(以)其故有大咎

望山一 43/☒既倉然,~(以)☒

望山一 44/毋~(以)其故有咎

望山一 49/~(以)其故說之

望山一 51/毋~(以)其故說〔之〕

望山一 54/~(以)其故說之

望山一 61/~(以)其故說之

望山一 62/~(以)其故說之

望山一 63/~(以)其故說之

望山一 80/☒~(以)親父☒

望山一 81/~(以)其故說之

望山一 82/～(以)其故説之

望山一 83/～(以)其故説之

望山一 85/～(以)其故▨

望山一 87/▨□其故～(以)册▨

望山一 88/痼～(以)黄靈習之

望山一 91/藋篏習之～(以)黄靈

望山一 151/▨～(以)述瘥▨

望山一 154/▨日所可～(以)齋▨

望山一 190/～(以)

望山二 58/▨衛～(以)二膚

天卜 4－1/史丑～(以)長靈爲君月貞

天卜 4－2/～(以)其故説之

天卜 9－2/稍有慼於趾,有祟,～(以)其故説之

天卜 10/義懌～(以)白靈爲君月貞

天卜 12－1/鹽〔丁〕～(以)寶家爲君月貞

天卜 13－1/鹽丁～(以)長寶爲邸陽君番勝貞

天卜 15－1/應奮～(以)大英爲邸陽君勝貞

天卜 27/范獲志習之～(以)承家

天卜 27/～(以)其故説之

天卜 29/習之～(以)白靈

天卜 29/～(以)其故説之

天卜 34/鹽丁習之～(以)新承命

天卜 34/稍閒有惡,有祟,～(以)其故説之

天卜 40/郘還～(以)漆蓍爲君貞

天卜 40/既背膺疾,～(以)心悶,尚毋以是故有大咎

天卜 40/既背膺疾,以心悶,尚毋～(以)是故有大咎

天卜 43/陳郢習之～(以)新寶家

天卜 43/～(以)其故説之

九店五六 13 貳/利～(以)娶妻

九店五六 14 貳/凡竷日,不利～(以)□□

九店五六 14 貳/利～(以)爲張網

九店五六 15 貳/凡敓日,倦矍之日,不利～(以)祭祀

九店五六 16 貳/凡坪日,利～(以)祭祀

九店五六 17 貳/凡寍日,利～(以)娶妻

九店五六 19 貳/如～(以)祭祀,必有三□

九店五六 20 貳/凡盍日,利～(以)製衣裳

九店五六 21 貳/利～(以)結言

九店五六 23 貳/凡蓞日,可～(以)爲小社

九店五六 24 貳/凡散日,利～(以)嫁女

九店五六 25/～(以)祭,吝

九店五六 25/～(以)亡貨,不稱

九店五六 25/～(以)亂田邑,吝

九店五六 26/～(以)爲上下之禱祠

九店五六 27/利～(以)穿户牖
九店五六 27/～(以)祭門、行，饗之
九店五六 28/利～(以)解凶，除不祥
九店五六 28/利～(以)祭門、行，除疾
九店五六 28/～(以)祭、大事、聚衆，必或亂之
九店五六 28/～(以)寓人，奪之室
九店五六 29/利～(以)爲室家
九店五六 29/～(以)見邦君，不吉
九店五六 30/利～(以)行師徒
九店五六 30/～(以)祭，小大吉
九店五六 31/利～(以)行作
九店五六 31/～(以)田獵，獲
九店五六 32/不利～(以)行作
九店五六 33/利～(以)祭
九店五六 33/～(以)作卯事，不吉
九店五六 33/～(以)遠行，久
九店五六 33/是故不利～(以)行□
九店五六 34/利～(以)除盟詛
九店五六 36/利～(以)大祭
九店五六 36/利～(以)冠
九店五六 36/～(以)生，吉
九店五六 37 貳/凡五子，不可～(以)作大事
九店五六 38 貳/凡五卯，不可～(以)作大事
九店五六 38 貳/帝～(以)命益齎禹之火
九店五六 39 貳/午不可～(以)樹木
九店五六 39 貳/凡五亥，不可～(以)畜六牲擾
九店五六 40 貳/帝之所～(以)戮六擾之日
九店五六 41/凡成日，利～(以)娶妻
九店五六 41/利～(以)成事
九店五六 41/利～(以)入邦中
九店五六 41/利～(以)納室
九店五六 41/利～(以)納田邑
九店五六 41/利～(以)入人民
九店五六 41/凡吉日，利～(以)祭祀、禱祠
九店五六 42/凡不吉日，利～(以)見公王與貴人
九店五六 42/利～(以)取貨於人之所
九店五六 42/毋～(以)舍人貨於外
九店五六 43/某敢～(以)其妻□妻汝
九店五六 44/〔攝幣〕、芳糧～(以)譴讀某於武夷之所
九店五六 48/不可～(以)□
九店五六 48/凡□不可～(以)蓋□之牆
九店五六 53/必肉食～(以)食
九店五六 60/～(以)入，見疾
九店五六 60/～(以)有疾☒

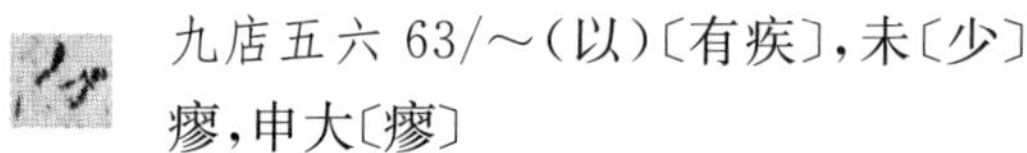
九店五六 63/～(以)〔有疾〕,未〔少〕瘳,申大〔瘳〕

九店五六 66/～(以)有疾,戌少瘳

九店五六 67/〔未〕～(以)東吉,有得,北凶

九店五六 67/～(以)入,吉

九店五六 67/～(以)有疾,子少瘳,卯大瘳

九店五六 70/戌～(以)東吉

九店五六 71/～(以)入,有得,非□乃引

九店五六 71/～(以)有疾,卯少瘳,巳大瘳

九店五六 74/～(以)有〔疾〕

九店五六 89/不可～(以)南〔徙〕

九店五六 90/秋不可～(以)西徙

九店五六 91/不可～(以)北徙

九店五六 92/不可～(以)西南行

九店五六 93/☐□□～(以)西北行

九店五六 95/壬申～(以)製

九店五六 95/必～(以)入☐

九店五六 99/☐如～(以)行,必亡□又□

九店五六 110/不可～(以)☐

九店六二一 10/使～(以)緩□天張則☐

九店六二一 12/不□□□～(以)☐

九店六二一 26/☐甬必～(以)□爲☐

九店六二一 31/～(以)

九店六二一 32/～(以)

九店六二一 33/～(以)

丁家咀二 3/黄□精～(以)御筮爲婁☐

丁家咀二 15/～(以)婁君之□之故,舉禱☐

丁家咀二 27/～(以)己未之日或禱於□☐

嚴倉卜筮 1/觀珊～(以)長靈爲大司馬悼愲貞

嚴倉卜筮 1/～(以)就來歲之荆夷

嚴倉卜筮 2/～(以)□説之

塌冢 2 正/～(以)其亡母之故

塌冢 3/弌北進□祀薦～(以)之西父己

塌冢 4/☐之其～(以)不之☐

塌冢 5/又□某某～(以)於☐

塌冢 8/☐命命～(以)☐

塌冢 9/☐～(以)坨☐

高臺 2/造～(以)告☐

望山橋 2/蒼峨懌～(以)軒靈爲中廄尹貞

龍會河 201/～(以)扞王家

唐維寺 1/緣失～(以)爲樂尹須孟産貞筮

唐維寺 1/～(以)其有肩

唐維寺 1/～(以)悶心之故

唐維寺 2/～(以)其故説之
唐維寺 2/～(以)其有前禱
唐維寺 3/巫公～(以)爲産貞筮
唐維寺 3/～(以)其有肩背、髀髆、胸脅疾之故
唐維寺 3/～(以)其故説之
唐維寺 3/～(以)其有前禱
唐維寺 4/嫨～(以)其有疾之故
唐維寺 4/産～(以)志其食之幾肥豢
唐維寺 5/産～(以)其有病之故
唐維寺 6/産～(以)其有病之故
唐維寺 7/～(以)其室之有疾之故
唐維寺 7/～(以)其未可以禱
唐維寺 7/以其未可～(以)禱
棗紙 14/吾先君闔盧所～(以)克入郢
棗紙 15/我先王是～(以)克入〔郢〕
彭家灣一八三 1/賈～(以)大筮爲娥三月之貞
彭家灣一八三 1/既～(以)其有疾,尚毋有咎
彭家灣一八三 1/～(以)其故説之
彭家灣一八三 3/梛居～(以)鞿韃爲娥貞
彭家灣一八三 3/～(以)其瘽且心悶,尚毋死
彭家灣一八三 4/～(以)其故翟禱各特牛、酒食
彭家灣一八三 5/梛居～(以)校靈爲婀也貞
彭家灣一八三 5/～(以)其心悶、腹疾之故,尚毋死
彭家灣一八三 5/～(以)其故移其禱
彭家灣一八三 6/我居～(以)㦲靈爲娥也貞
彭家灣一八三 6/～(以)其腹心之疾,尚毋死
彭家灣一八三 6/～(以)其故説之
彭家灣一八三 8/義居～(以)長靈爲娥貞
彭家灣一八三 8/從遠夕之月～(以)就夏夷
彭家灣一八三 9/～(以)其故説之
彭家灣一八三 10/范獲志～(以)相家爲娥也貞
彭家灣一八三 10/～(以)其故説之
彭家灣一八三 12/～(以)其故説之
夕陽坡 1/越涶君鸁將其衆～(以)歸楚之歲
夕陽坡 2/～(以)王命賜舒方御歲簋
慈利文物 17/足～(以)安民
慈利文物 19/～(以)□□奠之以▨
慈利文物 19/以□□奠之～(以)▨
慈利文物 23/▨□是□□□視堇□～(以)▨
慈利法書 2/解其氣擊龍紞白徒～(以)視之厲士
慈利漫步 1/既履匆當宜～(以)坐
慈利選集 6＋4/▨善矣,未可～(以)戰
港大 5/孔子辭～(以)禮遜焉
港大 8/恃之～(以)爲己勢

港大 9/重之～(以)上下之約

帛甲 5/～(以)□四踐之常

帛甲 6/申之～(以)嵾降

帛甲 6/是月～(以)婁

帛甲 8/曆～(以)爲則

帛甲 8/～(以)□三極

帛甲 8/～(以)亂天常

帛甲 11/帝將由～(以)亂

卉茅之外 2/敬戒～(以)待

帛乙 2/～(以)司土壤

帛乙 3/～(以)爲其衛

帛乙 3/～(以)涉山陵

帛乙 4/乃止～(以)爲歲

帛乙 6/炎帝乃命祝融～(以)四神降

帛乙 7/～(以)轉相□

帛丙一 1/不可～(以)□殺

帛丙二 1/可～(以)出師、籞邑

帛丙二 2/不可～(以)嫁女、娶臣妾

帛丙四 1/不可～(以)作大事

帛丙五 1/～(以)匿不見

帛丙五 2/不可～(以)享祀

帛丙六 2/不可～(以)享

帛丙七 1/不可～(以)川□

帛丙八 1/不可～(以)籞室

帛丙八 2/不可～(以)作

帛丙九 1/〔不〕可～(以)籞室

帛丙十一 1/可～(以)攻城

帛丙十一 2/可～(以)聚衆

帛丙十二 1/不可～(以)攻〔城〕

帛五 3/利～(以)一日從

帛五 17/利～(以)入一歲

帛五 36/～(以)伐

帛五 37/不利～(以)出

帛五 45/～(以)利

帛攻 1：2/〔如〕～(以)守城

帛攻 1：2/如～(以)攻城

帛攻 1：2/從庚午之日～(以)至甲子之日

帛攻 1：3/～(以)中務諸侯

帛攻 2：1/從乙酉之日～(以)至己卯之日

帛攻 2：1/〔從乙〕酉之日～(以)至己卯之日

帛攻 2：2/五所～(以)知入

帛攻 3/從庚子之日～(以)至丙午

帛攻 3/從〔庚子〕之日～(以)至丙午之日

帛攻 4/乙卯之日～(以)至辛〔酉之日〕

帛攻 5/如～(以)守〔城〕

帛攻 8/如～(以)

帛殘黑/壬～(以)

帛塊一正/如～(以)

帛塊二正/□行必～(以)□□左鈢

帛塊二正/利～(以)發□以出

帛塊二正/利以發□～(以)出

午　部

午

天卜 40/壬～瘥

九店五六 13 壹/敓於～

九店五六 14 壹/贛於～

九店五六 15 壹/〔建於〕～

九店五六 16 壹/散於～

九店五六 17 壹/蓞於～

九店五六 18 壹/復於～

九店五六 19 壹/城於～

九店五六 20 壹/盍於～

九店五六 21 壹/坐於～

九店五六 22 壹/工於～

九店五六 23 壹/寍於～

九店五六 24 壹/坪於～

九店五六 25/巳、～、未

九店五六 26/～、未、申

九店五六 27/辰、巳、～、未

九店五六 28/巳、～、未、申

九店五六 29/～、未、申、酉

九店五六 30/卯、辰、巳、～

九店五六 31/辰、巳、～、未

九店五六 32/巳、～、未、申

九店五六 33/～、未、申、酉

九店五六 34/卯、辰、巳、～

九店五六 35/辰、巳、～、未

九店五六 36/巳、～、未、申

九店五六 39 貳/～不可以樹木

九店五六 62/～少瘳，申大〔瘳〕

九店五六 66/〔凡五〕～，朝盜得，夕不得

九店五六 96/亡於～〔央〕

唐維寺 3/丙～之日

帛攻 1：2/庚～之日

帛攻 3/丙～

帛攻 3/丙～之日

未　部

未

望山一 7/癸～之日

望山一 22/以其～有爵位，尚速得事

望山一 23/～有爵位

望山一 67/己～有閒

望山一 72/～

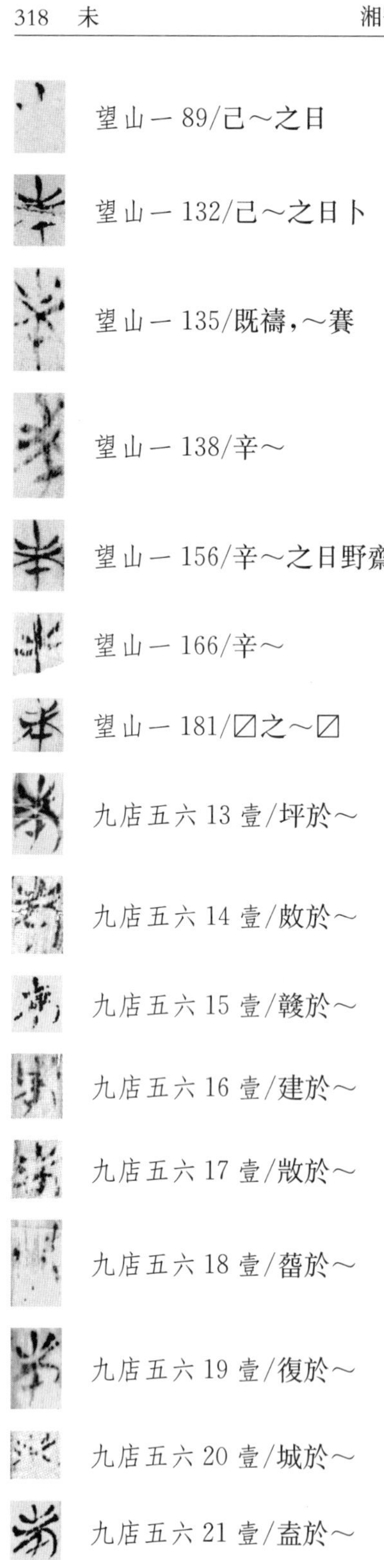

望山一 89/己～之日

望山一 132/己～之日卜

望山一 135/既禱,～賽

望山一 138/辛～

望山一 156/辛～之日野齋

望山一 166/辛～

望山一 181/☐之～☐

九店五六 13 壹/坪於～

九店五六 14 壹/敓於～

九店五六 15 壹/竷於～

九店五六 16 壹/建於～

九店五六 17 壹/散於～

九店五六 18 壹/蓓於～

九店五六 19 壹/復於～

九店五六 20 壹/城於～

九店五六 21 壹/盍於～

九店五六 22 壹/坐於～

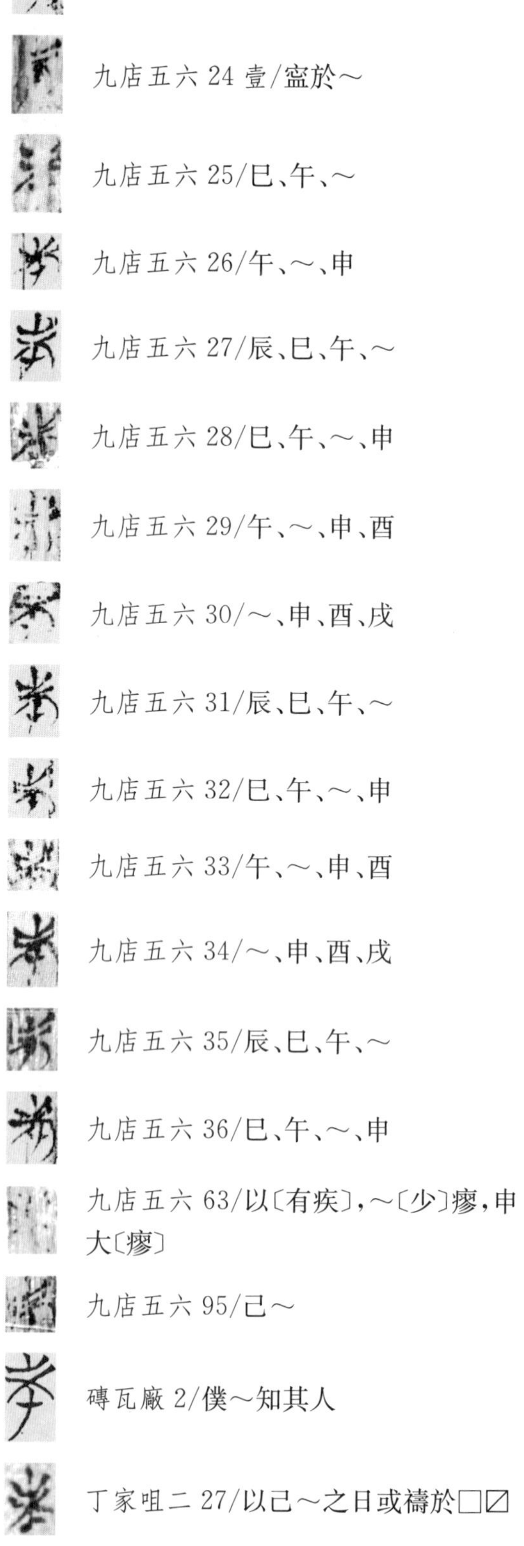

九店五六 23 壹/工於～

九店五六 24 壹/寍於～

九店五六 25/巳、午、～

九店五六 26/午、～、申

九店五六 27/辰、巳、午、～

九店五六 28/巳、午、～、申

九店五六 29/午、～、申、酉

九店五六 30/～、申、酉、戌

九店五六 31/辰、巳、午、～

九店五六 32/巳、午、～、申

九店五六 33/午、～、申、酉

九店五六 34/～、申、酉、戌

九店五六 35/辰、巳、午、～

九店五六 36/巳、午、～、申

九店五六 63/以〔有疾〕,～〔少〕瘳,申大〔瘳〕

九店五六 95/己～

磚瓦廠 2/僕～知其人

丁家咀二 27/以己～之日或禱於□☐

唐維寺 7/以其～可以禱

慈利選集 6+4/▨善矣，～可以戰

帛甲 8/恭民～知

帛乙 3/～有日月

帛攻 13/〔己〕～

帛攻 15/〔□〕～

申　部

申

望山一 70/庚～

望山一 72/壬～

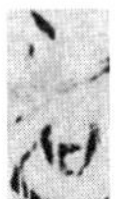
望山一 132/庚～内齋

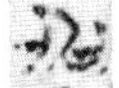
九店五六 13 壹/寍於～

九店五六 14 壹/坪於～

九店五六 15 壹/敓於～

九店五六 16 壹/鞿於～

九店五六 17 壹/建於～

九店五六 18 壹/敚於～

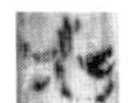
九店五六 19 壹/蓸於～

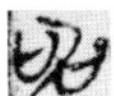
九店五六 20 壹/復於～

九店五六 21 壹/城於～

九店五六 22 壹/盍於～

九店五六 23 壹/坐於～

九店五六 24 壹/工於～

九店五六 25/午、未、～

九店五六 26/午、未、～

九店五六 27/～、酉、戌、亥

九店五六 28/巳、午、未、～

九店五六 29/午、未、～、酉

九店五六 30/未、～、酉、戌

九店五六 32/巳、午、未、～

九店五六 33/午、未、～、酉

九店五六 34/未、～、酉、戌

九店五六 35/～、酉、戌、亥

九店五六 36/巳、午、未、～

九店五六 62/午少瘳，～大〔瘳〕

九店五六 63/以〔有疾〕，未〔少〕瘳，～大〔瘳〕

九店五六 71/死生在～

九店五六 95/□～、己未

九店五六 95/壬～

酉　部

酉

 望山一 28/～(酒)食

 望山一 110/～(酒)食

 望山一 116/～(酒)食

 望山一 116/～(酒)食

 望山一 117/～(酒)食

 望山一 118/～(酒)食

 望山一 144/～(酒)食

 天卜 5－2/舉禱巫豬豕、靈～(酒),棧鐘樂之

 塌冢 3/式北進□祀薦以之～父己

 彭家灣一八三 2/～(酒)食

 彭家灣一八三 4/以其故罷禱各特牛、～(酒)食

 彭家灣一八三 7/禱於其親父、親母肥殺、～(酒)食

 彭家灣一八三 9/賽禱集正君、葴辻尹各特豜、～(酒)食

 彭家灣一八三 11/賽禱集莊君特豜、～(酒)食

 帛攻 2：1/從乙～之日以至己卯之日

 帛攻 2：1/〔從乙〕～之日以至己卯之日

醬(牆)

牆

望山一 22/～(將)得事

望山一 23/～(將)得事

望山一 74/～(將)有慼於躬身與☒

天卜 13－3/占之：吉,集歲幾中～(將)有喜

天卜 27/～(將)少有慼於宮室

 九店五六 43/今日某～(將)欲食

 安崗一 4/一吴～劍

 安崗一 15/一吴～妻文

唐維寺 5/～(將)賽其禱各一羖

唐維寺 6/見産～(將)擇良月良日

唐維寺 6/～(將)忻祼其一兆環

唐維寺 7/～(將)至秋三月

唐維寺 8/～(將)速賽其志命

彭家灣一八三 3/疾～(將)又作

彭家灣二六四/～(將)速賽之

慈利文物 2/越王句踐～(將)欲勿伐□乃□

港大 10/☒□～轂☒

帛甲 2/天柱～(將)作蕩

帛甲 11/帝～(將)由以亂

帛五 2/～(將)軍

酓

望山一 121/毓～(熊)

九店五六 35/利於～(飲)食

安崗一 3/四～(飲)杯

醂

望山二 45/一～(尊)梡

戌　部

戌

望山一 113/甲～

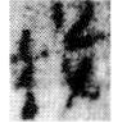

望山一 137/甲～

望山一 138/甲～

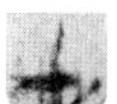

望山一 138/甲～

天卜 4－1/夏夕之月庚～之日

天卜 13－1/十月丙～之日

九店五六 13 壹/坐於～

九店五六 14 壹/工於～

九店五六 15 壹/䆕於～

九店五六 16 壹/坪於～

九店五六 17 壹/敓於～

九店五六 18 壹/饔於～

九店五六 19 壹/建於～

九店五六 20 壹/散於～

九店五六 21 壹/蘠於～

九店五六 22 壹/復於～

九店五六 23 壹/城於～

九店五六 24 壹/盍於～

九店五六 25/酉、～、亥

九店五六 26/酉、～、亥

九店五六 27/申、酉、～、亥

九店五六 28/酉、～、亥、子

九店五六 29/～、亥、子、丑

九店五六 30/未、申、酉、～

九店五六 31/〔申〕、酉、～、亥

九店五六 32/〔酉〕、～、亥、子

 九店五六 34/未、申、酉、～

 九店五六 35/申、酉、～、亥

 九店五六 36/酉、～、亥、子

 九店五六 66/以有疾,～少瘳

 九店五六 70/～以東吉

 九店五六 70/〔凡〕五～,朝☒□,〔辰〕大瘳

 九店五六 102/丙～

 九店五六 106/～

 九店五六 107/☒□□～日□☒

 唐維寺 1/壬～之日

 彭家灣一八三 3/新九月庚～之日

 帛攻 12/甲～

 帛攻 13/壬～

亥 部

亥

 望山一 6/癸～之日

 望山一 160/乙～

 望山一 162/乙～

 九店五六 13 壹/盍於～

 九店五六 14 壹/坐於～

 九店五六 15 壹/工於～

 九店五六 16 壹/窞於～

 九店五六 17 壹/坪於～

 九店五六 18 壹/敓於～

 九店五六 19 壹/竷於～

 九店五六 20 壹/建於～

 九店五六 21 壹/散於～

 九店五六 22 壹/蓞於～

 九店五六 23 壹/復於～

 九店五六 24 壹/城於～

 九店五六 25/酉、戌、～

 九店五六 26/酉、戌、～

 九店五六 27/申、酉、戌、～

 九店五六 28/酉、戌、～、子

 九店五六 29/戌、～、子、丑

 九店五六 30/～、子、丑、寅

 九店五六 31/〔申〕、酉、戌、～

 九店五六 32/〔酉〕、戌、～、子

 九店五六 34/～、子、丑、寅

 九店五六 35/申、酉、戌、～

 九店五六 36/酉、戌、～、子

 九店五六 39 貳/凡五～，不可以畜六牲擾

 九店五六 71/～，朝閉夕啟

 九店五六 71/凡五～，朝盜得

 九店五六 94/丁～有靈

 九店五六 103/丁～

 彭家灣一八三 1/辛～之日

 帛攻 12/乙～

 帛塊一正/乙～

 帛塊一背/～

合　文

一十

仰天湖 13/柬筭～～二筭

二十

望山二 45/号(虢)～～

望山二 47/～～合

望山二 49/啻幎～～二

九店五六 4/舊～～擔

安崗一 3/～～筭

安崗一 6/捭□與䡅矢～～介

安崗一 10/～～又四

嚴倉記席 1/☑席，縱紋屯～～又四

三十

望山二 2/黃纏組之綴～～

安崗一 4/矰～～又七

五里牌 17/～～笥

四十

九店五六 7/舊～～擔六擔

五十

安崗一 4/弋～～

八十

望山二 11/～～

七日

帛甲 3/入月～～

一月

帛甲 3/～～

八月

望山二 1/～～辛□之日

天卜 34/～～歸佩玉於巫

九店五六 77/～～在東

九店五六 78/～～東井

九店五六 81/～～

彭家灣一八三 1/～～

帛月外/～～

帛月内/～～

九月

九店五六 78/～～

九店五六 82/～～

丁家咀二 1/～～

丁家咀二 3/～～壬寅之日

彭家灣一八三 3/新～～庚戌之日

帛月内/～～

十月

望山二 55 背/～～

天卜 13－1/～～丙戌之日

九店五六 77/～～

九店五六 78/～～

九店五六 100/～～

帛月外/～～

亯月

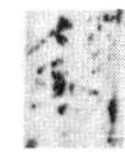
九店五六 77/～(享)～

九店五六 78/～(享)～

唐維寺 4/～(享)～

爨(㸑、㸑)月

㸑月

帛月外/～(爨)～

㸑月

九店五六 90/～(爨)～

獻馬

帛月外/～～

 帛月内/～～

之日

 望山一 9/丙辰～～

 望山一 10/丁巳～～

 望山一 89/己未～～

 望山一 90/乙丑～～

 望山一 132/己未～～卜

 望山一 155/己巳、甲子～～

 望山一 156/辛未～～

 望山一 160/乙亥～～

 望山一 161/甲子～～

 九店五六 15 貳/凡敓日,㥶䢅～～,不利以祭祀

 九店五六 79/☑□□□～～

 九店五六 104/☑□～～辰丁

 安崗一 1/癸酉～～

 丁家咀二 3/九月壬寅～～

 丁家咀二 15/壬寅～～

 丁家咀二 27/以己未～～或禱於□☑

 塌冢 11/脯食～～

 唐維寺 1/壬戌～～

 唐維寺 3/丙午～～

 唐維寺 4/今日己酉～～

 彭家灣一八三 3/新九月庚戌～～

 彭家灣一八三 5/癸巳～～

 彭家灣一八三 6/丙辰～～

 彭家灣一八三 10/丙辰～～

 彭家灣二六四/壬寅～～

 帛攻 1：2/庚午～～

 帛攻 1：2/甲子～～

 帛攻 2：1/乙酉～～

 帛攻 2：1/己卯～～

 帛攻 2：1/〔乙〕酉～～

 帛攻 2：1/己卯～～

 帛攻 3/〔庚子〕～～

 帛攻 3/丙午～～

帛攻 4/乙卯～～

帛攻 4/乙卯～～

之月

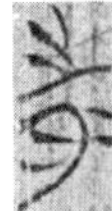
安崗一 1/夏夕～～

唐維寺 1/夏夷～～

唐維寺 3/遠夕～～

唐維寺 8/至冬夕～～

熊家灣 1/獻馬～～

彭家灣一八三 5/獻馬～～

彭家灣一八三 6/遠夕～～

彭家灣一八三 10/遠夕～～

之歲(戢)

之戢

望山一 8/〔郙客困芻〕問王〔於〕葴郢～～(歲)

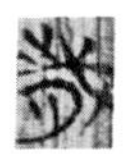
天卜 4－1/齊客申獲問王於葴郢～～(歲)

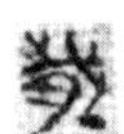
天卜 13－1/秦客公孫紻問王於葴郢～～(歲)

安崗一 1/周客南公瘫蹠楚～～(歲)

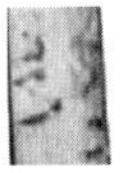
嚴倉卜筮 1/宋客左師昬蹠楚～～(歲)

嚴倉卜筮 1/自宋客左師昬～～(歲)荆夷

唐維寺 3/燕客臧之賓問王於葴郢～～(歲)

日月

帛甲 1/～～星辰

帛甲 4/～～既亂

帛甲 7/～～皆亂

帛甲 7/～～既亂

帛乙 3/未有～～

帛乙 4/～～允生

帛乙 7/乃爲～～之行

帛乙 7/乃逆～～

大夫

望山一 22/走趣事王、～～

望山一 119/～～

子孫

慈利漫步 2/～～之不司戰尚克黽

君子

九店五六 45/～～居之

 九店五六 116/～～居之

公孫

 王家咀 852/～～石問:“刑幾?”

小子

王家咀 771/～～鳴鼓而攻之可矣

孯子

安崗一 1/君葬～～

溺人

帛攻 5/□雍之～

躬(船、竆、穿)身

船身

 望山一 75/有感於～(躬)～與宮室

竆身

 望山一 24/～(躬)～

望山一 74/將有感於～(躬)～與▨

穿身

天卜 4-2/少有感〔於〕～(船)～

孔子

王家咀 765/～～曰

王家咀 765/～～在陳

王家咀 765/～～喜

王家咀 484/～～曰

王家咀 483/～～去魯之衛

王家咀 738/～～曰:“君子易,此辱矣。”

王家咀 738/～～曰

王家咀 771/～～曰

王家咀 843/～～在陳蔡

王家咀 843/～～曰

王家咀 852/～～曰:“無食也已!”

王家咀 852/～～曰:“天下之刑八,不孝▨”

港大 5/～～辭以禮遜焉

冢豕

望山一 110/～～

 望山一 117/～～

 望山一 118/～～

 望山一 119/～～

 望山一 128/～～

豬豕

 天卜 5－2/舉禱巫～～，靈酒，棧鐘樂之

特(犆)牛

犆牛

 天卜 10/舉禱丘～(特)～

 天卜 29/擇日冬夕至嘗於社～(特)～，饋之

 彭家灣一八三 4/以其故罷禱各～(特)～、酒食

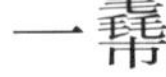

 望山二 15/～～

柘(不)笿(各)

不各

 安崗二 2/一合～(柘)～(笿)

 安崗二 2/一革～(柘)～(笿)

㢞(产)首

产首

 九店五六 4/方、～(㢞)～一

 九店五六 5/～(㢞)～一

弩弓

 ([illegible])五里牌 9/～～二

畋(軥)車

軥車

 天策 6/～(畋)～

佩(備)玉

備玉

 天卜 34/八月歸～(佩)～於巫

營(瑩)室

瑩室

 九店五六 78/荆夷朔於～(營)～

樹(樹)木

樹木

 九店五六 39 貳/午不可以～(樹)～

饋(貴)鼎(鼑)

貴鼑

望山二 46/六～(饋)～(鼎)

上下

九店五六 26/以爲～～之禱祠

帛乙 3/乃～～騰轉

帛丙七 2/有梟入于～～

亡又

堣冢 2 反/☑～～其所堵灰堵珽安

之所

九店五六 44/〔攝幣〕、芳糧以譴讀某於武夷～～

至于

帛丙六 2/～～其下□

其(亓)所

亓所

堣冢 2 反/☑亡又～(其)～堵灰堵珽安

祟(祭)説(敓)

祭敓

天卜 5－2/有～(祟),～(說)之

天卜 10/諆然有閒慼,有～(祟),～(說)之

殘泐字、未識字

望山

 望山一13/既痤,以心～然,不可以復使遷身皽

 望山一14/⧄～以寶家爲悼固貞

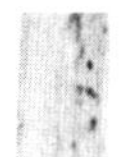 望山一24/～

 望山一24/～

 望山一24/～

 望山一25/～

 望山一26/⧄～占之

 望山一36/既心～⧄

 望山一47/⧄～死

 望山一50/宜禱～⧄

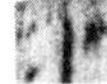 望山一52/⧄～之

 望山一53/⧄〔恒〕貞吉,不爲～□⧄

 望山一53/⧄〔恒〕貞吉,不爲□～⧄

 望山一60/有祟,～⧄

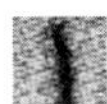 望山一62/⧄～有續

 望山一69/～

 望山一76/⧄～北方有祟

 望山一76/～

 望山一77/⧄～南方有祟

 望山一78/⧄～於父太

 望山一78/⧄□於父太,與親父,與不辜,與盟詛,與～⧄

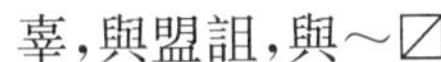

 望山一87/⧄～其故以册⧄

 望山一91/⧄～藋欸習之以黄靈

 望山一93/⧄～之

 望山一96/⧄～占之

 望山一97/⧄～占之

 望山一97/尚速～□

 望山一97/尚速□～

 望山一98/⧄～占之

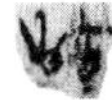 望山一109/觀～⧄

 望山一112/饋～⧄

 望山一 115/既～〼

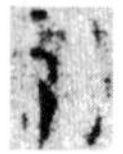 望山一 117/使～□於宮室

 望山一 117/使□～於宮室

 望山一 117/～

 望山一 122/〼～老童

 望山一 123/〼～融,各一羖

 望山一 124/〼～埬既禱

 望山一 125/〼～舉禱北宗一環

 望山一 125/社～其故禽

 望山一 128/〼～司命冢豖〼

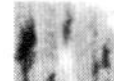 望山一 134/〼～於先〼

 望山一 136/〼～公虩〼

 望山一 144/〼～酒食〼

 望山一 149/〼禱～〼

 望山一 152/〼～瘥

 望山一 153/〼～瘥

 望山一 155/〼～己巳、甲子之日内齋

 望山一 161/〼甲子之日～〼

 望山一 165/〼～乙丑

 望山一 165/～

望山一 170/〼～告范獲〼

 望山一 173/〼～魏〼

 望山一 174/觀～〼

 望山一 175/〼～之

 望山一 179/〼既～〼

 望山一 182/〼～辛〼

 望山一 183/〼伓～〼

 望山一 184/〼～夕□〼

 望山一 184/〼□夕～〼

 望山一 185/〼～容〼

 望山一 187/〼～疾〼

 望山一 196/〼～中〼

望山一 199/〼～特〼

 望山一 200/～

 望山一 201/～

 望山一 202/～

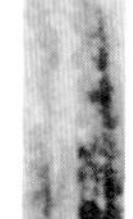 望山一 203/〼～子〼

 望山一 204/～

 望山二 4/～車

 望山二 4/龍～〼

 望山二 6/〼～纓紃縫

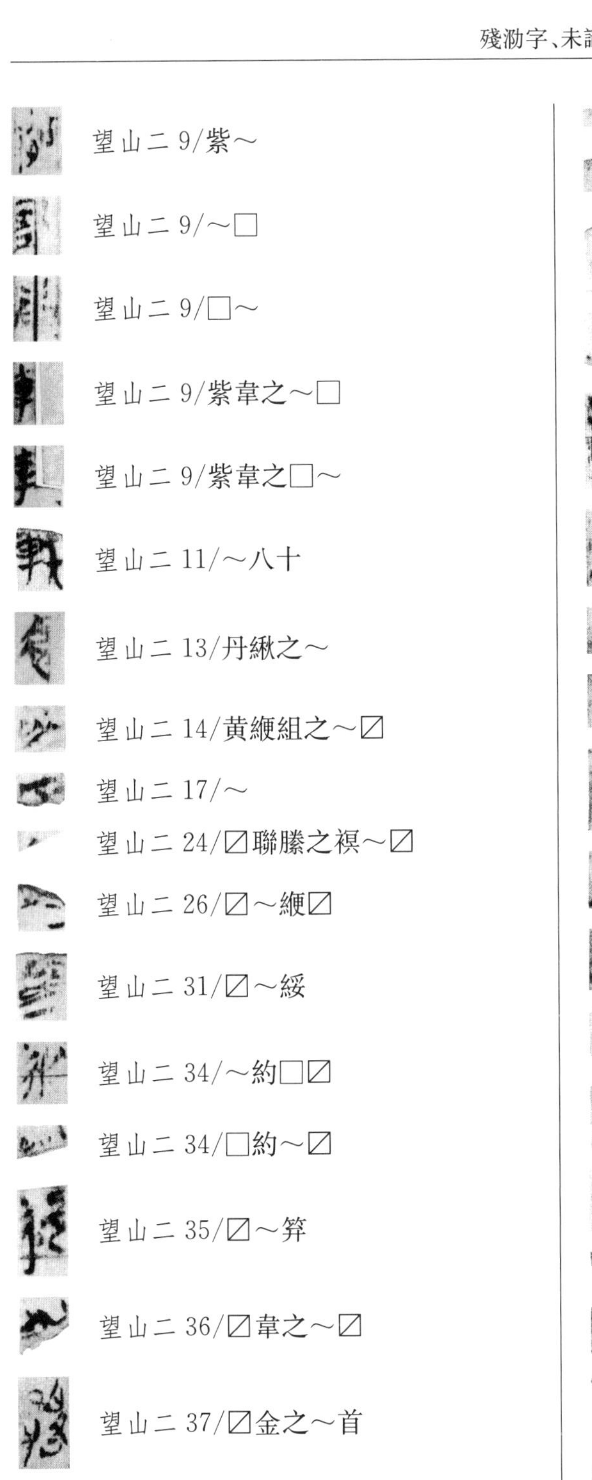

望山二 9/紫～
望山二 9/～□
望山二 9/□～
望山二 9/紫韋之～□
望山二 9/紫韋之□～
望山二 11/～八十
望山二 13/丹綝之～
望山二 14/黄纓組之～▨
望山二 17/～
望山二 24/▨聯縢之裋～▨
望山二 26/▨～纓▨
望山二 31/▨～綏
望山二 34/～約□▨
望山二 34/□約～▨
望山二 35/▨～箳
望山二 36/▨韋之～▨
望山二 37/▨金之～首
望山二 38/▨～貍之樸
望山二 39/▨～白金▨
望山二 40/▨～敞
望山二 40/赤金～▨

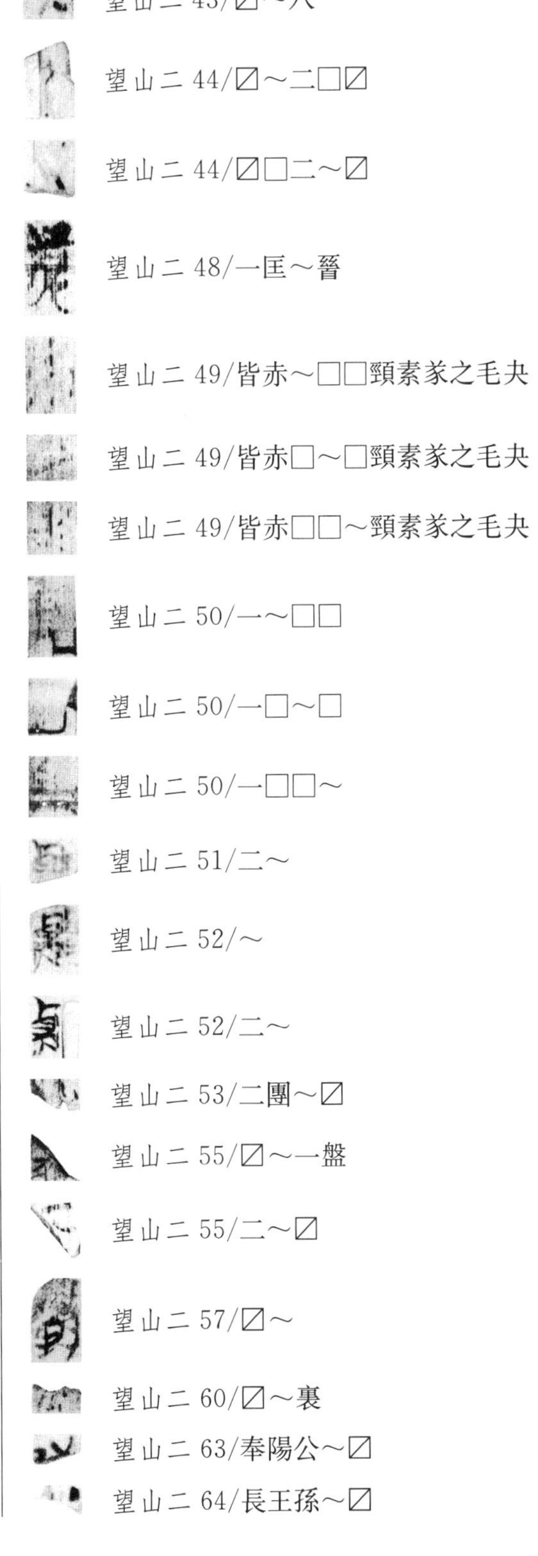

望山二 42/▨～黄▨
望山二 43/▨～八
望山二 44/▨～二□▨
望山二 44/▨□二～▨
望山二 48/一匡～簮
望山二 49/皆赤～□□頸素豕之毛夬
望山二 49/皆赤□～□頸素豕之毛夬
望山二 49/皆赤□□～頸素豕之毛夬
望山二 50/一～□□
望山二 50/一□～□
望山二 50/一□□～
望山二 51/二～
望山二 52/～
望山二 52/二～
望山二 53/二團～▨
望山二 55/▨～一盤
望山二 55/二～▨
望山二 57/▨～
望山二 60/▨～裏
望山二 63/奉陽公～▨
望山二 64/長王孫～▨

 望山二 65/☑之亡～☑

 望山二 66/☑～□☑

 望山二 66/☑□～☑

天星觀

 天策 2/～甲

 天策 2/兩馬之革轡～

 天策 3/～

 天策 4/～

 天策 6/～韋之綏

 天策 8/素周之～

 天策 9/集廚尹～

 天策 9/一齒轡，～畝簟

九店

 九店五六 4/☑～□□

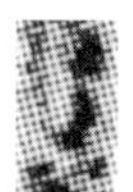 九店五六 11/☑又～□一☑

 九店五六 11/☑又□～一☑

 九店五六 18 貳/是謂無～

 九店五六 35/是謂～日

 九店五六 48/不可以～

 九店五六 71/以入，有得，非～乃引

 九店五六 98/☑～亡☑

 九店六二一 4/乃亡其～

 九店六二一 16/食炯～□母□齊☑

 九店六二一 16/食炯□～母□齊☑

 九店六二一 16/食炯□□母～齊☑

磚瓦廠

 磚瓦廠 4/☑～□人李捭敢告於☑

 磚瓦廠 4/☑□～人李捭敢告於☑

安崗

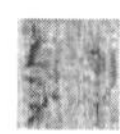 安崗一 3/～□二十箕

 安崗一 3/□～二十箕

 安崗一 3/～鼎

 安崗一 3/一～

 安崗一 3/一葡～

 安崗一 4/～□

 安崗一 4/一～鼠

 安崗一 4/一□□~

 安崗一 6/三~□

 安崗一 6/三□~

 安崗一 6/捭~與韋矢二十介

 安崗一 6/一~弓襄

 安崗一 8/一~

 安崗一 9/六縞~

 安崗一 9/或一~

 安崗一 9/~紛之屖

 安崗一 10/堇~

 安崗一 10/夬韘~之

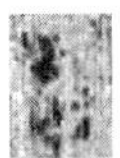 安崗一 10/三~

 安崗一 11/~糗

 安崗一 11/~□

 安崗一 11/□~

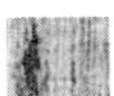 安崗一 11/□~食七箕

 安崗一 12/一~枳

 安崗一 14/☐~

 安崗一 14/二~□

 安崗一 14/二~□

 安崗一 14/二□~

 安崗一 15/玉結刀~賅

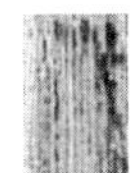 安崗一 15/紫~

 安崗一 15/玉結刀~賅

 安崗一 16/□□~□

 安崗一 16/□□□~

 安崗一 16/~鉤

 安崗一 17/骨~

 安崗一 17/雕~

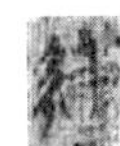 安崗一 19/縞~

 安崗一 19/二組~

 安崗一 20/二□□□□~

 安崗二 1/二~鉤

 安崗二 1/一初王錦之~

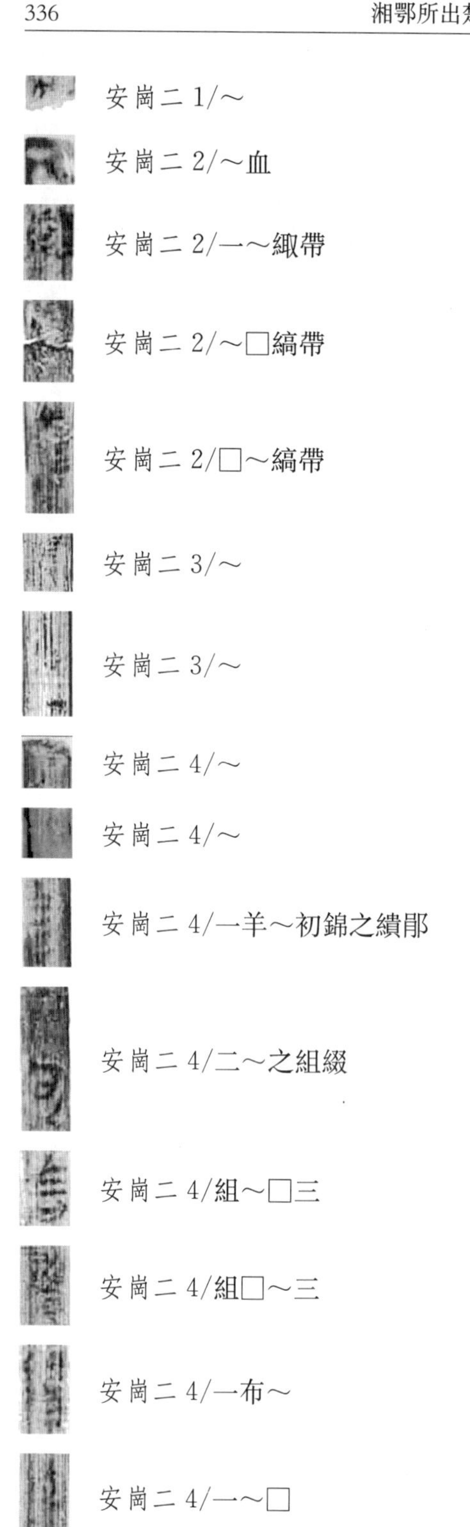

安崗二 1/～

安崗二 2/～血

安崗二 2/一～緅帶

安崗二 2/～□縞帶

安崗二 2/□～縞帶

安崗二 3/～

安崗二 3/～

安崗二 4/～

安崗二 4/～

安崗二 4/一羊～初錦之績鄁

安崗二 4/二～之組綴

安崗二 4/組～□三

安崗二 4/組□～三

安崗二 4/一布～

安崗二 4/一～□

安崗二 4/一□～

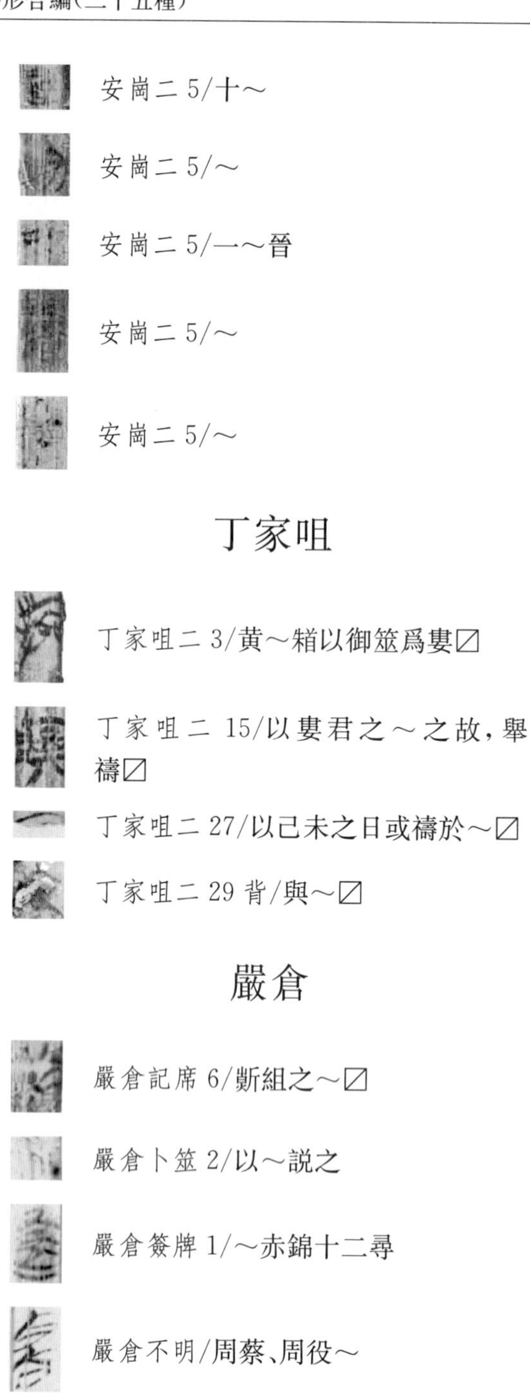

安崗二 5/十～

安崗二 5/～

安崗二 5/一～晉

安崗二 5/～

安崗二 5/～

丁家咀

丁家咀二 3/黄～䋽以御筮爲婁☐

丁家咀二 15/以婁君之～之故，舉禱☐

丁家咀二 27/以己未之日或禱於～☐

丁家咀二 29 背/與～☐

嚴倉

嚴倉記席 6/斨組之～☐

嚴倉卜筮 2/以～説之

嚴倉簽牌 1/～赤錦十二尋

嚴倉不明/周蔡、周役～

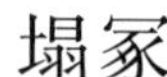

塌冢

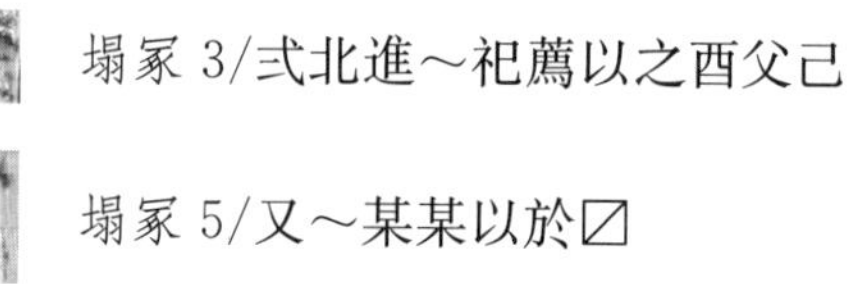

塌冢 3/式北進～祀薦以之酉父己

塌冢 5/又～某某以於☐

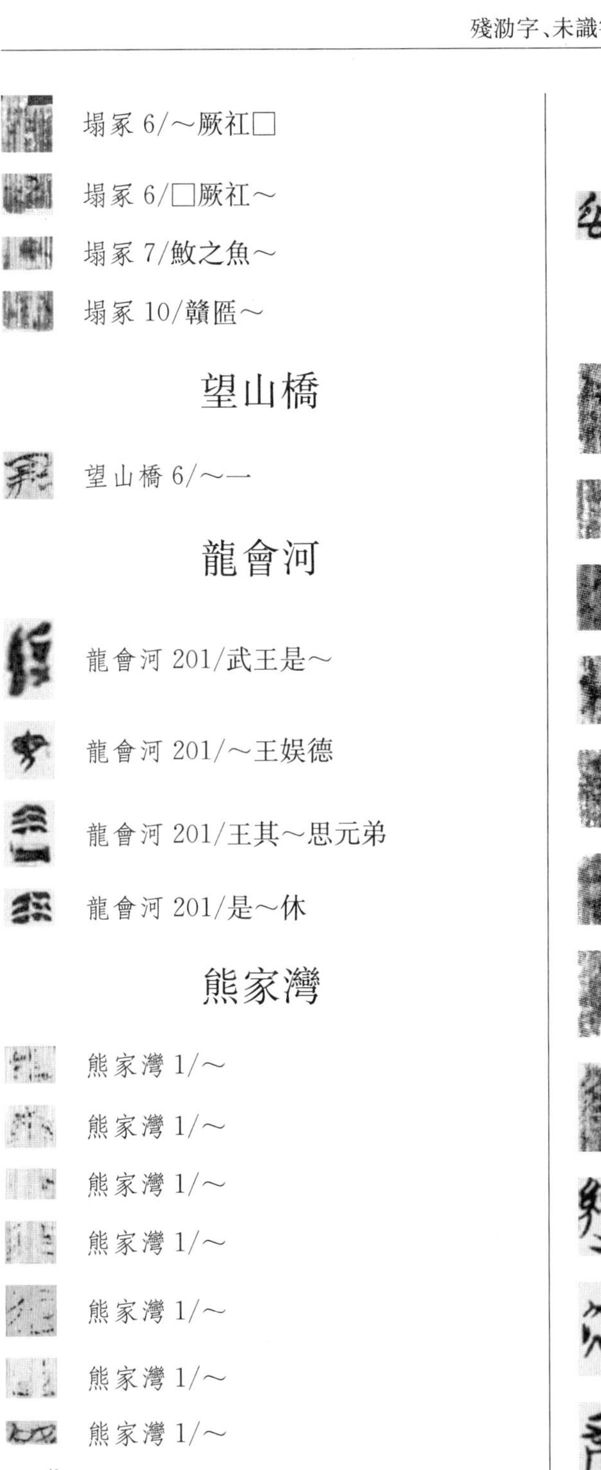

塌冢 6/～厥社□

塌冢 6/□厥社～

塌冢 7/魰之魚～

塌冢 10/贛匿～

望山橋

望山橋 6/～一

龍會河

龍會河 201/武王是～

龍會河 201/～王娱德

龍會河 201/王其～思元弟

龍會河 201/是～休

熊家灣

熊家灣 1/～

熊家灣 1/～

熊家灣 1/～

熊家灣 1/～

熊家灣 1/～

熊家灣 1/～

熊家灣 1/～

熊家灣 1/～

熊家灣 1/～

熊家灣 1/～

王家咀

王家咀 765/～

五里牌

五里牌 2/金～□，在□☒

五里牌 2/金□～，在□☒

五里牌 2/金□□，在～☒

五里牌 3/金～一□，在區械

五里牌 3/金□一～，在區械

五里牌 5/～膚一□，在區械

五里牌 5/□膚一～，在區械

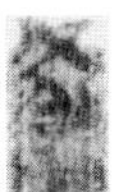
五里牌 9/弩弓二，皆有～

五里牌 11/～□三□，軏□□皆□

五里牌 11/□～三□，軏□□皆□

五里牌 11/□□三～，軏□□皆□

五里牌 11/□□三□，軏～□皆□

五里牌 11/□□三□，軏□～皆□

 五里牌 11/□□三□□,輖□□皆～

 五里牌 12/～一□,在區械

 五里牌 12/□一～,在區械

 五里牌 14/也一偶,有～

 五里牌 16/～

 五里牌 16/～三筓

 五里牌 17/革囩一,有□～□三十笴

 五里牌 17/革囩一,有□□～三十笴

仰天湖

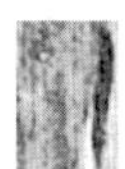 仰天湖 1/～

 仰天湖 6/☐～之甲衣

 仰天湖 7/〔一〕紫～之袷

 仰天湖 7/大纀之～

 仰天湖 9/墿韋之～

 仰天湖 11/一衣,錦純,錦～☐

仰天湖 22/一芋～

仰天湖 22/有～□,笴筭

 仰天湖 22/有□～,笴筭

 仰天湖 23/～□

 仰天湖 23/□～

 仰天湖 25/～金之釣

 仰天湖 26/一～矛

 仰天湖 26/□金之～

 仰天湖 30/一～□

 仰天湖 30/一□～

 仰天湖 34/一齒梳,有櫛～

 仰天湖 35/一焬～

 仰天湖 35/骨交～於中

 仰天湖 39/☐～□福之□☐

 仰天湖 39/☐□～福之□☐

 仰天湖 39/☐□□福之～☐

 仰天湖 40/～六笴

 仰天湖 41/～

楊家灣

 楊家灣 1/～

 楊家灣 2/～

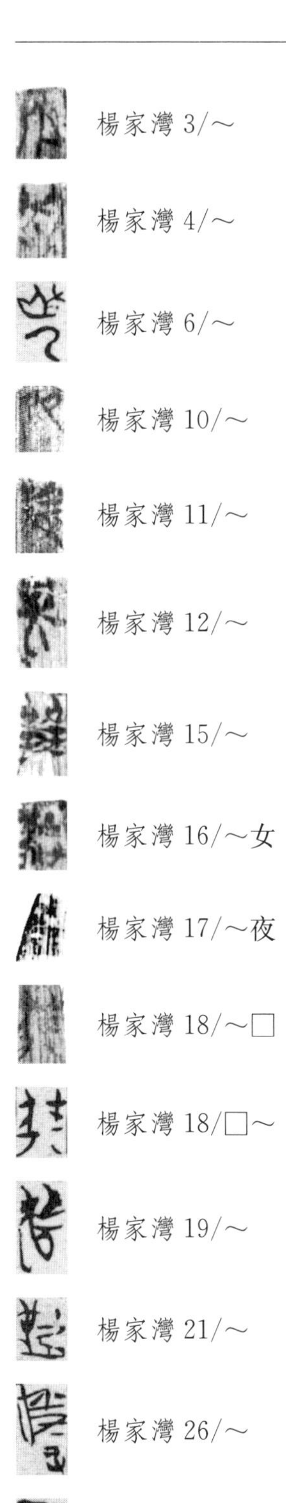

楊家灣 3/～

楊家灣 4/～

楊家灣 6/～

楊家灣 10/～

楊家灣 11/～

楊家灣 12/～

楊家灣 15/～

楊家灣 16/～女

楊家灣 17/～夜

楊家灣 18/～□

楊家灣 18/□～

楊家灣 19/～

楊家灣 21/～

楊家灣 26/～

楊家灣 28/～

楊家灣 33/～

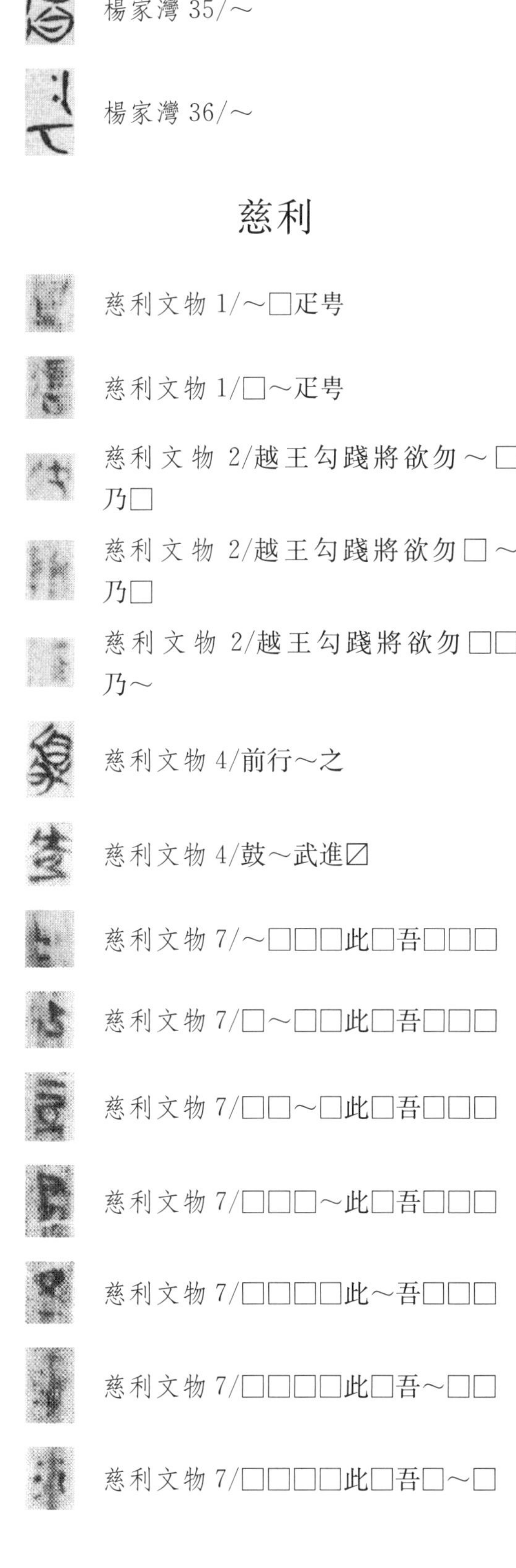

楊家灣 35/～

楊家灣 36/～

慈利

慈利文物 1/～□疋粤

慈利文物 1/□～疋粤

慈利文物 2/越王勾踐將欲勿～□乃□

慈利文物 2/越王勾踐將欲勿□～乃□

慈利文物 2/越王勾踐將欲勿□□乃～

慈利文物 4/前行～之

慈利文物 4/鼓～武進〼

慈利文物 7/～□□□此□吾□□□

慈利文物 7/□～□□此□吾□□□

慈利文物 7/□□～□此□吾□□□

慈利文物 7/□□□～此□吾□□□

慈利文物 7/□□□□此～吾□□□

慈利文物 7/□□□□此□吾～□□

慈利文物 7/□□□□此□吾□～□

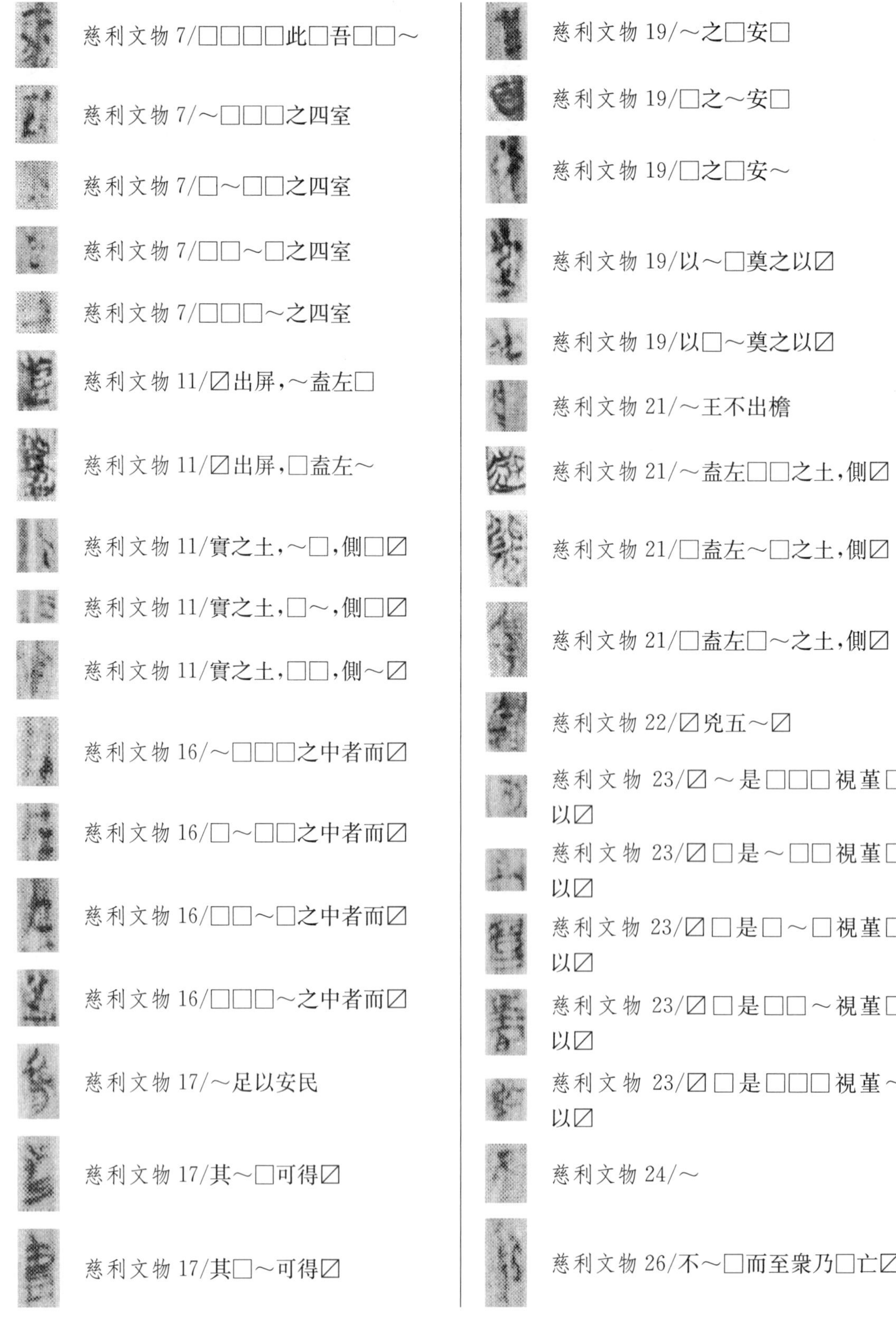

慈利文物 7/□□□□此□吾□□～

慈利文物 7/～□□□之四室

慈利文物 7/□～□□之四室

慈利文物 7/□□～□之四室

慈利文物 7/□□□～之四室

慈利文物 11/▨出屏,～盍左□

慈利文物 11/▨出屏,□盍左～

慈利文物 11/實之土,～□,側□▨

慈利文物 11/實之土,□～,側□▨

慈利文物 11/實之土,□□,側～▨

慈利文物 16/～□□□之中者而▨

慈利文物 16/□～□□之中者而▨

慈利文物 16/□□～□之中者而▨

慈利文物 16/□□□～之中者而▨

慈利文物 17/～足以安民

慈利文物 17/其～□可得▨

慈利文物 17/其□～可得▨

慈利文物 19/～之□安□

慈利文物 19/□之～安□

慈利文物 19/□之□安～

慈利文物 19/以～□奠之以▨

慈利文物 19/以□～奠之以▨

慈利文物 21/～王不出檜

慈利文物 21/～盍左□□之土,側▨

慈利文物 21/□盍左～□之土,側▨

慈利文物 21/□盍左□～之土,側▨

慈利文物 22/▨兇五～▨

慈利文物 23/▨～是□□□視堇□以▨

慈利文物 23/▨□是～□□視堇□以▨

慈利文物 23/▨□是□～□視堇□以▨

慈利文物 23/▨□是□□～視堇□以▨

慈利文物 23/▨□是□□□視堇～以▨

慈利文物 24/～

慈利文物 26/不～□而至衆乃□亡▨

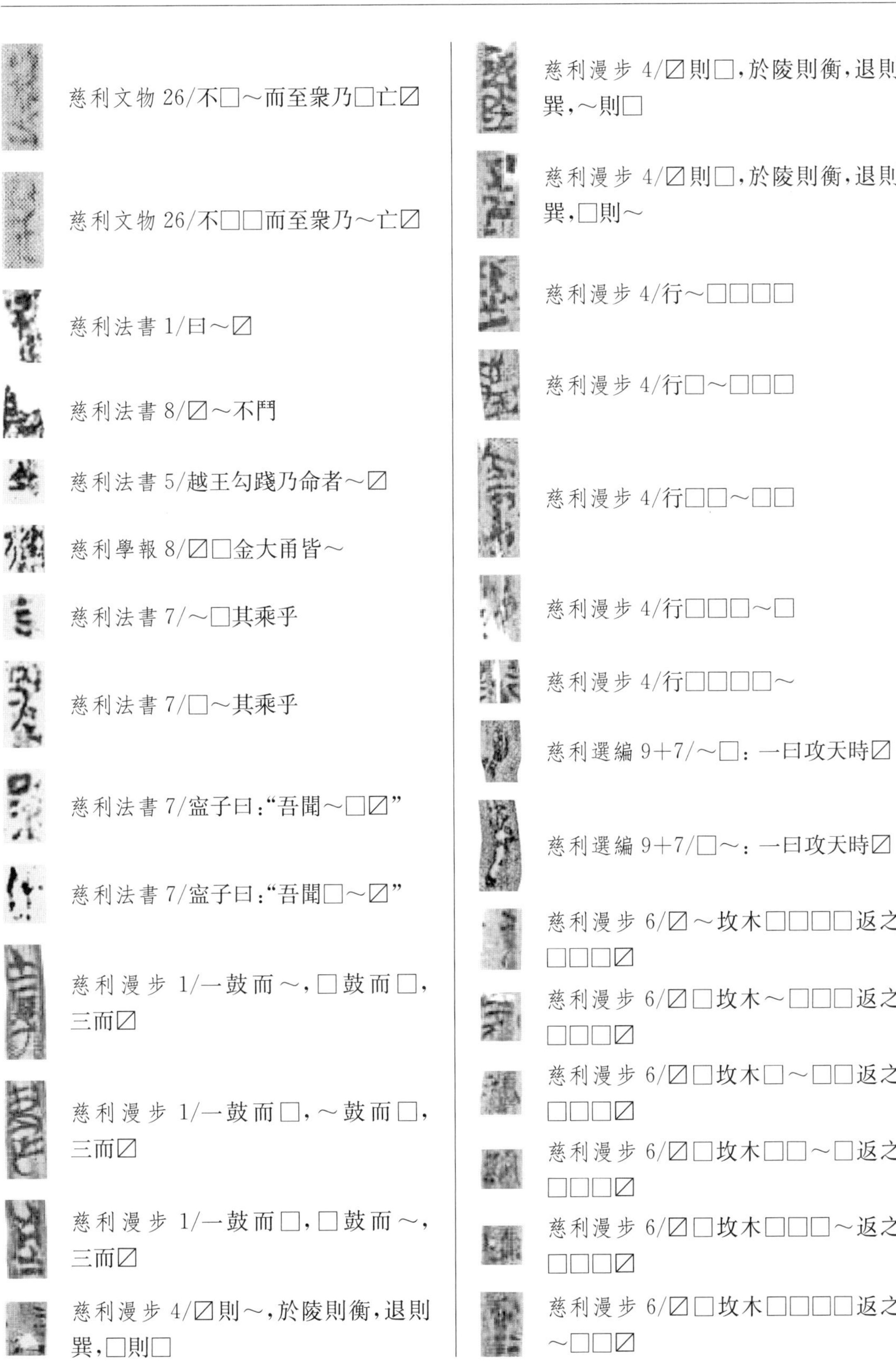

慈利文物 26/不□～而至衆乃□亡⧄

慈利文物 26/不□□而至衆乃～亡⧄

慈利法書 1/曰～⧄

慈利法書 8/⧄～不鬥

慈利法書 5/越王勾踐乃命者～⧄

慈利學報 8/⧄□金大甬皆～

慈利法書 7/～□其乘乎

慈利法書 7/□～其乘乎

慈利法書 7/寍子曰:"吾聞～□⧄"

慈利法書 7/寍子曰:"吾聞□～⧄"

慈利漫步 1/一鼓而～,□鼓而□,三而⧄

慈利漫步 1/一鼓而□,～鼓而□,三而⧄

慈利漫步 1/一鼓而□,□鼓而～,三而⧄

慈利漫步 4/⧄則～,於陵則衡,退則巽,□則□

慈利漫步 4/⧄則□,於陵則衡,退則巽,～則□

慈利漫步 4/⧄則□,於陵則衡,退則巽,□則～

慈利漫步 4/行～□□□□

慈利漫步 4/行□～□□□

慈利漫步 4/行□□～□□

慈利漫步 4/行□□□～□

慈利漫步 4/行□□□□～

慈利選編 9+7/～□:一曰攻天時⧄

慈利選編 9+7/□～:一曰攻天時⧄

慈利漫步 6/⧄～攻木□□□□返之□□□⧄

慈利漫步 6/⧄□攻木～□□□返之□□□⧄

慈利漫步 6/⧄□攻木□～□□返之□□□⧄

慈利漫步 6/⧄□攻木□□～□返之□□□⧄

慈利漫步 6/⧄□攻木□□□～返之□□□⧄

慈利漫步 6/⧄□攻木□□□□返之～□□⧄

慈利漫步 6/▨□攷木□□□□返之□～□▨

慈利漫步 6/▨□攷木□□□□返之□□～▨

慈利選編 5/～之衆寡不身則▨

港大

港大 5/▨～之仁

港大 9/▨～好而重之以上下之約

港大 10/▨～牆穀▨

楚帛書

帛甲 1/唯□□～

帛甲 1/有～常

帛甲 2/□～妖

帛甲 2/李歲～月

帛甲 5/如～□□邦所

帛甲 5/如□～□邦所

帛甲 5/如□□～邦所

帛甲 5/以～四踐之常

帛甲 6/～□上妖

帛甲 6/□～上妖

帛甲 6/三時～□

帛甲 6/三時既～

帛甲 8/歲季乃～

帛甲 8/以～三極

帛甲 9/四～无恙

帛甲 9/～神是享

帛甲 10/～敬唯服

帛甲 11/不禁～行

帛甲 11/民勿用～□

帛甲 11/民勿用□～

帛甲 11/～□之行

帛甲 12/不見陵～

帛甲 12/祭～則返

帛甲 12/民少有～

帛乙 1/曰古～虘包戲

帛乙 1/出自～霆

帛乙 1/居于～□

帛乙 1/居于□～

帛乙 1/～□□女

帛乙 1/□～□女

帛乙 1/□□～女

帛乙 1/～□水□

帛乙 1/□□水～

帛乙 4/長曰青～榦

帛乙 4/三曰～黄難

帛乙 6/奠三天～

帛乙 7/～□神則□閏四□

帛乙 7/□□神則□閏四～

帛乙 8/以轉相～

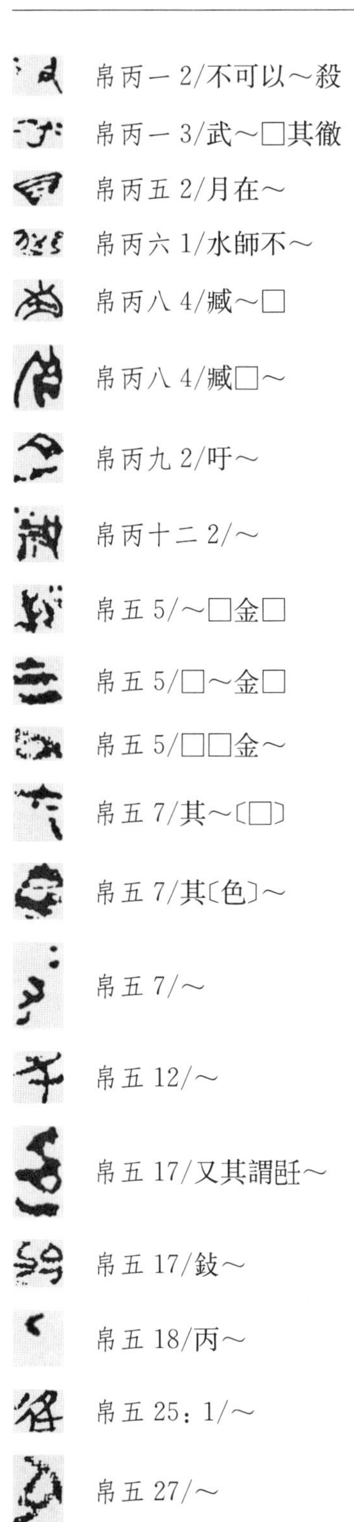

帛丙一 2/不可以～殺

帛丙一 3/武～□其徹

帛丙五 2/月在～

帛丙六 1/水師不～

帛丙八 4/臧～□

帛丙八 4/臧□～

帛丙九 2/吁～

帛丙十二 2/～

帛五 5/～□金□

帛五 5/□～金□

帛五 5/□□金～

帛五 7/其～〔□〕

帛五 7/其〔色〕～

帛五 7/～

帛五 12/～

帛五 17/又其謂旺～

帛五 17/鈘～

帛五 18/丙～

帛五 25：1/～

帛五 27/～

帛五 28/～

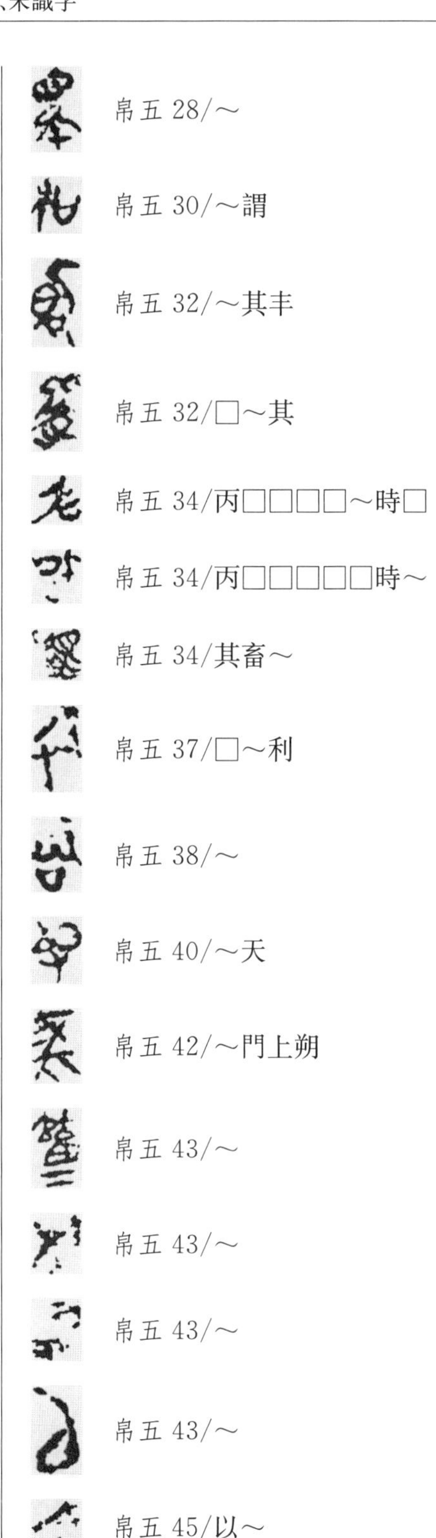

帛五 28/～

帛五 30/～謂

帛五 32/～其丰

帛五 32/□～其

帛五 34/丙□□□□～時□

帛五 34/丙□□□□□時～

帛五 34/其畜～

帛五 37/□～利

帛五 38/～

帛五 40/～天

帛五 42/～門上朔

帛五 43/～

帛五 43/～

帛五 43/～

帛五 43/～

帛五 45/以～

帛攻 1/～

帛攻 1/～

帛攻 1：2/中～軍

帛攻 6/～

帛攻 6/～

帛攻 7/□寇不～

帛攻疑/～至樊□又

帛殘紅/～

帛殘紅/□者～□

帛殘紅/□左～□

帛殘紅/～

帛殘紅/～

帛殘紅/～

帛殘紅/因～

帛殘其他/～

帛塊二背/～

帛塊二背/～

帛塊二背/～

帛塊二背/～軍□

帛商照 6/～

帛商照 13/其兵～

參 考 文 獻

B

白於藍:《包山楚簡補釋》,《中國文字》新 27 期,2001 年。

白於藍:《簡牘帛書通假字字典》,福建人民出版社,2008 年。

白於藍:《釋"裦"——兼談秀、采一字分化》,《拾遺録——出土文獻研究》,科學出版社,2017 年。

抱小(蔡偉):《讀上博簡〈卉茅之外〉札記》,復旦大學出土文獻與古文字研究中心網站 2019 年 5 月 30 日。

抱小(蔡偉):《上博簡〈卉茅之外〉補證二則》,復旦大學出土文獻與古文字研究中心網站 2019 年 8 月 4 日。

C

曹　峰:《〈三德〉與〈黄帝四經〉對比研究札記(二)——兼論《三德》的竹簡編聯》,簡帛網 2006 年 4 月 3 日。

曹錦炎:《楚帛書〈月令〉篇考釋》,《江漢考古》1985 第 1 期。

曹錦炎:《上博竹書〈卉茅之外〉注釋》,《簡帛》第 18 輯,上海古籍出版社,2019 年。

晁福林:《〈九店楚簡〉補釋——小議戰國時期楚國田畝制度》,《中原文物》2002 年 5 期。

陳邦懷:《戰國楚帛書文字考證》,《古文字研究》第 5 輯,中華書局,1981 年。

陳秉新:《長沙楚帛書文字考釋之辨正》,《文物研究》第 4 期,黄山書社,1988 年。

陳嘉凌:《釋〈楚帛書〉:恖(愠)、�(升)、宎(妖)、菁(滋)四字〉》,《中國文字》新 34 期,藝文印書館,2008 年。

陳　劍:《上博簡〈子羔〉、〈從政〉篇的竹簡拼合與編連問題小議》,《文物》2003 年第 5 期。

陳　劍:《試説戰國文字中寫法特殊的"亢"和从"亢"諸字》,《出土文獻與古文字研究》第 3 輯,復旦大學出版社,2010 年。

陳美蘭:《老河口安崗楚墓遣册補説》,《古文字研究》第 33 輯,中華書局,2020 年。

陳斯鵬:《論周原甲骨和楚系簡帛中的"囟"與"思"——兼論卜辭命辭的性質》,《第四届國際中國古文字學研討會論文集》,香港中文大學中國語言文學系,2003 年。

陳斯鵬:《楚帛書甲篇文字新釋》,《古文字研究》第 26 輯,中華書局,2006 年。

陳松長:《九店楚簡釋讀劄記》,《第三届國際中國古文字學研討會論文集》,香港中文大學,1997 年。

陳松長編著:《香港中文大學文物館藏簡牘》,香港中文大學文物館,2001 年。

陳松文:《慈利竹書和〈國語·吴語〉對勘(兩則)》,《古文字研究》第 30 輯,中華書局,2014 年。

陳　偉:《望山楚簡所見的卜筮與禱祠——與包山楚簡相對照》,《江漢考古》1997 年第 2 期。

陳　偉:《九店楚日書校讀及相關問題》,《人文論叢》1998 年卷,武漢大學出版社,1998 年。

陳偉主編:《楚地出土戰國簡册〔十四種〕》,經濟科學出版社,2009 年。

陳媛媛:《〈楚帛書·乙篇〉集釋》,吉林大學碩士學位論文,2009 年。

程　浩:《上博竹書逸詩〈卉茅之外〉考論》,《古文字研究》第 33 輯,中華書局,2020 年。

程　燕:《望山楚簡文字研究》,安徽大學碩士學位論文,2002 年。

程　燕:《望山楚簡考釋六則》,《江漢考古》2003 年第 3 期。

程　燕:《望山楚簡文字編》,中華書局,2007 年。

D

蝳　枯:《讀彭家灣卜筮祭禱簡》,簡帛網"簡帛論壇"2022 年 3 月 10 日。

董　珊:《出土文獻所見"以謚爲族"的楚王族——附説〈左傳〉"諸侯以字爲謚因以爲族"的讀法》,《出土文獻與古文字研究》第 2 輯,復旦大學出版社,2008 年。

董　珊:《楚簡薄記與楚國量制研究》,《考古學報》2010 年第 2 期。

董　珊:《楚簡中從"大"聲之字的讀法》,《古代文明》第 8 卷,文物出版社,2010 年。

董　珊:《上博簡〈艸茅之外〉的再理解》,先秦秦漢史微信公衆號 2019 年 7 月 28 日。

F

范常喜:《望山楚簡遣册所記"彤类"新釋》,《江漢考古》2018 年第 2 期。

馮勝君:《釋戰國文字中的"死"》,《古文字研究》第 25 輯,中華書局,2004 年。

馮勝君:《試説東周文字中部分"嬰"及从"嬰"之字的聲符——兼釋甲骨文中的"瘿"和"頸"》,《出土文獻與傳世典籍的詮釋——紀念譚樸森先生逝世兩週年國際學術研討會論文集》,上海古籍出版社,2010 年。

G

孤舟釣雪:《慈利楚簡乙 1 試讀》,簡帛網"簡帛論壇"2005 年 10 月 26 日。

孤舟釣雪:《慈利楚簡甲種討論》,簡帛網"簡帛論壇"2005 年 11 月 6 日。

古敬恒：《〈望山楚簡〉札記》，《徐州師範大學學報》1998 年第 2 期。
古敬恒：《望山楚簡文字考釋三則》，《中國文字研究》第 2 輯，廣西教育出版社，2001 年。
郭若愚：《長沙仰天湖戰國竹簡文字的摹寫和考釋》，《上海博物館集刊》第 3 期，上海古籍出版社，1986 年。
郭若愚：《戰國楚簡文字編》，上海書畫出版社，1994 年。
郭永秉：《"京"、"亭"、"亳"獻疑》，《出土文獻》第 5 輯，中西書局，2014 年。
廣瀨薰雄：《釋"卜缶"》，《古文字研究》第 28 輯，中華書局，2010 年。

H

何琳儀：《長沙帛書通釋》，《江漢考古》1986 第 2 期。
何琳儀：《〈長沙帛書通釋〉校補》，《江漢考古》1989 年第 4 期。
何琳儀：《戰國古文字典》，中華書局，1998 年。
何琳儀：《仰天湖楚簡選釋》，《簡帛研究》第 3 輯，廣西教育出版社，1998 年。
何相玲：《天星觀卜筮祭禱簡集釋及研究》，華僑大學碩士學位論文，2021 年。
何義軍：《上博簡〈卉茅之外〉試解一則》，西南大學漢語言文獻研究所網站 2019 年 9 月 7 日。
何義軍：《嚴倉卜筮祭禱簡所見"蠶"字補説》，復旦大學出土文獻與古文字研究中心網站 2020 年 5 月 3 日。
何有祖：《慈利楚簡試讀》，簡帛網 2005 年 11 月 27 日。
何有祖：《慈利竹書與今本〈吴語〉試勘》，簡帛網 2005 年 12 月 26 日。
何有祖：《曹家崗楚竹書補釋二則》，簡帛網 2006 年 2 月 16 日。
何有祖：《讀香港中文大學文物館藏簡札記》，《古籍整理研究學刊》2007 年第 2 期。
何有祖：《荆州望山橋楚簡補釋一則》，簡帛網 2017 年 3 月 17 日。
胡寧、丁宇：《上博簡〈卉茅之外〉試解》，復旦大學出土文獻與古文字研究中心網站 2019 年 8 月 7 日。
湖南省常德市文物局、常德博物館、鼎城區文物管理處編著：《沅水下游楚墓》，文物出版社，2010 年。
侯乃峰：《説楚簡"𠬝"字》，簡帛網 2006 年 11 月 29 日。
湖北省荆州地區博物館：《江陵天星觀 1 號楚墓》，《考古學報》1982 年第 1 期。
湖北省文物局、湖北省南水北調管理局編：《沙洋塌冢楚墓》，科學出版社，2017 年。
湖北省文物考古研究所編：《江陵九店東周楚墓》，科學出版社，1995 年。
湖北省文物考古研究所編：《江陵望山沙冢楚墓》，文物出版社，1996 年。
湖北省文物考古研究所、北京大學中文系編：《望山楚簡》，中華書局，1995 年。
湖北省文物考古研究所、北京大學中文系編：《九店楚簡》，中華書局，2000 年。
湖北省文物考古研究所、武漢大學簡帛研究中心：《湖北荆門嚴倉 1 號楚墓出土竹簡》，《文物》

2020年第3期。

湖南省博物館、湖南省文物考古研究所、長沙市博物館、長沙市文物考古研究所:《長沙楚墓》,文物出版社,2000年。

湖南省文物管理委員會:《長沙仰天湖戰國墓發現大批竹簡及彩繪木俑、雕刻花板》,《文物参考資料》1954年第3期。(按:原文未署名)

湖南省文物管理委員會:《長沙仰天湖25號木槨墓》,《考古學報》1957年第2期。

湖南省文物考古研究所編:《湖南考古漫步》,湖南美術出版社,1999年。

湖南省文物考古研究所、慈利縣文物保護管理研究所:《湖南慈利石板村36號戰國墓發掘簡報》,《文物》1990年第10期。

湖南省文物考古研究所、慈利縣文物保護管理研究所:《湖南慈利縣石板村戰國墓》,《考古學報》1995年第2期。

黄德寬主編:《古文字譜系疏證》,商務印書館,2007年。

黄岡市博物館、黄州區博物館:《湖北黄岡兩座中型楚墓》,《考古學報》2000年第2期。

黄錫全:《"蒧郢"辨析》,《楚文化研究論集》第2集,湖北人民出版社,1991年。

黄錫全:《湖北出土商周文字輯證》,武漢大學出版社,1992年。

黄錫全:《楚簡續貂》,《簡帛研究》第3輯,廣西教育出版社,1998年。

黄錫全:《湖北出土商周文字輯證(增訂本)》,武漢大學出版社,2019年。

J

蔣魯敬:《試説戰國楚簡中的"戣"字》,《出土文獻》2022年第1期。

蔣魯敬、劉建業:《湖北荆州高臺戰國古井群J67出土楚簡初探》,《簡帛》第12輯,上海古籍出版社,2016年。

蔣魯敬、劉建業:《荆州望山橋一號楚墓出土卜筮祭禱簡及墓葬年代初探》,《江漢考古》2017年第1期。

荆州博物館編著:《荆州重要考古發現》,文物出版社,2009年。

荆州博物館:《湖北荆州望山橋一號楚墓發掘簡報》,《文物》2017年第2期。

荆州博物館:《荆州王家咀楚墓出土竹簡——孔子"吐槽"》,荆州博物館微信公衆號2022年6月11日。

K

孔婷琰:《戰國楚簡文字編(非古書類)》,華東師範大學碩士學位論文,2021年。

孔仲温:《望山卜筮祭禱簡文字初釋》,《第七届中國文學全國學術研討會論文集》,萬卷樓圖書公司,1996年。

L

賴怡璇:《〈楚地出土戰國簡册〔十四種〕〉校訂》,花木蘭文化出版社,2012 年。

李春桃:《"尺""乇""卜"及相關諸字考辨》,《中國文字研究》第 36 輯,華東師範大學出版社,2022 年。

李　發:《上博佚詩〈艸茅之外〉讀後》,語言與文獻微信公衆號 2019 年 8 月 2 日。

李芳梅、劉洪濤:《郭店竹簡〈唐虞之道〉"漶"字考釋——兼論上博簡〈凡物流形〉和天星觀卜筮簡的"繫"字》,《簡帛》第 25 輯,上海古籍出版社,2022 年。

李桂森、劉洪濤:《上博竹書〈卉茅之外〉補釋》,《簡帛研究二〇二一・春夏卷》,廣西師範大學出版社,2021 年。

李家浩:《楚簡中的袷衣》,《著名中年語言學家自選集・李家浩卷》,安徽教育出版社,2002 年。

李家浩:《楚墓竹簡中的"昆"字及從"昆"之字》,《著名中年語言學家自選集・李家浩卷》,安徽教育出版社,2002 年。

李家浩:《九店楚簡"告武夷"研究》,《著名中年語言學家自選集・李家浩卷》,安徽教育出版社,2002 年。

李家浩:《仰天湖楚簡十三號考釋》,《著名中年語言學家自選集・李家浩卷》,安徽教育出版社,2002 年。

李家浩:《望山遣策車蓋文字釋讀》,《中國文字學報》第 1 輯,商務印書館,2006 年。

李家浩:《仰天湖楚簡剩義》,《安徽大學漢語言文字研究叢書・李家浩卷》,安徽大學出版社,2013 年。

李家浩:《戰國文字中的"宫"字》,《出土文獻與古文字研究》第 6 輯,上海古籍出版社,2015 年。

李家浩:《楚墓卜筮簡説辭中的"樂""百""贛"》,《出土文獻綜合研究集刊》第 10 輯,巴蜀書社,2019 年。

李家浩:《甲骨卜辭"奉"與戰國文字"達"》,《戰國文字研究》第 5 輯,安徽大學出版社,2022 年。

李　零:《長沙子彈庫戰國楚帛書研究》,中華書局,1985 年。

李　零:《楚帛書目驗記》,《文物天地》1991 年第 6 期。

李　零:《讀九店楚簡》,《考古學報》1999 年 2 期。

李　零:《讀〈楚系簡帛文字編〉》,《出土文獻研究》第 5 集,科學出版社,1999 年。

李　零:《〈長沙子彈庫戰國楚帛書研究〉補正》,《古文字研究》第 20 輯,中華書局,2000 年。

李　零:《子彈庫帛書》,文物出版社,2017 年。

李守奎:《江陵九店 56 號墓竹簡考釋四則》,《江漢考古》1997 年 4 期。

李守奎:《江陵九店楚墓〈歲〉篇殘簡考釋》,《古籍整理研究學刊》2001 年第 3 期。

李守奎編著:《楚文字編》,華東師範大學出版社,2003 年。

李守奎:《〈九店楚簡〉相宅篇殘簡補釋》,《新出土文獻與古代文明研究》,上海大學出版社,2004年。
李守奎:《楚帛書乙篇的文本復原與文字辨釋》,《吉林大學社會科學學報》2023年第2期。
李松儒:《香港中文大學藏戰國簡的歸屬(之一)》,復旦大學出土文獻與古文字研究中心網站2010年6月7日。
李松儒:《戰國簡帛字迹研究:以上博簡爲中心》,上海古籍出版社,2015年。
李松儒:《沙洋塌冢楚簡校訂》,《古文字研究》第32輯,中華書局,2018年。
李松儒:《益陽兔子山九號井簡牘中楚秦過渡字體探析》,《中國書法》,2019年第3期。
李天虹:《由嚴倉楚簡看戰國文字資料中"才"、"圣"兩字的釋讀》,《簡帛》第9輯,上海古籍出版社,2014年。
李天虹:《嚴倉一號楚墓遣册記載的家居用席》,《文物》2017年第9期。
李天虹、蔡丹:《嚴倉一號楚墓遣册所見度量單位和分數詞》,《簡帛》第20輯,上海古籍出版社,2020年。
林清源:《九店56號楚墓1—3號簡考釋》,《第四屆國際漢學會議論文集——出土材料與新視野》,"中研院",2013年。
劉彬徽:《常德夕陽坡楚簡考釋》,《早期文明與楚文化研究》,嶽麓書社,2001年。
劉　波:《〈楚帛書·甲篇〉集釋》,吉林大學碩士學位論文,2009年。
劉　剛:《五里牌竹簡"區队"和"長碁"小考》,復旦大學出土文獻與古文字研究中心網站2011年10月18日。
劉　剛:《夕陽坡竹簡新探》,《江漢考古》2018年第3期。
劉國勝:《楚簡文字雜識》,《奮發荆楚　探索文明——湖北省文物考古研究論文集》,湖北科學技術出版社,2000年。
劉國勝:《九店〈日書〉"相宅"篇釋文校補》,《武漢大學歷史學集刊》第3集,湖北人民出版社,2005年。
劉國勝:《楚簡文字中的"繡"和"緂"》,《江漢考古》2007年第4期。
劉國勝:《望山遣册記器簡瑣議》,《考古與文物》2010年第3期。
劉國勝:《談望山遣册所記的"龍杍"》,簡帛網2011年10月10日。
劉國勝:《楚喪葬簡牘集釋》,科學出版社,2011年。
劉國勝、胡雅麗:《湖北老河口安崗楚墓竹簡概述》,《文物》2017年第7期。
劉洪濤:《先秦楚國的須盂複氏》,《文史》2021年第3期。
劉洪濤、李曉云:《荆州唐維寺卜筮簡"捭拒"應爲"髀髗"》,《中國文字研究》第35輯,華東師範大學出版社,2022年。
劉樂賢:《九店楚簡日書研究》,《華學》第2輯,中山大學出版社,1996年。
劉樂賢:《九店楚簡日書補釋》,《簡帛研究》第2輯,廣西教育出版社,1998年。

劉樂賢:《簡帛術數文獻探論》,湖北教育出版社,2003 年。

劉信芳:《楚帛書解詁》,《中國文字》新 21 期,藝文印書館,1996 年。

劉信芳:《九店楚簡日書與秦簡日書比較研究》,《第三屆國際中國古文字學研討會論文集》,香港中文大學,1997 年。

劉信芳:《望山楚簡校讀記》,《簡帛研究》第 3 輯,廣西教育出版社,1998 年。

劉信芳:《楚帛書"德匿"以及相關文字的釋讀》,《華學》第 5 輯,中山大學出版社,2001 年。

劉　雲:《釋"盜"——兼釋戰國文字中的"歐"》,《許慎文化研究(四)》,江西人民出版社,2019 年。

劉　雲:《讀楚簡札記兩則》,《戰國文字研究青年學者論壇論文集》,安徽大學漢字發展與應用研究中心、山東大學文學院,2022 年。

劉　釗:《説"离""皇"二字來源並談楚帛書"萬""兒"二字的讀灋》,《江漢考古》1992 年第 1 期。

劉　釗:《釋楚簡中的"緫"(繆)字》,《江漢考古》1999 年第 1 期。

劉　釗:《釋"儥"及相關諸字》,《中國文字》新 28 期,藝文印書館,2002 年。

劉　釗:《出土簡帛文字叢考》,臺灣古籍出版有限公司,2004 年。

羅小華:《試論望山簡中的"彤幵"——兼論戰國簡册中的旗杆》,《出土文獻》第 9 輯,中西書局,2016 年。

羅小華:《荆州望山橋楚簡選釋》,簡帛網 2017 年 3 月 16 日。

羅小華:《荆州望山橋遣册簡選釋》,《楚學論叢》第 7 輯,湖北人民出版社,2018 年。

羅小華:《新出楚墓竹簡名物選釋三則》,《湖南省博物館館刊》第 14 輯,2018 年。

羅小華:《楚簡中的貘》,《中國典籍與文化》2019 年第 2 期。

羅小華:《嚴倉遣册簡中的"狗子之幹"》,《考古與文物》2022 年第 4 期。

lht(劉洪濤):《望山橋楚簡的"亮"字》,簡帛網"簡帛論壇"2017 年 3 月 17 日。

M

孟蓬生:《上博簡〈艸茅之外(閒)〉初讀(一)》,語言與文獻微信公衆號 2019 年 7 月 30 日。

孟蓬生:《上博簡〈艸茅之外(閒)〉初讀》,語言與文獻微信公衆號 2019 年 9 月 21 日。

P

潘　燈:《荆州望山橋楚簡貞人名辨釋》,簡帛網 2017 年 3 月 24 日。

潘　燈:《釋荆州望山橋楚簡 4"泉(从戈)"》,簡帛網 2017 年 3 月 30 日。

潘　燈:《天星觀遣策簡選釋》,簡帛網"簡帛論壇"2018 年 8 月 29 日。

潘　燈:《荆州王家咀楚簡〈孔子曰〉初讀》,簡帛網"簡帛論壇"2022 年 5 月 27 日。

彭　浩:《江陵九店六一二號墓竹簡釋文》,《江陵九店東周墓》,科學出版社,1995 年。

彭　浩:《望山二號墓遣册的“緄”與“易馬”》,《江漢考古》2012 年第 3 期。

Q

裘錫圭:《釋戰國楚簡中的“𠯑”字》,《古文字研究》第 26 輯,中華書局,2006 年。

裘錫圭:《釋古文字中的有些“悤”字和从“悤”、从“兇”之字》,《出土文獻與古文字研究》第 2 輯,復旦大學出版社,2008 年。

R

饒宗頤:《楚繒書疏證》,《“中研院”歷史語言研究所集刊》第四十本上,“中研院”歷史語言研究所,1968 年。

饒宗頤:《緇衣零簡》,《秦漢史論叢》第 7 輯,1998 年。

饒宗頤:《在開拓中的訓詁學——從楚簡〈易經〉到新編〈經典釋文〉的建議》,《第一屆國際暨第三屆全國訓詁學學術研討會論文集》,文史哲出版社,1997 年。

饒宗頤、曾憲通:《楚帛書》,香港中文大學中國語言文學系,1985 年。

戎　鈺:《湖北“六大”終評項目——荆州王家咀 798 號戰國楚墓》,江漢考古微信公衆號 2022 年 5 月 10 日。

S

單育辰:《談戰國文字中的“皃”》,《簡帛》第 3 輯,上海古籍出版社,2008 年。

單育辰:《楚地遣策“宛”字的用法》,《湖南省博物館館刊》第 8 輯,嶽麓書社,2012 年。

單育辰:《新見白起破郢的楚簡》,《江漢考古》2019 年第 6 期。

商承祚:《戰國楚帛書述略》,《文物》1964 第 9 期。

商承祚:《戰國楚竹簡匯編》,齊魯書社,1995 年。

沈　培:《周原甲骨文裏的“囟”和楚墓竹簡裏的“囟”或“思”》,《漢字研究》第 1 輯,學苑出版社,2005 年。

沈　培:《從戰國簡看古人占卜的“蔽志”——兼論“移祟”説》,《古文字與古代史》第 1 輯,“中研院”歷史語言研究所,2007 年。

施謝捷:《簡帛文字考釋劄記》,《簡帛研究》第 3 輯,廣西教育出版社,1998 年。

施謝捷:《楚簡文字中的“悚”字》,《古文字研究》第 24 輯,中華書局,2002 年。

石小力:《尺度同源分化説》,《首屆出土文獻語言文字研究國際學術研討會論文集》,2022 年。

史樹青:《長沙仰天湖出土楚簡研究》,群聯出版社,1955 年。

舒之梅、劉信芳:《望山一號墓竹簡校讀記》,《饒宗頤學術研討會論文集》,香港翰墨軒出版有限公司,1997 年。

松鼠(李松儒):《沙洋塌冢楚簡釋文訂補》,簡帛網"簡帛論壇"2017 年 5 月 11 日。

松鼠(李松儒):《棗林鋪楚簡釋文訂補》,簡帛網"簡帛論壇"2019 年 12 月 17 日。

宋少華、張春龍、鄭曙斌、黄樸華編著:《湖南出土簡牘選編》,嶽麓書社,2013 年。

宋鎮豪主編:《中國法書全集・先秦秦漢》,文物出版社,2009 年。

蘇建洲:《楚簡文字考釋一則》,簡帛網 2006 年 12 月 19 日。

蘇建洲:《楚文字論集》,萬卷樓圖書股份有限公司,2011 年。

蘇建洲:《荆州唐維寺 M126 卜筮祭禱簡釋文補正》,《簡帛》第 23 輯,上海古籍出版社,2021 年。

T

湯餘惠:《戰國文字考釋五則》,《古文字研究》第 10 輯,中華書局,1983 年。

滕壬生:《楚系簡帛文字編》,湖北教育出版社,1995 年。

滕壬生:《楚系簡帛文字編(增訂本)》,湖北教育出版社,2008 年。

滕壬生、黄錫全:《江陵磚瓦廠 M370 楚墓竹簡》,《簡帛研究二〇〇一》,廣西師範大學出版社,2001 年。

田　河:《出土戰國遣册所記名物分類匯釋》,吉林大學博士學位論文,2007 年。

田　河:《談談楚簡中兩個从"只"的字》,《古文字研究》第 28 輯,中華書局,2010 年。

W

王　谷:《老河口安崗楚簡文字補釋》,《簡帛》第 23 輯,上海古籍出版社,2021 年。

王連龍:《慈利楚簡〈大武〉校讀六則》,《考古》2012 年第 3 期。

王明欽:《湖北江陵天星觀楚簡的初步研究》,北京大學碩士學位論文,1989 年。

王先福主編,襄陽市博物館、老河口市博物館編:《老河口安崗楚墓》,科學出版社,2018 年。

魏宜輝:《慈利楚簡校讀札記》,《古典文獻研究》2015 年第 1 期。

吴良寶:《戰國楚簡地名輯證》,武漢大學出版社,2010 年。

吴振武:《説仰天湖一號簡中的"蘆疋"一詞》,《簡帛》第 2 輯,上海古籍出版社,2007 年。

吴振武:《談齊"左掌客亭"陶璽——從構形上解釋戰國文字中舊釋爲"亳"的字應是"亭"字》,《社會科學戰綫》2012 年第 12 期。

武漢市文物考古研究所、武漢大學歷史學院簡帛研究中心:《湖北武漢丁家咀 M1、M2 出土戰國楚簡》,《文物》2015 年第 6 期。

武漢大學簡帛研究中心、湖北省文物考古研究所、黄岡市博物館編著:《楚地出土戰國簡册合集(四):望山楚墓竹簡　曹家崗楚墓竹簡》,文物出版社,2019 年。

武漢大學簡帛研究中心、湖北省文物考古研究所編,李家浩、白於藍著:《楚地出土戰國簡册合集(五):九店楚墓竹書》,文物出版社,2021 年。

X

肖　攀:《楚帛書丙篇及殘片集釋》,吉林大學碩士學位論文,2009 年。
肖　毅:《慈利竹書〈國語・吴語〉初探》,簡帛網 2005 年 12 月 30 日。
肖　毅:《慈利楚簡零釋》,《古文字研究》第 26 輯,中華書局,2006 年。
蕭聖中:《楚簡車名匯釋》,《楚文化研究論集》第 6 集,湖北教育出版社,2005 年。
蕭聖中:《江陵天星觀遣策簡選注七則》,《古文字研究》第 29 輯,中華書局,2012 年。
徐秀麗:《國家文物局召開"考古中國"重要進展工作會》,國家文物局微信公衆號 2019 年 5 月 6 日。
徐在國:《楚簡文字拾零》,《江漢考古》1997 年 2 期。
徐在國:《讀〈楚系簡帛文字編〉札記》,《安徽大學學報(哲學社會科學版)》1998 年第 5 期。
徐在國:《談楚帛書讀爲"厭"之字》,《華學》第 9、10 輯,上海古籍出版社,2008 年。
徐在國編著:《楚帛書詁林》,安徽大學出版社,2010 年。
徐在國:《談楚文字中的"兕"》,《中原文化研究》2017 年第 5 期。
徐在國、程燕、張振謙編著:《戰國文字字形表》,上海古籍出版社,2017 年。
許道勝:《望山一號楚墓新識簽牌集釋》,《湖南大學學報(社會科學版)》2007 年第 1 期。
許道勝:《天星觀 1 號楚墓卜筮禱祠簡釋文校正》,《湖南大學學報(社會科學版)》2008 年第 3 期。

Y

晏昌貴:《天星觀"卜筮祭禱"簡釋文輯校》,《楚地簡帛思想研究(二)》,湖北教育出版社,2005 年。
晏昌貴:《天星觀"卜筮祭禱"簡釋文輯校(修訂稿)》,簡帛網 2005 年 11 月 2 日。
晏昌貴:《楚卜筮簡所見神靈雜考(五則)》,《簡帛》第 1 輯,上海古籍出版社,2006 年。
晏昌貴、鍾煒:《九店楚簡〈日書・相宅篇〉研究》,《武漢大學學報(人文社科版)》2002 年 4 期。
楊啟乾:《常德市德山夕陽坡二號楚墓竹簡初探》,《楚史與楚文化研究》,《求索》雜誌社,1987 年。
楊媛媛:《九店楚簡文字編》,安徽大學碩士學位論文,2009 年。
楊澤生:《〈太一生水〉"成歲而止"和楚帛書"止以爲歲"》,《古墓新知》,國際炎黄文化出版社,2003 年。
楊澤生:《楚帛書从"之"从"止"之字考釋》,《新出土文獻與古代文明研究》,上海大學出版社,2004 年。

楊澤生:《戰國竹書研究》,中山大學出版社,2009 年。
袁國華:《〈望山楚簡〉考釋三則》,《古文字研究》第 24 輯,中華書局,2002 年。
袁國華:《望山楚墓卜筮祭禱簡文字考釋四則》,《"中研院"歷史語言研究所集刊》第 74 本第 2 分册,2003 年。
袁　瑩:《説"殳"字的兩個來源》,《簡帛語言文字研究》第 5 輯,巴蜀書社,2010 年。

Z

曾憲通:《長沙楚帛書文字編》,中華書局,1993 年。
曾憲通:《楚文字釋叢(五則)》,《中山大學學報(社會科學版)》1996 年第 3 期。
曾憲通:《楚帛書文字新訂》,《中國古文字研究》第一輯,吉林大學出版社,1999 年。
翟　群:《荆州龍會河北岸墓地出土 324 枚戰國楚簡——爲西周初年重大史實提供佐證》,《中國文化報》2019 年 5 月 13 日。
張春龍:《慈利楚簡概述》,《新出簡帛研究》,文物出版社,2004 年。
張春龍、宋少華、鄭曙斌主編:《湖湘簡牘書法選集》,湖南美術出版社,2012 年。
張　峰:《沙洋塌冢楚墓竹簡考釋》,《楚學論叢》第 7 輯,湖北人民出版社,2018 年。
張富海:《讀楚簡札記五則》,《古文字研究》第 25 輯,中華書局,2004 年。
張光裕、袁國華:《望山楚簡校録》,藝文印書館,2004 年。
張　錚:《湖南慈利出土楚簡内容辨析》,《求索》2007 年第 6 期。
趙平安:《夬的形義和它在楚簡中的用法——兼釋其它古文字資料中的夬字》,《第三届國際中國古文字學研討會論文集》,香港中文大學中國文化研究所、中國語言及文學系,1997 年。
趙平安:《戰國文字的"遊"與甲骨文"㚔"爲一字説》,《古文字研究》第 22 輯,中華書局,2000 年。
趙平安:《釋古文字資料中的"㚸"及相關諸字——從郭店楚簡談起》,《中國文字研究》第 2 輯,廣西教育出版社,2001 年。
趙平安:《關於殳字的來源》,《中國文字學報》第 2 輯,商務印書館,2008 年。
趙平安:《"京"、"亭"考辨》,《復旦學報(社會科學版)》2013 年第 4 期。
趙平安:《戰國文字中的"宛"及其相關問題研究》,《文字·文獻·古史:趙平安自選集》,中西書局,2017 年。
趙曉斌:《荆州棗林鋪楚墓出土卜筮祭禱簡》,《簡帛》第 19 輯,上海古籍出版社,2019 年。
趙曉斌:《湖北荆州王家嘴 M798 出土戰國楚簡〈孔子曰〉概述》,《江漢考古》2023 年第 2 期。
趙曉斌:《荆州棗林鋪彭家灣 183 號、264 號楚墓出土卜筮祭禱簡》,《出土文獻》2022 年第 1 期。
趙曉斌:《荆州出土竹簡中記載的"吴王闔廬"》,荆州博物館微信公衆號 2022 年 12 月 15 日。

中國科學院考古研究所編著:《長沙發掘報告》,科學出版社,1957 年。

周　波:《〈九店楚簡〉釋文注釋校補》,《江漢考古》2006 年 3 期。

周　波:《戰國文字中的"許"縣和"許"氏》,《古文字研究》第 28 輯,中華書局,2010 年。

周鳳五:《九店楚簡告武夷重探》,《"中研院"歷史語言研究所集刊》第 72 本第 4 分册,2001 年。

朱德熙:《望山楚簡裏的"𣪘"與"簡"》,《古文字研究》第 17 輯,中華書局,1989 年。

朱德熙:《𠱾篙屈柰解》,《朱德熙古文字論集》,中華書局,1995 年。

朱德熙:《長沙帛書考釋(五篇)》,《朱德熙文集(五)》,商務印書館,1999 年。

朱德熙、裘錫圭:《戰國文字研究(六種)》,《朱德熙古文字論集》,中華書局,1995 年。

朱曉雪:《天星觀卜筮祭禱簡文整理》,簡帛網 2018 年 2 月 2 日。

朱曉雪:《彭家灣 183 號、264 號楚墓卜筮祭禱簡劄記》,簡帛網 2022 年 3 月 25 日。

筆畫檢字表

十畫

十一畫

十二畫

十三畫

【一】

【丨】

【丿】

【丶】

【乛】

十四畫

【一】

十五畫

後　記

2022年初,俞紹宏先生聯繫我,邀我參與他主持的國家社科基金重大項目,編寫湖南、湖北出土的部分戰國竹簡的文字編。自己關注的領域雖然主要是戰國文字,但文字編卻從來没有做過,心中難免有些忐忑。我大體翻閲了一下俞先生指示的竹簡資料,發現種類雖不少,但很多材料的字數並不是太多,相對來説工作量還不算太大,於是就接下了這一任務。

不過很快我就發現,這一任務遠没有自己想象中的那麽簡單。

涉及的竹簡資料,很多都没有正式發表,只是零星刊佈於某些論著中。其中有些比較好找,有些則由於自己孤陋寡聞,頗費了一些周折才發現。掛一漏萬,恐在所難免,十分慚愧。不過好在這一文字編並不是封閉性的,將來如果有機會修訂,還可以將一些新發表的相關文字資料收録進來,可稍慰愧心。

這些竹簡資料有一部分發表得比較早,圖片質量比較差,字形很不清晰,如何準確地剪切字形,有時甚至都成了一個很棘手的問題,這就不可避免地留有許多遺憾。希望這些尚未正式發表的竹簡資料,能夠盡快得到全面的整理,並拍攝清晰的照片,及早發表,以供學界更好地利用這些珍貴的文字資料。

文字的釋讀是文字編中最爲基礎的一個環節,也是最難做好的一個環節。因爲文字釋讀是複雜的、動態的,對同一個字會有很多不同的意見,需要去裁斷,而且新的考釋意見會不斷湧出,舊説需要隨時重新審視。這就要求文字編的編寫者對古文字的考釋史有一個全面的了解,並且能夠及時掌握最新的考釋成果。雖然我對戰國文字關注已久,但面對紛至沓來的研究成果,也只能望洋興歎,實在難以遍讀。所以在編寫文字編的過程中,對某些文字的處置難免會出現這樣那樣的問題,還請方家指正。

本來以爲自己可以獨立完成這一文字編,但很快就發現,自己用來編寫的時間並不充裕,無法保證擬定的編寫進度,於是就又邀請我的愛人袁瑩女士加入,一起編寫。另外,王瑋瑜、孫一銘、許蘊怡、張鑫等友生承擔了文字編中部分字形的剪切工作,王瑋瑜還爲本書製作了筆畫檢字表。他們的加入保證了文字編的編寫進度,在此一併致以真摯的謝意。雖然有大家的鼎力相助,但時間仍然比較緊張,錯漏之處在所難免,懇請讀者見諒。

鑒於我們編寫的文字編體量不是太大,俞紹宏先生建議將其與洪德榮先生編寫的楚帛書文字編合爲一編,一起出版,於是就有了現在這本簡帛合編的《湘鄂所出楚系簡帛字形合編(二十五種)》。十分感謝俞先生讓我有機會嘗試文字編的編寫,從而多了一種難得的、寶貴的經歷,同時也讓我對相關文字資料有了更爲深入的認識。也非常感謝洪先生,他的加入使本文字編變得充實起來。

上海古籍出版社的兩位編輯毛承慈女士、張世霖先生,爲本書的編輯工作付出了很多辛勞,他們對本書體例、内容等諸多方面都提出了很好的意見,使本書避免了很多問題。在這裏對他們表示深深的謝意。

劉　雲

2023 年 10 月於夷門逆旅

圖書在版編目(CIP)數據

楚系簡帛字形合編系列五種. 湘鄂所出楚系簡帛字形合編：二十五種 / 俞紹宏主編;劉雲,袁瑩,洪德榮編著. 一上海：上海古籍出版社，2023.12

ISBN 978-7-5732-0909-2

Ⅰ.①楚… Ⅱ.①俞… ②劉… ③袁… ④洪… Ⅲ.①竹簡文-字形-研究-中國-楚國(?-前 223)②帛書文字-字形-研究-中國-楚國(?-前 223) Ⅳ.①K877.54

中國國家版本館 CIP 數據核字(2023)第 199063 號

楚系簡帛字形合編系列五種

湘鄂所出楚系簡帛字形合編(二十五種)

俞紹宏　主編

劉　雲　袁　瑩　洪德榮　編著

上海古籍出版社出版發行

（上海市閔行區號景路 159 弄 1-5 號 A 座 5F　郵政編碼 201101）

(1) 網址：www.guji.com.cn

(2) E-mail：guji1@guji.com.cn

(3) 易文網網址：www.ewen.co

上海中華印刷有限公司印刷

開本 787×1092　1/16　印張 24.25　插頁 5　字數 512,000

2023 年 12 月第 1 版　2023 年 12 月第 1 次印刷

印數：1—1,300

ISBN 978-7-5732-0909-2

H・270　定價：198.00 元

如有質量問題,請與承印公司聯繫